Florinda Donner-Grau

DIE LEHREN DER HEXE

Florinda Donner-Grau

Die Lehren der Hexe

Eine Frau auf den Spuren
schamanischer Heiler

Mit einem Vorwort von
Carlos Castaneda

HANS-NIETSCH-VERLAG

Für all jene,
die ich nicht mit Namen erwähnen kann.

Die amerikanische Originalausgabe mit dem Titel
»The Witch's Dream; A Healer's Way of Knowledge«
ist 1985 im Verlag Simon and Schuster, Inc. erschienen.
1997 veröffentlichte die Verlagsgruppe Penguin Books, Inc.
in ihrer Reihe »Arkana« eine vollständige Neuausgabe.

Erste deutsche Ausgabe beim Paul Zsolnay Verlag GmbH, 1986

Vollständig überarbeitete deutsche Neuausgabe

Originalübersetzung: Ralph Restetzki
Überarbeitung und Lektorat: Norbert Claßen
Cover und Umschlaggestaltung: Titusz Pan
Satz: Plejaden Publishing Service, Boltersen
Druck und Bindung: Ebner, Ulm
Printed in Germany

ISBN 3-929475-39-1

Hans-Nietsch-Verlag, Brabanter Str. 112, 52525 Waldfeucht

Vorwort

Dieses Buch ist für mich von ganz besonderer Bedeutung. Es steht im Einklang mit meinem eigenen Werk und unterscheidet sich gleichzeitig davon. Florinda Donner-Grau ist meine Mitstreiterin. Wir sind in ein und dasselbe Streben eingebunden; beide gehören wir der Welt des Don Juan Matus an. Aber sie ist eine Frau, und das macht den Unterschied. In der Welt des Don Juan folgen Männer und Frauen dem Weg des Kriegers; sie gehen in dieselbe Richtung, aber auf verschiedenen Seiten der Straße. Daher weichen auch die Sichtweisen ein und desselben Phänomens im Detail voneinander ab, nicht aber in der Essenz.

Unter anderen Voraussetzungen hätte diese Nähe zu Florinda Donner-Grau unweigerlich zu einem Gefühl der Loyalität geführt, nicht aber zu einer rückhaltlos kritischen Einstellung. Unter den Prämissen vom Weg des Kriegers, dem wir beide folgen, findet Loyalität jedoch ausschließlich Ausdruck darin, daß wir uns selbst und dem anderen stets das Beste abverlangen. Und dies schließt für uns ein, jede einzelne unserer Handlungen rückhaltlos zu hinterfragen.

Getreu der Lehren des Don Juan habe ich das Werk von Florinda Donner-Grau im Licht jener Krieger-Prämisse untersucht. Für mich haben sich dabei drei verschiedene Ebenen, drei bestimmte Aspekte ergeben, die besondere Beachtung verdienen.

Da ist zum einen die unglaubliche Fülle von Details in ihren Beschreibungen und Erzählungen. Eben diese Treue zum Detail kennzeichnet für mich wahre Ethnographie. All die Einzelheiten des täglichen Lebens, die für das kulturelle Umfeld ihrer Gestalten etwas Vertrautes darstellen, sind für uns etwas weitgehend Unbekanntes.

Der zweite Aspekt verweist in den Bereich der Kunst. Ich wage zu behaupten, daß ein Ethnologe zugleich auch ein Schriftsteller sein muß. Damit wir uns in die fremde Kultur, die er beschreibt, hineinversetzen können, muß er die Grenzen bloßer Sozialwissenschaft überschreiten; er muß ein Künstler sein.

Drittens besticht ihr Werk durch seine Ehrlichkeit, Schlichtheit und Direktheit. Und dieser Aspekt steht für mich zweifellos im Vordergrund. Florinda Donner-Grau und ich sind von den gleichen Kräften geformt worden; und aus diesem Grund muß ihr Werk im Sinne unseres Strebens nach Makellosigkeit vorbildlich sein. Don Juan hat uns gelehrt, daß unsere Werke ein vollkommener Spiegel unseres Lebens sein müssen.

So kann ich nicht umhin, Florinda Donner-Grau die Bewunderung und den Respekt eines Kriegers entgegenzubringen, denn sie hat, ganz auf sich allein gestellt und unter schwierigsten Bedingungen, ihren Gleichmut bewahrt. Sie ist nicht vom Weg des Kriegers abgewichen und hat die Lehren des Don Juan getreu befolgt.

Carlos Castaneda

Vorbemerkung der Autorin

In präkolumbianischer Zeit bevölkerten Karibik- und Kiparikoto-Indianer das Gebiet des heutigen Bundesstaates Miranda im Nordosten Venezuelas. Mit der Kolonisation kamen zwei weitere ethnische und kulturelle Gruppen ins Land: die spanischen Eroberer und ihre afrikanischen Sklaven, die sie zur Arbeit auf ihren Plantagen und in ihren Bergwerken zwangen.

Die Nachfahren jener Indianer, Spanier und Afrikaner bilden die gemischte Bevölkerung, die heute die Weiler, Dörfer und Städte bewohnt, die weiträumig über das Inland und die Küstengebiete verstreut sind.

Einige der Städte Mirandas sind berühmt für ihre Heiler, die oft zugleich Spiritisten, Medien und Zauberer sind.

Mitte der siebziger Jahre besuchte ich Miranda. Da ich zu jener Zeit Anthropologie studierte und mich vor allem für Heilpraktiken interessierte, arbeitete ich mit einer dort ansässigen Heilerin zusammen. Ihrem Wunsch entsprechend, anonym zu bleiben, habe ich sie Mercedes Peralta und die Stadt, in der sie lebt, Curmina genannt.

Seit meiner Ankunft in ihrem Haus habe ich, natürlich mit ihrer ausdrücklichen Erlaubnis, alles über meine Beziehung zu ihr so tatsachengetreu und gründlich wie möglich in einem Feldtagebuch notiert. Zusätzlich habe ich einige der Geschichten aufgezeichnet, die mir ihre Patienten über sich selbst erzählten. Das vorliegende Buch enthält sowohl Auszüge aus meinem Feldtagebuch als auch die Geschichten jener Patienten, die Mercedes Peralta selbst ausgewählt hat. Die Tagebuchauszüge sind in der ersten Person wiedergegeben, während ich die Geschichten der Patienten in die dritte Person übertragen habe. Abgesehen von der Änderung der Namen und der persönlichen Daten der jeweiligen Protagonisten ist dies die einzige Veränderung, die ich an dem Material vorgenommen habe.

Erster Teil

1

Alles begann für mich mit einem einschneidenden Ereignis; einem Ereignis, das meinen weiteren Lebensweg bestimmen sollte. Ich begegnete einem *Nagual*. Er war ein Indianer aus dem Norden Mexikos.

Laut Wörterbuch der Spanish Royal Academy ist *Nagual* ein ins Spanische übernommenes Wort aus der Nahuatl-Sprache, mit dem im Süden Mexikos ein Zauberer oder Hexenmeister bezeichnet wird.

Auch im modernen Mexiko kursieren traditionelle Geschichten von Naguals, sagenumwobenen Männern der Vorzeit, die übersinnliche Kräfte besaßen und Unvorstellbares vollbringen konnten. Man wird jedoch in den heutigen Städten wie auch auf dem Land vergeblich nach ihnen suchen. Sie scheinen nur noch in der mündlichen Überlieferung, in den Sagen und in der Phantasie der Indianer lebendig zu sein.

Der Nagual, dem ich begegnete, war jedoch so wirklich, wie er nur sein konnte. Er ließ keinen Raum für Zweifel oder Illusionen. Als ich ihn aus schierer Neugier fragte, was ihn zum Nagual gemacht hatte, erläuterte er mir ein scheinbar einfaches und dennoch höchst komplexes Konzept, das mir klar machen sollte, was er tat und was er war. Er sagte mir, der Nagualismus beruhe auf zwei Gewißheiten: der Gewißheit, daß Menschen außergewöhnliche Wesen in einer außergewöhnlichen Welt sind; und der Gewißheit, daß weder der Mensch noch die Welt je als selbstverständlich betrachtet werden dürfen.

Aus diesen einfachen Prämissen ergebe sich eine ebenso einfache Schlußfolgerung: Beim Nagualismus geht es darum, eine Maske abzunehmen und eine andere zu tragen. Der Nagual nimmt uns die Maske ab, mit der wir uns selbst und die Welt als gewöhnlich, glanzlos, berechenbar und sich monoton wiederholend betrachten, und setzt uns jene andere Maske auf, die uns gestattet, uns selbst – und alles, was uns umgibt – als das zu sehen, was wir wirklich sind: außergewöhnliche, atemberaubende Ereignisse, die für einen Augenblick wirklich werden und sich nie wiederholen.

Nach meiner Begegnung mit diesem unvergeßlichen Nagual fürchtete ich mich zunächst, diesem beeindruckenden Phänomen nachzugehen. Ich wollte vor dem Nagual und dem, wofür er eintrat, davonlaufen – aber ich konnte es nicht. Einige Zeit später wagte ich den entscheidenden Schritt und schloß mich ihm und seiner Gruppe an.

Aber dies ist nicht die Geschichte jenes Naguals, obwohl seine Gedanken und sein Einfluß mich in allem, was ich tue, deutlich prägen. Es ist nicht meine Aufgabe, von ihm zu berichten, ich habe nicht einmal das Recht, seinen Namen zu nennen. Andere in seiner Gruppe werden dies tun.

Nachdem ich mich ihm angeschlossen hatte, brachte er mich nach Mexiko, um eine seltsame, äußerst bemerkenswerte Frau zu treffen – damals sagte er mir nicht, daß sie die wohl kenntnis- und einflußreichste Person innerhalb seiner Gruppe war. Ihr Name war Florinda Matus. Trotz ihrer abgetragenen, groben Kleidung besaß sie jene natürliche Eleganz, die fast allen großgewachsenen schlanken Frauen eigen ist. In ihrem blassen, hageren und ernsten Gesicht, gekrönt von geflochtenem weißem Haar, leuchteten große strahlende Augen. Ihre rauhe Stimme und ihr fröhliches, jugendliches Lachen nahmen mir meine anfängliche irrationale Angst vor ihr.

Der Nagual überließ mich ihrer Obhut. Als erstes fragte ich Florinda, ob sie ebenfalls ein Nagual sei. Mit einem geheimnisvollen Lächeln erklärte sie mir die umfassende Bedeutung dieses Wortes: »Ein Zauberer, ein Hexenmeister oder eine Hexe zu sein, bedeutet nicht, ein Nagual zu sein. Aber jeder von ihnen kann es sein, wenn er die Verantwortung für eine Gruppe von Männern und Frauen trägt und ihnen auf ihrer besonderen Suche nach Wissen als Wegführer dient.«

Auf meine Frage, worin diese Suche bestehe, antwortete sie, daß es die Aufgabe jener Männer und Frauen sei, die zweite Maske zu finden, jene Maske, die es ermöglicht, uns selbst und die Welt so zu sehen, wie wir wirklich sind – als außergewöhnliche, atemberaubende Ereignisse.

Doch dies ist auch nicht die Geschichte Florindas, obwohl diese Frau mich bei all meinen Handlungen leitet. Ich möchte vielmehr über etwas berichten, was ich, neben vielem anderen, auf ihre Veranlassung hin getan habe.

»Für Frauen ist die Suche nach dem Wissen in der Tat eine merkwürdige Angelegenheit«, erzählte Florinda mir einmal. »Wir müssen seltsame Manöver anwenden.«

»Warum ist das so, Florinda?«

»Weil Frauen sich nicht wirklich bemühen.«

»Ich gebe mir Mühe.«

»Das behauptest du, aber du tust es nicht.«

»Ich bin hier bei dir. Zeigt dies nicht mein Bemühen?«

»Nein. Dir hat nur der Nagual gefallen, seine Persönlichkeit wirkt übermächtig auf dich. Mir ist es ähnlich ergangen. Sein Vorgänger wirkte übermächtig auf mich. Einer der unwiderstehlichsten Zauberer, die es je gab.«

»Teilweise hast du recht. Aber ich nehme die Suche nach dem Wissen sehr ernst.«

»Daran zweifle ich nicht. Doch das ist nicht genug. Frauen müssen besondere Manöver durchführen, um zum Kern ihrer selbst zu gelangen.«

»Welche Manöver? Und was meinst du mit dem Kern von uns selbst, Florinda?«

»Wir müssen herausfinden, ob es etwas in uns gibt, von dem wir nichts wissen – versteckte Quellen, ungeahnte Kräfte und Fähigkeiten, eine Größe des Geistes angesichts von Kummer und Leid. All dies wird nach außen treten, wenn wir mit dem Unbekannten konfrontiert werden, wenn wir allein sind, ohne Freunde, ohne Familie, ohne Hilfe. Tritt unter solchen Umständen nichts zutage, bedeutet das, daß nichts in uns ist. Und bevor du sagen kannst, du nimmst die Suche nach dem Wissen ernst, mußt du herausfinden, ob wirklich etwas in dir ist. Ich verlange von dir, dies herauszufinden.«

»Ich glaube, ich eigne mich nicht sonderlich für solche Tests, Florinda.«

»Meine Frage lautet: Kannst du leben, ohne zu wissen, ob etwas in dir ist?«

»Und was ist, wenn ich zu denen gehöre, die nichts in sich tragen?«

»In diesem Falle werde ich dir meine zweite Frage stellen müssen: Kannst du weiter in der von dir gewählten Welt leben, wenn nichts in dir ist?«

»Warum nicht, natürlich kann ich hier bleiben. Ich habe mich euch doch angeschlossen.«

»Nein. Du glaubst nur, du hättest dich für unsere Welt entschieden. Die Welt des Nagual zu wählen, ist mehr, als nur zu sagen, man habe sie gewählt. Du mußt es beweisen.«

»Und wie soll ich das deiner Meinung nach anstellen?«

»Ich mache dir einen Vorschlag. Du mußt ihn nicht annehmen, aber wenn du es tust, wirst du allein an den Ort zurückkehren müssen, an dem du geboren wurdest. Nichts könnte einfacher sein als das. Geh dorthin zurück und nutze die Chancen, die sich dir bieten.«

»Aber dein Vorschlag ist undurchführbar. Mit diesem Ort verbinde ich keine angenehmen Gefühle. Ich habe ihn nicht im guten verlassen.«

»Um so besser; alles wird gegen dich sein. Deshalb habe ich dein Land gewählt. Frauen geraten nicht gern in Schwierigkeiten; wenn sie sich mit den Dingen auseinanderzusetzen haben, zerbrechen sie. Zeige mir, daß du nicht so bist.«

»Und was soll ich dort tun?«

»Sei du selbst. Mach deine Arbeit. Du hast mir gesagt, du willst Anthropologin werden. Sei eine. Was könnte einfacher sein?«

2

Jahre später befolgte ich Florindas Rat und ging nach Venezuela, in das Land, in dem ich geboren wurde. Vordergründig, um Material für meine anthropologischen Studien über Heilpraktiken zu sammeln. In Wahrheit aber war ich gekommen, um unter Florindas Anleitung jene Manöver durchzuführen, mit deren Hilfe ich die versteckten Quellen in mir selbst finden wollte, ohne die ich nicht in der Welt des Nagual bleiben konnte.

Den Entschluß, diese Reise ganz allein zu unternehmen, mußte sie mir beinahe mit Gewalt abringen. Unter Verwünschungen und mit entschlossenen Gebärden beschwor Florinda mich, während meines Aufenthaltes bei niemandem Hilfe zu suchen. Da sie wußte, daß ich noch immer an der Universität studierte, bat sie mich dringlich, mich während meiner Feldstudien nicht auf die üblichen akademischen Hilfsmittel zu verlassen. Ich sollte kein Stipendium beantragen, nicht mit meinem Professor sprechen und auch nicht meine Familie oder Freunde um Hilfe bitten. Nur die jeweiligen Umstände sollten meinen Weg bestimmen. Hatte ich diesen erst einmal beschritten, sollte ich auf ihm mit der ganzen Kraft einer Frau auf dem Weg des Kriegers voranschreiten.

Ich beschloß, einen informellen Besuch in Venezuela zu machen. Ich dachte daran, einige Verwandte aufzusuchen und Informationen darüber zu sammeln, wie und wo ich meine künftigen kulturanthropologischen Studien betreiben könne. Florinda lobte meine Sorgfalt und meinen Eifer. Ich glaubte, sie mache sich über mich lustig. Es gab nichts, wofür sie mich hätte loben können. Ich sagte ihr, daß ich mir Sorgen mache, weil sie mir keinerlei Anweisungen gegeben hatte. Immer wieder fragte ich sie nach Einzelheiten über meine Aufgabe in Venezuela. Als der Zeitpunkt meiner Abreise näherrückte, wuchs meine Angst, da ich nicht wußte, was auf mich zukam. Ich bestand in nicht gerade zimperlichen Worten darauf, genaue Anweisungen zu erhalten.

Wir saßen in bequemen, gepolsterten Rohrstühlen im Schatten eines der zahlreichen Obstbäume in dem riesigen Patio ihres Anwesens. In ihrem langen Kleid aus ungebleichter Baumwolle, mit dem breitkrempigen Hut und dem spitzenverzierten Fächer wirkte Florinda auf mich wie jemand aus einer anderen Zeit.

»Vergiß die genauen Informationen«, sagte sie ungeduldig. »Sie werden dir nichts nützen.«

»Sie würden mir sicher sehr nützlich sein«, beharrte ich. »Ich verstehe wirklich nicht, warum du mir das antust, Florinda.«

»Schreib es der Tatsache zu, daß ich in der Welt des Nagual lebe, daß ich eine Frau bin und daß ich einer anderen Grundstimmung unterliege.«

»Grundstimmung? Was meinst du mit einer anderen Grundstimmung?«

Abwesend und scheinbar uninteressiert blickte sie mich an. »Ich wünschte, du könntest dich selbst reden hören. Welche Grundstimmung?« äffte sie mich nach. Ihr Blick spiegelte milde Verachtung wider. »Ich lehne die scheinbare Ordnung von Gedanken und Taten ab. Ich kümmere mich einen Dreck um Dummheit und bin sehr ungeduldig. Das ist die Grundstimmung.«

»Das klingt ja furchtbar, Florinda. Ich glaubte gelernt zu haben, daß die Menschen in der Welt des Nagual weder kleinlich noch ungeduldig sind.«

»In der Welt des Nagual zu sein hat nichts mit meiner Ungeduld zu tun«, sagte sie mit einer humorvollen Geste, die Hoffnungslosigkeit ausdrückte. »Du siehst doch, daß meine Ungeduld makellos ist.«

»Ich wüßte zu gern, was es bedeutet, makellos ungeduldig zu sein.«

»Es bedeutet zum Beispiel, daß ich mir jetzt vollkommen bewußt bin, daß du mich mit deinem törichten Verlangen langweilst, genaue Anweisungen zu erhalten. Meine Ungeduld sagt mir, daß ich dich davon abhalten muß. Aber es ist meine Makellosigkeit, die dich sofort zum Schweigen bringen wird. Das alles läuft auf folgendes hinaus: Wenn du dich weiter in deiner schlechten Angewohnheit gehenläßt, alles erklärt bekommen zu wollen, und nicht aufhörst, Einzelheiten von mir zu verlangen, werde ich dich schlagen. Aber ich werde nie böse auf dich sein oder dir einen Vorwurf machen.«

Trotz ihres ernsten Tones mußte ich lachen. »Du würdest mich tatsächlich schlagen, Florinda? Gut, dann schlag mich, wenn du nicht anders kannst«, fügte ich hinzu und blickte in ihr entschlossenes Gesicht. »Aber ich muß einfach wissen, was ich in Venezuela tun soll. Ich werde vor Angst verrückt.«

»Nun gut. Wenn du darauf bestehst, alle Einzelheiten zu erfahren, die ich für wichtig halte, werde ich sie dir mitteilen. Ich hoffe, du weißt, daß wir durch einen Abgrund getrennt sind und daß dieser Abgrund nicht durch Reden überbrückt werden kann. Männer sind in der Lage, mit ihren Worten Brücken zu bauen, Frauen nicht. Du ahmst die Männer nach. Frauen bauen Brücken durch ihre Taten. Wir setzen Leben in die Welt, wie du weißt. Wir machen Menschen. Ich will, daß du fortgehst und ganz auf dich gestellt herausfindest, was deine Schwächen und Stärken sind.«

»Ich verstehe, was du sagen willst, Florinda. Aber denke an meine Lage.«

Florinda unterdrückte die Bemerkung, die ihr auf der Zunge lag, und gab endlich nach.

»Schon gut, schon gut«, sagte sie müde und bedeutete mir, meinen Stuhl direkt neben den ihren zu rücken. »Ich werde dir die Informationen geben, die für deine Reise wichtig sind. Nur gut für dich, daß es nicht die von dir verlangten genauen Anweisungen sind. Du willst, daß ich dir sage, wie du dich in einer zukünftigen Situation verhalten sollst. Wie kann ich dir Anweisungen für etwas geben, das noch gar nicht existiert? Ich werde dir statt dessen Tips geben, wie du deine Gedanken, Gefühle und Reaktionen ordnen kannst. Das wird dir helfen, alle möglichen Situationen zu meistern.«

»Meinst du das wirklich ernst, Florinda?« fragte ich ungläubig.

»Todernst«, versicherte sie mir. Sie beugte sich in ihrem Stuhl vor und sprach mit einem Lächeln auf den Lippen weiter, das in Lachen umzukippen drohte. »Die erste Einzelheit, über die du dir Klarheit verschaffen mußt, bist du selbst. Du weißt doch, in der Welt des Nagual müssen wir die volle Verantwortung für all unsere Handlungen übernehmen.«

Sie erinnerte mich daran, daß ich mit dem Weg des Kriegers vertraut sei. Während der Zeit, die ich mit ihr verbracht hätte, sagte sie, hätte ich umfassende Erfahrungen mit der mühseligen praktischen Philosophie der Welt des Naguals sammeln können. Gerade deswegen wäre jede Anweisung, die sie mir jetzt gebe, doch nur ein Erinnern an den Weg des Kriegers.

»Auf dem Weg des Kriegers nehmen Frauen sich selbst nicht wichtig«, fuhr sie fort, als rezitierte sie aus dem Gedächtnis. »Die eigene Wichtigkeit mindert die Leidenschaft. Auf dem Weg des Kriegers sind die Frauen leidenschaftlich. Und doch bleiben sie unter allen Umständen völlig gelassen. Sie verlangen nichts, sind aber bereit, selbst alles zu geben. Sie suchen leidenschaftlich nach einem Signal, das dem Geist der Dinge entstammt, in Form eines freundlichen Wortes, einer entsprechenden Geste; haben sie dieses Signal erhalten, drücken sie ihre Dankbarkeit durch doppelte Leidenschaft aus.

Auf dem Weg des Kriegers urteilen Frauen nicht. Sie sind entschlossen, sich selbst bis auf ein Nichts zu reduzieren, um zu hören, zu beobachten – damit sie siegen können und durch ihre Siege erniedrigt werden, damit sie besiegt und durch ihre Niederlagen erhöht werden.

Auf dem Weg des Kriegers geben Frauen niemals auf. Sie mögen tausendmal besiegt werden, aber sie geben nicht auf. Und vor allem, auf dem Weg des Kriegers sind die Frauen vollkommen frei.«

Die ganze Zeit hatte ich Florinda angestarrt, unfähig sie zu unterbrechen, fasziniert von dem, was sie sagte, obwohl ich es nicht wirklich verstand. Ich war der Verzweiflung nahe, als sie endete, so, als ob sie mir nichts mehr zu sagen hätte. Ohne es zu wollen, begann ich hemmungslos zu weinen. Ich wußte, daß alles, was sie mir gerade gesagt hatte, mir nicht helfen würde, meine Probleme zu lösen.

Sie ließ mich eine ganze Weile weinen, dann lachte sie. »Du weinst ja wirklich«, sagte sie ungläubig.

»Du bist die herzloseste, gefühlloseste Person, die mir je begegnet ist«, stieß ich unter Schluchzen hervor. »Du schickst mich weiß Gott wohin und sagst mir nicht einmal, was ich dort tun soll.«

»Aber ich habe es dir gerade gesagt«, antwortete sie, immer noch lachend.

»Was du mir gerade gesagt hast, hat in einer konkreten Situation nicht den geringsten Wert«, erwiderte ich wütend. »Du redest wie ein Diktator, der Parolen ausgibt.«

Florinda blickte mich freundlich an. »Du wirst überrascht sein, welch große Hilfe dir diese blöden Parolen einmal sein werden«, sagte sie. »Aber laß mich etwas klarstellen: Ich schicke dich nirgendwohin. Du bist eine Frau auf dem Weg des Kriegers, du bist frei, kannst tun und lassen, was du willst – das weißt du. Du hast noch nicht genau verstanden, was es mit der Welt des Nagual auf sich hat. Ich bin nicht deine Lehrerin, nicht deine Aufpasserin, und ich bin nicht verantwortlich für dich oder deine Taten. Nur du selbst bist es. Es ist sehr schwierig zu verstehen, daß die Welt des Nagual totale Freiheit gewährt. Aber diese Freiheit ist nicht unbedingt frei.

Ich nahm dich unter meine Fittiche, weil du eine natürliche Fähigkeit besitzt, die Dinge zu sehen, wie sie sind. Weil du dich von einer Situation distanzieren und das Wunder in all dem erkennen kannst. Das ist ein besonderes Talent, das dir von Geburt an mitgegeben ist. Die Menschen in der Welt des Nagual brauchen oft Jahre, um sich aus all ihren Verstrickungen zu lösen und das Wunder zu erkennen.«

Das Lob aus ihrem Munde änderte nichts daran, daß ich vor Furcht nahezu außer mir war. Schließlich beruhigte Florinda mich, indem sie versprach, mir rechtzeitig vor meiner Abreise alle genauen Informationen zu geben, die ich verlangte.

Ich wartete in der Abflughalle, aber Florinda erschien nicht. Niedergeschlagen und voller Selbstmitleid überließ ich mich meiner Verzweiflung und Enttäuschung. Ungeachtet der neugierigen Blicke um mich herum setzte ich mich hin und weinte. Nie hatte ich mich einsamer gefühlt. Ich dachte nur daran, daß niemand gekommen war, mich zu verabschieden.

Niemand hatte mir mit meinem Koffer geholfen. Dabei war ich daran gewöhnt, von Freunden oder Verwandten verabschiedet zu werden.

Florinda hatte mich gewarnt: Jeder in der Welt des Nagual müsse mit absolutem Alleinsein rechnen. Sie hatte mir erklärt, dieses Alleinsein sei nicht Einsamkeit, sondern lediglich ein physischer Zustand der Abgeschiedenheit.

3

Zum ersten Mal wurde mir bewußt, wie behütet mein bisheriges Leben gewesen war. In einem Hotelzimmer in Caracas, allein und ohne jede Vorstellung, was ich als nächstes zu tun hatte, lernte ich die Abgeschiedenheit kennen, von der Florinda gesprochen hatte. Ich wäre am liebsten auf dem Bett liegengeblieben, um nur noch fernzusehen. Meinen Koffer mochte ich gar nicht erst anrühren. Ich dachte sogar daran, das nächste Flugzeug zurück nach Los Angeles zu nehmen. Damals hielten sich meine Eltern nicht in Venezuela auf, und meine Brüder hatte ich telefonisch noch nicht erreichen können.

Schließlich zwang ich mich, auszupacken. Sorgfältig unter einer zusammengefalteten Hose versteckt, fand ich einen Zettel, auf dem ich Florindas Handschrift erkannte. Begierig las ich:

> Mach dir keine Gedanken wegen der Einzelheiten. Wenn man Selbstvertrauen besitzt, passen sich die Einzelheiten den jeweiligen Umständen an. Du solltest so vorgehen: Wähle irgendeinen Schritt, und nenne ihn den Anfang. Einmal konfrontiert mit dem Anfang, folge dem, was sich daraus ergibt. Ich bin sicher, dein Selbstvertrauen läßt dich einen nicht allzu komplizierten Anfang wählen. Sei realistisch und bescheiden, wähle mit Sorgfalt. Beginne sofort damit!!
>
> P.S. Alles kann ein Anfang sein.

Durch Florindas Bestimmtheit ermutigt, nahm ich den Telefonhörer ab und wählte die Nummer einer alten Freundin. Ich war mir nicht sicher, ob sie noch in Caracas lebte. Die freundliche Dame am anderen Ende der Leitung nannte mir einige Nummern, unter denen ich meine Freundin möglicherweise erreichen könnte, da sie inzwischen umgezogen war. Ich versuchte sie alle, da ich endlich beginnen wollte. Der Anfang zog mich bereits in seinen Bann. Schließlich erreichte ich ein älteres Ehepaar, das ich aus meiner Kindheit kannte, Freunde meiner Eltern. Sie wollten mich sofort sehen, waren allerdings für eine Stunde später zu einer Hochzeit eingeladen, wohin ich sie begleiten sollte. Sie versicherten mir, daß dies ohne weiteres möglich sei.

Auf dieser Hochzeit traf ich einen ehemaligen Jesuitenpater, der die Anthropologie zu seinem Hobby gemacht hatte. Wir unterhielten uns stundenlang. Ich erzählte ihm von meinem Interesse an anthropologischen Fragen. Als ob er darauf gewartet hätte, von mir das magische Stichwort zu hören, begann er über die umstrittene Funktion schamanischer Heiler und ihre soziale Bedeutung für die Gesellschaften, in denen sie lebten, zu sprechen.

Ich hatte weder das Thema Heiler noch das der Heilkunde im allgemeinen als möglichen Gegenstand meiner Studien genannt, obwohl ich natürlich oft daran dachte. Doch statt erfreut zu sein, daß dieser Mann meine innersten Gedanken erraten hatte, erfüllte mich nun ein Unbehagen, das an Angst grenzte. Als er mir schließlich nachdrücklich davon abriet, in die Stadt Sortes zu gehen, obwohl sie allgemein als Zentrum des Spiritismus im Westen Venezuelas gilt, begann ich mich über ihn zu ärgern. Er schien meine Gedanken zu lesen. Genau in jene Stadt hatte ich gehen wollen, sofern nichts dazwischenkäme.

Ich war nahe daran, mich zu verabschieden und die Gesellschaft zu verlassen, als er mit erhobener Stimme sagte, ich solle nach Curmina im Norden Venezuelas gehen. Dort könne ich phänomenale Erfolge erzielen, da diese Stadt das neue, wirkliche Zentrum des Spiritismus und der schamanischen Heilkunst sei.

»Ich weiß nicht genau, warum, aber ich bin mir sicher, daß Sie geradezu darauf brennen, die Hexen von Curmina kennenzulernen«, sagte er in trockenem, sachlichem Ton.

Er nahm ein Blatt Papier zur Hand und skizzierte die Umgebung Curminas. Mit genauen Entfernungsangaben zeichnete er die Orte auf, an denen dort Spiritisten, Zauberer, Hexen und Heiler lebten. Auf einen Namen wies er nachdrücklich hin: Mercedes Peralta. Er unterstrich den Namen und kreiste ihn, ohne es zu bemerken, ein und umrahmte ihn schließlich mit einem kräftigen Quadrat.

»Sie ist eine Spiritistin, eine Hexe und eine Heilerin«, sagte er lächelnd. »Sie müssen sie unbedingt aufsuchen, versprechen Sie es mir?«

Ich wußte, wovon er sprach. Unter Florindas Führung war ich im Norden Mexikos und im Süden Kaliforniens bereits Spiritisten, Zauberern, Hexen und Heilern begegnet und hatte mit ihnen gearbeitet. Von Anfang an hatte Florinda genau zwischen ihnen unterschieden. Spiritisten sind Praktiker, die Geister von Heiligen oder Teufeln anflehen, damit diese im Namen ihrer Patienten bei einer höheren Instanz Fürsprache einlegen. Ihre Aufgabe ist es, die Verbindung mit den Geistern herzustellen und deren Ratschläge zu interpretieren. Diese Ratschläge erhalten sie bei Zusammenkünften, in deren Verlauf sie die Geister anrufen. Zauberer und Hexen sind Praktiker, die direkten Einfluß auf ihre Patienten ausüben. Aufgrund ihrer Kenntnisse der okkulten Künste lassen sie unbekannte und unvorhersehbare Kräfte auf die beiden verschiedenen Arten von Menschen einwirken, von denen sie aufgesucht werden. Das sind einerseits Kranke, die Hilfe benötigen, und andererseits Leute, die ihre Hexendienste in Anspruch nehmen. Heiler sind schließlich Praktiker, die sich ausschließlich darum bemühen, die Gesundheit und das Wohlbefinden ihrer Klienten wiederherzustellen.

Als weitere Kategorie fügte Florinda ihrer Aufzählung noch eine Kombination der verschiedenen Typen hinzu.

In scherzhaftem Ton, aus dem ich gleichwohl ihre Ernsthaftigkeit heraushören konnte, behauptete sie, daß auch ich in der Frage der Heilung von Kranken zu der Ansicht neige, die nicht-westlichen Praktiken seien ganzheitlicher als die westliche Medizin. Sie erklärte, ich sei im Irrtum, weil das Heilen, wie sie sagte, vom Praktiker und nicht von einem bestimmten Wissensschatz abhänge. Von nicht-westlichen Heilpraktiken zu sprechen sei völlig unsinnig, da es sich bei Heilung eben nicht wie bei der Medizin um eine formalistische Disziplin handle. Sie warf mir spöttisch vor, ich sei auf meine Art genauso mit Vorurteilen belastet wie diejenigen, die glaubten, Heilungen von Kranken mit Hilfe von Heilpflanzen, Massagen oder schamanischen Beschwörungen seien entweder psychosomatisch bedingt oder beruhten auf einem glücklichen Zufall, den der Praktiker selbst nicht verstand.

Florinda war fest davon überzeugt, daß jemand, der eine andere Person heilen kann – sei es ein Arzt oder ein Schamane –, in der Lage sei, die Körperempfindung des Patienten und damit seine Verbindung zur Welt entscheidend zu verändern, was bedeute, daß diese Person dem Körper und gleichermaßen auch dem Geist des Patienten neue Möglichkeiten eröffnete und die gewohnte Form, in der Körper und Geist harmonierten, systematisch zerstörte. Andere Dimensionen der Bewußtheit würden dann zugänglich, und die normalen Vorstellungen und Erwartungen bezüglich Krankheit und Gesundheit könnten transformiert werden, sobald sich neue körperliche Bedeutungen herauskristallisiert hätten.

Florinda hatte sich über die Überraschung amüsiert, mit der ich solche Gedanken aufnahm, die für mich zu jener Zeit einfach revolutionär waren. Sie sagte mir, alles, was sie mir erzählt habe, beruhe auf dem Wissen, das sie und ihre Gefährten in der Welt des Nagual teilten.

Ich hielt mich an Florindas Anweisungen, die sie mir auf dem Zettel hatte zukommen lassen, und ließ mich von der Situation leiten; sie sollte sich entwickeln, ohne daß ich Einfluß nahm. Ich spürte, daß ich nach Curmina gehen mußte, um die Frau zu finden, von der der ehemalige Jesuitenpater gesprochen hatte.

Bei meinem ersten Besuch in Mercedes Peraltas Haus hatte ich nicht lange im dunklen Korridor gewartet, als mich eine Stimme hinter einem Vorhang rief, der unmittelbar vor mir einen Eingang verdeckte. Ich stieg zwei Stufen hinauf, die zu einem großen, schwach erleuchteten Raum führten, in dem es nach Zigarrenrauch und Ammoniak roch. Einige Kerzen auf einem Altar an der gegenüberliegenden Wand warfen ihr Licht auf verschiedene Figuren und Bilder von Heiligen, die um die blaugekleidete Jungfrau von Coromoto gruppiert waren. Es war eine feingeschnitzte Statue, mit roten, lächelnden Lippen, geröteten Wangen und Augen, die mich gütig und versöhnlich anzublicken schienen.

Ich trat näher. In der Ecke, versteckt zwischen dem Altar und einem hohen, rechteckigen Tisch, saß Mercedes Peralta. Sie schien zu schlafen; ihr Kopf ruhte auf der Lehne ihres Sessels, ihre Augen waren geschlossen. Sie wirkte ausgesprochen alt. Nie zuvor hatte ich ein solches Gesicht gesehen. Selbst in diesem friedlichen Zustand der Ruhe ging eine bedrohliche Kraft von ihm aus. Das schwache Kerzenlicht milderte keineswegs ihre scharfgeschnittenen Züge, sondern betonte nur die Entschlossenheit, die in dieses Netz von Falten eingefurcht zu sein schien.

Langsam öffnete sie ihre Augen; sie waren groß und mandelförmig. Das Weiße in ihnen schien ein wenig getrübt. Ihr Blick war zunächst völlig ausdruckslos, dann aber belebten sich ihre Augen und begannen mich mit der Unbefangenheit eines Kindes anzustarren. Unter ihrem Blick, der weder freundlich noch unfreundlich war, begann ich mich mehr und mehr unwohl zu fühlen.

»Guten Tag, Doña Mercedes«, grüßte ich sie, während mich mein Mut ganz zu verlassen drohte und ich fast schon aus dem Haus gerannt wäre. »Ich heiße Florinda Donner und werde sehr offen zu dir sprechen, um deine kostbare Zeit nicht zu vergeuden.«

Sie zwinkerte ein paarmal und schaute mich an.

»Ich bin nach Venezuela gekommen, um etwas über Heilpraktiken zu erfahren«, fuhr ich fort, neuen Mut fassend.

»Ich bin Studentin an einer amerikanischen Universität, aber eigentlich möchte ich eine Heilerin werden. Ich kann dafür bezahlen, wenn du mich als Schülerin aufnimmst. Aber selbst wenn du mich nicht aufnimmst, werde ich dich für jede Information, die du mir gibst, bezahlen.«

Die alte Frau sagte kein Wort. Sie bedeutete mir, mich auf einen Hocker zu setzen, erhob sich und blickte auf ein metallenes Instrument, das auf dem Tisch lag. Ein schelmischer Ausdruck lag auf ihrem Gesicht, als sie sich umdrehte und mich ansah.

»Was ist das für ein Apparat?« fragte ich mutig.

»Es ist ein Schiffskompaß«, sagte sie gleichmütig. »Er kann mir über allerlei Dinge Auskunft geben.« Sie nahm ihn und stellte ihn auf das oberste Brett einer Vitrine, die an der gegenüberliegenden Wand stand. Plötzlich lachte sie. »Ich will eins gleich klarstellen«, sagte sie. »Ja, ich werde dir alles über das Heilen erzählen – aber nicht, weil du mich fragst, sondern weil du vom Glück gesegnet bist. Da bin ich schon jetzt ganz sicher. Was ich noch nicht weiß, ist, ob du auch stark sein wirst.«

Die alte Frau schwieg, sprach dann mit leiser, gepreßter Stimme weiter, ohne mich dabei anzusehen. Ihre Aufmerksamkeit schien sich auf etwas im Inneren der Vitrine zu richten.

»Bei allem kommt es letztlich nur auf Glück und Kraft an«, sagte sie. »Seit jener Nacht, als ich dich auf der Plaza sah, weiß ich, daß du vom Glück gesegnet und auf der Suche nach mir bist.«

»Ich verstehe nicht, wovon du redest«, sagte ich.

Mercedes Peralta wandte sich mir zu, sah mich an und brach in ein derart schrilles Gelächter aus, daß ich sie für verrückt hielt. Sie öffnete ihren Mund so weit, daß ich die wenigen Backenzähne sehen konnte, die sie noch besaß. Plötzlich unterbrach sie ihr Gelächter, setzte sich in ihren Stuhl und erklärte mir noch einmal, sie habe mich vor genau zwei Wochen nachts auf der Plaza gesehen. Sie befand sich auf dem Heimweg von einer Séance; eine Freundin hatte sie von dem Küstenort, in dem die Séance abgehalten worden war, in ihrem Auto mitgenommen. Diese Freundin sei sehr erstaunt gewesen, mich so spät in der Nacht ganz allein auf der Straße zu sehen, sie selbst sei aber nicht im mindesten überrascht gewesen. »Du hast mich gleich an jemanden erinnert, den ich einmal gekannt habe«, sagte sie. »Es war nach Mitternacht. Du hast mich angelächelt.«

Ich konnte mich weder daran erinnern, sie gesehen zu haben, noch daran, zu jener Uhrzeit allein auf der Plaza gewesen zu sein. Aber es war immerhin möglich, daß sie mich in der Nacht gesehen hatte, in der ich in Curmina eingetroffen war. Nach einer Woche vergeblichen Wartens auf das Ende des Regens hatte ich mich schließlich entschlossen, die Fahrt von Caracas nach Curmina zu wagen. Ich wußte, daß es überall Erdrutsche gegeben hatte, und die Fahrt dauerte dann auch statt der normalen zwei ganze vier Stunden. Als ich die Stadt erreichte, schien dort alles zu schlafen, und ich hatte einige Mühe, das Hotel zu finden, welches mir der ehemalige Pater empfohlen hatte.

Von der Beharrlichkeit irritiert, mit der sie darauf bestand, längst gewußt zu haben, daß ich sie aufsuchen würde, erzählte ich ihr von dem ehemaligen Pater und davon, was er mir auf der Hochzeit in Caracas gesagt hatte. »Er bestand darauf, daß ich dich aufsuchen sollte«, sagte ich. »Deine Vorfahren, sagte er mir, sollen in der Kolonialzeit berühmte Zauberer und Hexen gewesen sein. Sie sollen angeblich von der Inquisition verfolgt worden sein.«

Überrascht weiteten sich ihre Augen. »Wußtest du, daß Frauen, die man als Hexen angeklagt hatte, nach Cartagena in Kolumbien gebracht wurden, um dort verurteilt zu werden?« fragte sie und fuhr fort: »Venezuela selbst war zu unbedeutend, als daß es ein eigenes Inquisitionstribunal erhalten hätte.« Sie zögerte einen Moment, sah mir direkt in die Augen und fragte: »Wohin wolltest du zuerst gehen, um Heilpraktiken zu studieren?«

»In den Staat Yaracuy«, sagte ich unbestimmt.

»Sortes?« fragte sie sofort. »Maria Lionza?«

Sortes ist das Zentrum des Maria-Lionza-Kultes. Noch heute verehren zahllose Venezolaner jene legendäre Frau, die als Tochter einer indianischen Prinzessin und eines spanischen Konquistadoren geboren wurde und der übernatürliche Kräfte nachgesagt werden.

»Aber ich befolgte den Rat des ehemaligen Paters und kam statt dessen nach Curmina«, sagte ich. »Ich habe mich bereits mit zwei anderen Heilerinnen unterhalten. Beide versicherten mir, du seiest die kenntnisreichste von allen, die einzige, die mir meine Fragen über das Heilen beantworten könne.«

Einer plötzlichen Eingebung folgend erzählte ich ihr, wie ich mir meine Ausbildung vorstellte: Ich wollte alles direkt beobachten und an den Behandlungen teilnehmen, alles auf Band aufzeichnen und, das allerwichtigste, die Patienten, die ich beobachtet hatte, auch systematisch befragen.

Während ich sprach, nickte die alte Frau und kicherte von Zeit zu Zeit. Zu meiner großen Überraschung war sie mit all meinen Vorschlägen einverstanden. Stolz erzählte sie mir, wie sie vor Jahren einmal von einem Psychologen der Universität Caracas befragt worden war, der eine Woche in ihrem Haus verbracht hatte.

»Um dir das Ganze zu erleichtern«, schlug sie vor, »kannst du ja hier bei uns leben. Es gibt genug leere Zimmer in diesem Haus.«

Ich nahm ihre Einladung an, sagte ihr aber gleich, daß ich vorhatte, mindestens sechs Monate in der Gegend zu bleiben. Das schien sie nicht weiter zu beunruhigen. Wenn es nach ihr ginge, könne ich Jahre bleiben. »Ich bin froh, daß du hier bist, Musiúa«, fügte sie beinahe zärtlich hinzu.

Ich lächelte. Obschon ich in Venezuela geboren wurde und auch dort aufwuchs, hat man mich mein Leben lang *Musiúa* gerufen. Eigentlich ist diese Bezeichnung abwertend, aber je nach dem Tonfall, in dem sie ausgesprochen wird, kann sie durchaus zu einem liebenswürdigen Namen für jemanden werden, der blond und blauäugig ist.

4

Erschreckt vom leisen Rascheln eines Rockes, der an mir vorüberstrich, öffnete ich die Augen und blickte auf die Kerze, die im Halbdunkel des Raumes auf dem Altar brannte. Die Flamme flackerte und eine kleine Wolke schwarzen Rauchs stieg von ihr auf. An der Wand erschien der Schatten einer Frau, die einen Stock in der Hand hielt. Der Schatten des Stockes schien die Köpfe der Männer und Frauen zu durchbohren, die neben mir mit geschlossenen Augen auf alten Holzstühlen saßen und einen Kreis bildeten. Ich konnte ein nervöses Kichern kaum unterdrücken, als ich erkannte, daß es der Schatten von Mercedes Peralta war, die jetzt jedem der Anwesenden eine große handgerollte Zigarre in den Mund steckte. Dann nahm sie die Kerze vom Altar, entzündete damit die Zigarren und kehrte zu ihrem Stuhl zurück, der in der Mitte des Kreises stand. Mit tiefer, monotoner Stimme begann sie einen unverständlichen refrainartigen Beschwörungsgesang anzustimmen.

Einen Hustenreiz unterdrückend, versuchte ich im selben schnellen Rhythmus wie die anderen den Zigarrenrauch zu inhalieren. Mit tränenden Augen beobachtete ich ihre ernsten, maskenhaften Gesichter, die sich bei jedem neuen Zug zu beleben schienen, bis sie im dicker werdenden Rauch verschwanden. Mercedes Peraltas Hand tauchte plötzlich, als sei sie vom übrigen Körper völlig abgelöst, aus dem trüben Nebel. Mit schnippenden Fingern zerteilte sie die Luft, imaginäre Linien zeichnend, die die vier Himmelsrichtungen miteinander verbanden.

Dem Beispiel der anderen folgend, begann ich meinen Kopf im Rhythmus des Fingerschnippens und des leisen Gesanges zu wiegen. Die aufkommende Übelkeit versuchte ich zu ignorieren und zwang mich, die Augen geöffnet zu halten, um nichts von dem, was um mich herum geschah, zu versäumen. Dies war das erste Mal, daß ich an einer Versammlung von Spiritisten teilnehmen durfte. Doña Mercedes sollte als Medium fungieren und die Verbindung zu den Geistern herstellen.

Ihre eigene Auffassung von Spiritisten, Hexen und Heilern deckte sich mit der Florindas, mit dem Unterschied, daß sie noch eine weitere unabhängige Gruppe einbezog: Medien. Ein Medium definierte sie als einen deutenden Vermittler, der als Sprachrohr der Geister diente. Sie betrachtete Medien als völlig eigenständig, so daß sie von allen anderen Kategorien unterschieden werden mußten. Aber selbstverständlich könne ein Medium auch allen anderen Kategorien zugleich angehören.

»Eine störende Kraft ist im Raum.« Eine männliche Stimme unterbrach Doña Mercedes' Gesang.

Glühende Zigarren schienen sich wie anklagende Augen aus der rauchigen Dunkelheit auf mich zu richten, während die Gruppe ihre Zustimmung murmelte.

»Ich werde mich darum kümmern«, sagte Mercedes Peralta und erhob sich. Sie ging reihum und blieb hinter jedem einen Moment lang stehen.

Ich stieß einen Schmerzensschrei aus, als ich etwas Spitzes an meiner Schulter fühlte.

»Komm mit«, flüsterte sie mir ins Ohr. »Du bist nicht in Trance.« Besorgt, ich könnte mich weigern, packte sie mich am Arm und führte mich bis vor den roten Vorhang, der ihr als Tür diente.

»Aber du selbst hast mich gebeten zu kommen«, beharrte ich, bevor ich aus dem Raum geschubst wurde. »Ich störe doch niemanden, wenn ich still in einer Ecke sitze.«

»Du störst die Geister«, murmelte sie und schloß den Vorhang geräuschvoll.

Ich begab mich in die Küche an der Rückseite des Hauses, wo ich für gewöhnlich nachts arbeitete. Dort brachte ich die Tonbandaufzeichnungen zu Papier und ordnete meine stetig wachsende Sammlung von Feldnotizen. Schwärme von Insekten schwirrten um die von der Decke herabhängende Glühbirne. Ihr schwaches Licht beleuchtete den Holztisch in der Mitte des Raumes, während die Ecken im Schatten lagen. Dort schliefen die von Flöhen geplagten, räudigen Hunde. Die eine Seite der rechteckigen Küche war zum Hof hin offen. An den anderen, rußgeschwärzten

Wänden befanden sich eine gemauerte Kochnische, ein Kerosinofen und eine metallene Schüssel, die mit Wasser gefüllt war.

Ich trat hinaus in den vom Mond erleuchteten Hof. Die Betonplatte, auf der Doña Mercedes' Gefährtin Candelaria täglich weiße Wäschestücke auslegte, um sie in der Sonne zu bleichen, schimmerte wie eine silbrig glänzende Wasserlache. Gegen die dunkle Fläche der verputzten Mauer, die den Hof umschloß, stachen die Wäschestücke auf der Leine als weiße Flecken ab. Im hellen Widerschein des Mondes hob sich die Silhouette von Obstbäumen, Heilpflanzen und Gemüsebeeten als dunkle Masse ab, die erfüllt war vom Summen der Insekten und dem schrillen Zirpen der Grillen.

Ich ging in die Küche zurück und schaute in den Topf, der auf dem Herd brodelte. Zu jeder Tages- und Nachtzeit war etwas zum Essen vorbereitet. Normalerweise gab es eine herzhafte Suppe aus Fleisch, Fisch oder Huhn, je nachdem, was gerade verfügbar war. Obst und Gemüse waren ebenfalls immer vorrätig.

Ich suchte einen Suppenteller aus den Geschirrstapeln, die auf den in die Wand eingelassenen Regalen standen. Dutzende von Keramik-, Metall- und Plastiktellern standen dort herum. Ich nahm mir einen Teller Hühnersuppe, doch bevor ich mich an den Tisch setzte, füllte ich den Topf wieder mit etwas Wasser aus der Schüssel auf. Ich hatte nicht lange gebraucht, um mich an die seltsamen Bräuche in diesem ungewöhnlichen Haushalt zu gewöhnen.

Nun begann ich, all das aufzuschreiben, was sich während der Versammlung abgespielt hatte. Der Versuch, mich an jede Einzelheit eines Ereignisses oder an jedes Wort einer Unterhaltung zu erinnern, war für mich das beste Mittel, das Gefühl der Einsamkeit, das sich immer wieder von neuem einstellte, zu verscheuchen.

Ein Hund rieb seine kalte Nase an meinem Bein. Ich suchte einige übriggebliebene Brotstücke, warf sie dem Hund hin und wandte mich wieder meinen Notizen zu.

Ich arbeitete, bis ich schläfrig wurde und meine Augen brannten, überanstrengt von der schwachen Beleuchtung.

Mit meinem Tonband und den Notizen unterm Arm machte ich mich auf zu meinem Zimmer, das am anderen Ende des Hauses lag. Einen Moment lang blieb ich im Innenhof stehen. Er war in Mondlicht getaucht. Die Blätter der knorrigen Weinstöcke bewegten sich in der leichten Brise und ihre zerklüfteten Schatten überzogen den Hof mit bizarren, geometrischen Mustern.

Noch bevor ich die Frau gesehen hatte, spürte ich ihre Anwesenheit. Sie hockte am Boden, versteckt hinter den überall im Patio aufgestellten Tonkrügen. Ihr weißer, zotteliger Haarschopf leuchtete wie ein Heiligenschein, doch ihr dunkles Gesicht war kaum erkennbar. Es schien mit den sie umgebenden Schatten zu verschmelzen.

Ich hatte sie bisher noch nie im Haus gesehen. Meine anfängliche Furcht verflog, als ich mir überlegte, daß sie eine von Doña Mercedes' Freundinnen, Patienten oder vielleicht eine Verwandte von ihr sein müsse, die wartete, bis die Séance beendet war.

»Entschuldigung«, sagte ich, »ich bin neu hier. Ich arbeite mit Doña Mercedes zusammen.«

Noch während ich redete, nickte die Frau. Sie schien genau zu wissen, wovon ich sprach, schwieg aber weiterhin. Von einem unerklärlichen Unbehagen erfüllt, versuchte ich, nicht vor Angst hysterisch zu werden. Immer wieder versicherte ich mir, es gebe keinen Grund, in Panik auszubrechen, nur weil eine alte Frau im Patio hockte.

»Waren Sie bei der Séance?« fragte ich unsicher.

Die alte Frau nickte.

»Ich war auch dort«, sagte ich, »aber Doña Mercedes hat mich hinausgeschickt.« Plötzlich fühlte ich mich erleichtert und versuchte, die Situation von ihrer heiteren Seite zu sehen.

»Hast du Angst vor mir?« fragte die Frau abrupt. Ihre Stimme hatte einen scharfen, rauhen, aber auch jugendlichen Klang.

Ich lachte. Ich wollte schon frech mit »Nein« antworten, aber irgend etwas hielt mich davon ab. Ich hörte mich selbst sagen, daß sie mich zu Tode erschreckt habe.

»Komm mit«, befahl mir die Frau nüchtern. Wieder war meine erste Reaktion, ihr einfach zu folgen, aber statt dessen hörte ich mich etwas sagen, was ich nicht beabsichtigt hatte.

»Ich muß meine Arbeit beenden. Wenn du mit mir sprechen willst, so kannst du das hier und jetzt tun.«

»Ich befehle dir, mitzukommen«, donnerte die alte Frau.

Die gesamte Energie meines Körpers schien dahinzuschwinden. Und dennoch erwiderte ich: »Warum befiehlst du nicht dir selbst, zu bleiben?« Ich konnte kaum glauben, das gesagt zu haben. Ich war nahe daran, mich zu entschuldigen, doch in diesem Moment spürte ich, wie eine unbekannte Kraftreserve meinen Körper durchflutete, und ich hatte mich beinahe wieder unter Kontrolle.

»Wie du willst«, sagte die Frau und erhob sich aus der Hocke. Ihre Größe war unbestimmbar. Sie wuchs und wuchs, bis ihre Knie sich in Höhe meiner Augen befanden.

Im gleichen Moment war auch all meine neue Energie schlagartig verflogen, und ich stieß unkontrollierte, durchdringende Schreie aus.

Candelaria kam mir zur Hilfe geeilt. Die Strecke zwischen dem Zimmer, wo die Séance stattfand, und dem Innenhof hatte sie so schnell überwunden, daß ich nicht die Zeit hatte, Atem zu holen und einen neuen Schrei auszustoßen.

»Alles ist jetzt wieder in Ordnung«, wiederholte sie mit beruhigender Stimme, die von weither zu kommen schien.

Sie massierte sanft meinen Nacken und Rücken, aber ich konnte nicht aufhören zu zittern. Und dann brach ich, ohne es zu wollen, in Tränen aus.

»Ich hätte dich nicht allein lassen dürfen«, sagte sie entschuldigend. »Aber wer konnte damit rechnen, daß eine Musiúa sie sehen würde?«

Noch bevor einer der Séance-Teilnehmer herauskommen konnte, um nachzusehen, was hier vorging, führte Candelaria mich in die Küche. Sie setzte mich auf einen Stuhl und gab mir ein Glas Rum. Ich trank und erzählte ihr, was ich im Patio gesehen hatte. Als ich das Glas geleert und meinen Bericht beendet hatte, fühlte ich mich unendlich müde und wie von Sinnen, ohne wirklich betrunken zu sein.

»Laß uns allein, Candelaria«, sagte Doña Mercedes, als sie mein Zimmer betrat. Candelaria hatte mich nicht nur zu Bett gebracht, sondern auch noch ein Feldbett für sich aufgestellt, so daß sie in meiner Nähe sein würde, wenn ich aufwachte.

»Ich weiß nicht, wie ich es dir sagen soll«, begann Mercedes Peralta nach langem Schweigen. »Aber du bist ein Medium. Das habe ich von Anfang an gewußt.« Ihre Augen schienen sich in eine kristalline Masse verwandelt zu haben, als sie mich durchdringend musterte. »Nur weil du vom Glück gesegnet bist, haben sie dich nicht an der Séance teilnehmen lassen. Medien sind vom Glück gesegnet.«

Trotz meiner Angst mußte ich lachen.

»Lach nicht darüber«, ermahnte sie mich. »Das ist eine ernste Sache. Im Patio hast du aus eigener Kraft einen Geist herbeigerufen. Und zwar den bedeutendsten von allen: Der Geist einer meiner Vorfahren kam zu dir. Sie erscheint nicht oft, aber wenn sie es tut, hat das wichtige Gründe.«

»Die Frau war ein Geist?« fragte ich verdutzt.

»Natürlich war sie ein Geist«, sagte Mercedes Peralta bestimmt. »Wir interpretieren die Dinge so, wie wir es gelernt haben. Wir können nicht davon abweichen. Unserer Tradition zufolge hast du einen mächtigen und furchteinflößenden Geist gesehen. Für uns ist es nicht ungewöhnlich, daß ein lebendiges Medium mit dem Geist eines toten Mediums Kontakt aufnehmen kann.«

»Und warum sollte dieser Geist gerade mich aufsuchen?« fragte ich.

»Ich weiß es nicht. Zu mir ist sie nur einmal gekommen, und zwar, um mich zu warnen«, antwortete sie, »aber ich habe ihren Rat nicht befolgt.« Ihre Augen blickten freundlich, und ihre Stimme wurde sanfter, als sie hinzufügte: »Als du hier ankamst, sagte ich dir, daß du vom Glück gesegnet seist. Das war auch ich einmal, bis jemand mein Glück zerstörte. Du erinnerst mich an diesen Menschen. Er war so blond wie du. Sein Name war Federico, und auch er war vom Glück gesegnet, hatte aber nicht die geringste Kraft. Der Geist sagte mir, ich solle ihn verlassen. Ich tat es nicht, und dafür muß ich noch heute bezahlen.«

Unfähig, den plötzlichen Umschwung der Ereignisse und die Trauer, die Doña Mercedes ergriffen hatte, zu verarbeiten, legte ich meine Hand auf die ihre.

»Nicht die geringste Kraft«, wiederholte sie. »Der Geist wußte es.«

Obwohl Mercedes Peralta immer bereit war, alles, was ihre Heilpraktiken betraf, mit mir zu besprechen, hatte sie meine Neugier, etwas über ihre Vergangenheit zu erfahren, immer enttäuscht. Nur ein einziges Mal hatte sie angedeutet, daß sie vor vielen Jahren einen großen Verlust erlitten hatte – ich weiß nicht, ob sie bei dieser Enthüllung einfach unvorsichtig gewesen war oder ob sie es mir ganz bewußt erzählt hatte.

Noch bevor ich mir darüber klarwerden konnte, ob sie mich gerade dazu ermunterte, ihr persönliche Fragen zu stellen, nahm sie meine Hand und preßte sie gegen ihre Wange. »Fühlst du die Narben?« flüsterte sie.

»Was ist mit dir passiert?« fragte ich, während meine Finger das rauhe Netz von Narben befühlten, das Wangen und Hals bedeckte. Mit bloßem Auge waren sie nicht von ihren zahllosen Falten zu unterscheiden. Ihre dunkle Haut fühlte sich so spröde und zerbrechlich an, daß ich fürchtete, sie könne unter dem Druck meiner Hand zerfallen. Aus dem Innern ihres Körpers drang eine geheimnisvolle Vibration. Ich konnte den Blick nicht von ihren Augen abwenden.

»Wir werden nicht über das sprechen, was du im Patio gesehen hast«, sagte sie nachdrücklich. »Solche Dinge gehören zur Welt der Medien, und du solltest mit niemandem über diese Welt reden. Du brauchst dich vor dem Geist nicht zu fürchten, aber ich rate dir, ihn nicht leichtfertig zu rufen.«

Sie half mir aus dem Bett und führte mich nach draußen, an dieselbe Stelle des Patios, an der ich die Frau gesehen hatte. Während ich dort stand und die Finsternis mit meinen Blicken durchbohrte, wurde mir klar, daß ich nicht einmal wußte, ob ich nur ein paar Stunden oder eine ganze Nacht und einen Tag geschlafen hatte.

Doña Mercedes schien meine Verwirrung zu spüren. »Es ist vier Uhr morgens«, sagte sie, »du hast fast fünf Stunden geschlafen.«

Sie kauerte sich an der Stelle nieder, an der die Frau gesessen hatte. Ich hockte mich neben sie zwischen die Jasminbüsche, die, von den hölzernen Gittern herabhängend, einen wohlriechenden Vorhang bildeten.

»Ich hatte vergessen, daß du gar nicht weißt, wie man richtig raucht«, sagte sie und ließ ein trockenes, heiseres Lachen erklingen. Sie griff in ihre Rocktasche, entnahm ihr eine Zigarre und zündete sie an. »Bei unseren Versammlungen rauchen wir handgerollte Zigarren. Spiritisten wissen, wie sehr die Geister den Geruch von Tabak lieben.« Nach einer kurzen Pause steckte sie mir eine brennende Zigarre in den Mund. »Versuch sie zu rauchen«, befahl sie.

Ich nahm einen Zug und inhalierte tief. Der schwere Rauch brachte mich zum Keuchen. »Nicht inhalieren«, sagte sie ungeduldig. »Ich zeig es dir.« Sie nahm die Zigarre und paffte mehrmals, atmete stoßweise ein und aus. »Der Rauch soll nicht in deine Lunge, sondern in deinen Kopf gelangen«, erklärte sie. »Auf diese Weise ruft ein Medium die Geister herbei. Von nun an wirst du genau an diesem Ort die Geister rufen. Und sprich mit niemandem darüber, bevor du nicht in der Lage bist, eine spiritistische Sitzung ganz allein zu leiten.«

»Aber ich will die Geister gar nicht rufen«, protestierte ich lachend. »Alles, was ich will, ist, bei den Sitzungen dabei zu sein und zu beobachten.«

Sie blickte mich ernst an. »Du bist ein Medium, und kein Medium geht in eine Sitzung, um zuzuschauen.«

»Was passiert in solchen Versammlungen?« fragte ich, das Thema wechselnd.

»Man befragt die Geister«, erwiderte sie prompt. »Einige Geister geben uns wichtige Ratschläge. Andere sind böswillig.« Sie lachte in sich hinein. »Welcher Geist sich zeigt, hängt von der Verfassung des Mediums ab.«

»Heißt das, daß die Medien den Geistern ausgeliefert sind?« fragte ich.

Sie schwieg lange und blickte mich an, ohne daß ich in ihrem Gesicht einen Gefühlsausdruck erkennen konnte. Dann sagte sie herausfordernd: »Nicht, wenn sie stark genug sind.« Sie fuhr fort, mich durchdringend anzuschauen, schloß aber dann die Augen. Als sie sich wieder öffneten, waren sie völlig ausdruckslos. »Bring mich auf mein Zimmer«, murmelte sie. Auf meinen Kopf gestützt, richtete sie sich auf. Ihre Hand glitt auf meine Schultern, dann auf meinen Arm, schließlich umklammerten ihre knochigen Finger mein Handgelenk wie versteinerte Wurzeln.

Schweigend schlurften wir den dunklen Flur entlang, dessen Wände von Holzbänken und ziegenfellbespannten Stühlen gesäumt wurden. An der Tür ihres Schlafzimmers machten wir halt. Bevor sie dahinter verschwand, erinnerte sie mich noch einmal daran, daß Medien niemals über ihre Welt sprechen. »Seit ich dich auf der Plaza gesehen habe, wußte ich, daß du ein Medium bist und daß du mich aufsuchen würdest«, bekräftigte sie noch einmal. Ein Lächeln, dessen Bedeutung ich nicht verstand, huschte über ihr Gesicht. »Du bist gekommen, um mir etwas aus meiner Vergangenheit zu bringen.«

»Was?«

»Das weiß ich selbst nicht genau. Vielleicht Erinnerungen«, sagte sie unbestimmt. »Oder vielleicht bringst du mein altes Glück zurück.« Sie streichelte mit dem Handrücken über meine Wange und schloß dann sanft die Tür.

5

Von der sanften Brise und dem Lachen der auf der Straße spielenden Kinder schläfrig gemacht, verbrachte ich den ganzen Nachmittag dösend in der Hängematte, die zwischen zwei Bäumen im Garten aufgehängt war. Selbst der durchdringende Geruch von Scheuerpulver und beißend riechendem Kreosol, mit dem Candelaria zweimal täglich die Fußböden wischte, konnte mich nicht stören.

Bis kurz vor sechs Uhr blieb ich dort. Dann, genau wie Mercedes Peralta mir aufgetragen hatte, ging ich zu ihr und klopfte an die Tür ihres Schlafzimmers. Sie antwortete nicht. Leise trat ich ein. Um diese Tageszeit hatte sie die Leute, die sie wegen der einen oder anderen Krankheit aufsuchten, bereits abgefertigt. Sie sah eigentlich nie mehr als zwei Patienten am Tag. An ihren schlechten Tagen, die recht häufig waren, ließ sie niemanden vor. Dann unternahmen wir Spazierfahrten in meinem Jeep oder ausgedehnte Wanderungen in den umliegenden Hügeln.

»Bist du es, Musiúa?« fragte Doña Mercedes und reckte sich in ihrer dicht über dem Boden befestigten Hängematte. Diese war an zwei in der Wand eingelassenen Metallringen aufgehängt.

Ich grüßte sie und setzte mich auf das Bett neben dem Fenster. Sie schlief niemals darin. Sie behauptete, daß man aus einem Bett, egal wie groß es war, herausfallen und sich den Hals brechen könnte. Während ich darauf wartete, daß sie aufstand, schaute ich mich in dem eigenwillig möblierten Zimmer um, das mich immer wieder faszinierte. Die Gegenstände waren so arrangiert, daß es fast nach vorsätzlicher Geschmacklosigkeit aussah. Die beiden Nachttische am Kopf- und Fußende des Bettes, überladen mit Kerzen und Heiligenfiguren, dienten als Altäre. Ein kleiner hölzerner Kleiderschrank, blau und rosa lackiert, versperrte die Tür, die auf die Straße hinausführte. Ich hatte mich schon oft gefragt, was sich eigentlich in ihm befand, da ihre Kleider – allesamt schwarz – überall im Raum verstreut waren: auf Haken an der Wand und hinter der Tür, auf dem Bett und sogar über den Seilen, mit denen die Hängematte befestigt war. Ein defekter Kristallkronleuchter hing bedenklich baumelnd von der Schilfrohrdecke herab. Er war grau vor Staub, und Spinnennetze bedeckten seine Glasprismen. Hinter der Tür hing ein alter Abreißkalender.

Sie fuhr mit den Fingern durch ihren weißen Haarschopf, seufzte tief, streckte dann ihre Beine aus der Hängematte und tastete mit den Füßen nach ihren Stoffsandalen. Für einen Augenblick saß sie bewegungslos da, trat dann an das hohe, schmale Fenster, das auf die Straße führte, und öffnete die hölzernen Läden. Sie blinzelte ein paarmal, bis ihre Augen sich an das Licht des Spätnachmittages gewöhnt hatten, das jetzt ins Zimmer flutete. Angespannt starrte sie in den Himmel, als erwartete sie eine Botschaft vom Sonnenuntergang.

»Gehen wir spazieren?« fragte ich sie.

Langsam drehte sie sich mir zu. »Spazieren?« wiederholte sie und zog ihre Augenbrauen in einer Geste des Erstaunens hoch. »Wie können wir spazierengehen, wenn ich von jemandem erwartet werde?«

Ich wollte ihr sagen, daß niemand draußen sei, aber der spöttische Blick aus ihren müden Augen ließ mich verstummen. Sie nahm meine Hand, und wir gingen hinaus.

Den Kopf tief auf die Brust gesenkt, döste ein alter Mann, der sehr schwach aussah, auf der Holzbank vor dem Zimmer, in dem Mercedes Peralta ihre Patienten behandelte. Als er unsere Gegenwart bemerkte, richtete er sich auf. »Mir geht es nicht allzu gut«, sagte er mit tonloser Stimme und griff nach seinem Strohhut und dem Stock, der neben ihm lag.

»Octavio Cantú«, sagte Mercedes Peralta zu mir, während sie ihm die Hand schüttelte. Sie führte ihn die beiden Stufen hinauf ins Zimmer. Ich folgte dicht hinter ihnen. Der Mann drehte sich um und sah mich fragend an.

»Sie hilft mir«, sagte Mercedes Peralta, »aber wenn du sie nicht dabei haben willst, wird sie hinausgehen.« Einen Augenblick stand er da und scharrte unschlüssig mit den Füßen. Dann verzog sich sein Mund zu einem schiefen Grinsen. »Wenn sie dir hilft«, murmelte er mit einem Anflug von Resignation in der Stimme, »wird es schon in Ordnung sein.«

Mit einer flüchtigen Kopfbewegung bedeutete mir Mercedes Peralta, auf meinem Schemel neben dem Altar Platz zu nehmen. Dann half sie dem alten Mann auf den Stuhl, der direkt vor dem hohen, rechteckigen Tisch stand. Sie selbst setzte sich mit dem Gesicht zu ihm gewandt an seine Seite. »Wo kann er sein?« murmelte sie, in dem Haufen von Krügen, Kerzen, Zigarren, getrockneten Wurzeln und Stoffresten wühlend, die auf dem Tisch verstreut lagen. Erleichtert seufzte sie auf, als sie den Schiffskompaß fand, und plazierte ihn vor Octavio Cantú. Aufmerksam betrachtete sie das rundliche Metallgebilde. »Schau dir das an!« schrie sie plötzlich und winkte mich heran.

Es war derselbe Kompaß, den Doña Mercedes an dem Tag, als ich zum erstenmal zu ihr kam, so intensiv betrachtet hatte. Die Nadel, kaum sichtbar hinter dem trüben, stark abgescheuerten Glas, bewegte sich flink hin und her, als würde sie von einer unsichtbaren, von Octavio Cantú ausgehenden Kraft bewegt.

Mercedes Peralta setzte den Kompaß nur bei den Patienten als Diagnoseinstrument ein, von denen sie glaubte, daß sie an einer spirituellen Störung und nicht an einer herkömmlichen Krankheit litten. Bisher hatte ich noch nicht herausfinden können, anhand welcher Kriterien sie diese beiden Kategorien unterschied. Ihrer Ansicht nach konnte sich eine spirituelle Störung sowohl in einer Häufung von Unglücksfällen als auch in einer einfachen Erkältung niederschlagen, die man dann unter Umständen mit einer ganz normalen Erkrankung verwechseln könnte.

Bei jeder Gelegenheit hatte ich den Kompaß untersucht, um eventuell auf eine mechanische Vorrichtung zu stoßen, die die Nadel in Bewegung setzte. Da ich nichts dergleichen entdecken konnte, mußte ich Mercedes Peraltas Erklärung Glauben schenken: Wenn ein Mensch im Einklang mit sich selbst ist – das heißt wenn Körper, Geist und Seele sich in Harmonie befinden – bewegt sich die Nadel nicht. Zum Beweis stellte sie den Kompaß einmal direkt vor sich hin, dann vor Candelaria und schließlich vor mich. Zu meiner Überraschung zeigte der Kompaß nur bei mir eine Reaktion.

Octavio Cantú reckte den Hals, um einen Blick auf das Instrument werfen zu können. »Bin ich krank?« fragte er leise und schaute Doña Mercedes an.

»Es ist dein Geist«, murmelte sie. »Dein Geist ist in großer Unruhe.« Sie legte den Kompaß in die Vitrine zurück, stellte sich hinter Octavio Cantú und plazierte ihre Hände auf seinem Kopf. In dieser Stellung verharrte sie eine ganze Weile. Dann ließ sie ihre Finger mit schnellen, sicheren Bewegungen über seine Schultern und Arme hinabgleiten. Flink trat sie vor ihn hin und arbeitete sich nun von seinen Brustkorb bis zu seinen Füßen hinab. Fast eine halbe Stunde lang massierte sie abwechselnd Rücken und Brust. Dazu stimmte sie ein Gebet an, halb Kirchenlitanei, halb Beschwörungsgesang. Sie behauptete, jeder gute Heiler wisse, daß Katholizismus und Spiritismus sich vorzüglich ergänzten. Um ihre Hände zu entspannen, schüttelte sie sie in regelmäßigen Abständen hinter ihrem Rücken. Sie sagte, daß sie dadurch all die negative Energie abschüttele, die sie vom Patienten aufgenommen hatte.

Um das Ende der ersten Behandlungsphase anzuzeigen, stampfte sie dreimal mit dem rechten Fuß auf. Octavio Cantú bebte unkontrolliert. Sie nahm seinen Kopf von hinten und preßte ihre Handflächen gegen die Schläfe, bis er begann, gleichmäßig zu atmen. Ein Gebet murmelnd, ging sie zum Altar, entzündete eine Kerze und dann eine der handgerollten Zigarren, die sie mit gleichmäßigen, schnellen Zügen paffte.

»Ich sollte mich inzwischen daran gewöhnt haben«, unterbrach der alte Mann die rauchige Stille.

Von seiner Stimme erschreckt, begann sie zu husten, bis ihr Tränen die Wangen hinabliefen. Ich fragte mich, ob sie aus Versehen einen Lungenzug gemacht hatte.

Ohne sich um ihr Husten zu kümmern, sprach Octavio Cantú weiter. »Ich habe dir schon oft erzählt, daß ich immer denselben Traum träume, egal, ob ich nüchtern oder betrunken bin. Ich stehe in meiner Hütte. Sie ist vollkommen leer. Ich spüre den Wind und sehe überall Schatten, die sich bewegen. Aber es gibt keine Hunde mehr, die gegen die Leere und die Schatten anbellen. Ich wache auf und spüre einen furchtbaren Druck; es ist, als säße jemand auf meiner Brust. Wenn ich dann die Augen öffne, sehe ich direkt in die gelben Pupillen eines Hundes. Sie werden größer und größer, bis sie mich verschlingen...«

Mercedes Peralta ließ den Zigarrenstummel auf den Boden fallen. Sie faßte den Stuhl von hinten und drehte ihn vorsichtig um, bis Octavio genau auf den Altar blicken konnte. Mit langsamen, mesmerischen Bewegungen begann sie seine Augenpartie zu massieren.

Ich muß eingenickt sein, denn ich fand mich plötzlich allein im Zimmer. Die Altarkerze war beinahe niedergebrannt. Rechts über mir an der Decke saß ein Nachtfalter von der Größe eines kleinen Vogels. Er hatte große, ringförmige Flecken auf seinen Flügeln, die mich wie zwei neugierige Augen anzustarren schienen.

Ein plötzliches Geräusch ließ mich herumfahren. Mercedes Peralta saß in ihrem Sessel neben dem Altar. Ich unterdrückte einen Schrei. Ich hätte schwören können, daß sie vor einer Sekunde noch nicht dort gesessen hatte.

»Ich wußte nicht, daß du da bist«, sagte ich. »Schau dir diesen riesigen Nachtfalter an der Decke an.« Ich suchte nach dem Insekt, aber es war verschwunden.

Etwas in ihrem Blick ließ mich erschauern. »Ich bin müde geworden und eingeschlafen«, erklärte ich. »Ich habe nicht einmal mitbekommen, was Octavio Cantú fehlt.«

»Er sucht mich von Zeit zu Zeit auf«, sagte sie. »Er braucht meine Hilfe als Spiritistin und Heilerin. Ich erleichtere ihm die Bürde, die auf seiner Seele lastet.« Sie drehte sich zum Altar und entzündete drei Kerzen. Im flackernden Licht nahmen ihre Augen die Farbe der Falterflügel an. »Du gehst jetzt besser schlafen«, schlug sie vor. »Aber denk daran, bei Sonnenaufgang machen wir einen Spaziergang.«

6

Im festen Glauben, wieder einmal verschlafen zu haben, zog ich mich rasch an und hastete den dunklen Korridor entlang. Behutsam – ich erinnerte mich an die quietschenden Angeln – öffnete ich die Tür zu Mercedes Peraltas Zimmer und schlich auf Zehenspitzen zu ihrer Hängematte.

»Bist du wach?« flüsterte ich und zog den hauchdünnen Stoff des Moskitonetzes ein wenig zur Seite. »Bleibt es bei dem geplanten Spaziergang?«

Sie öffnete ihre Augen, schien aber noch nicht richtig wach zu sein. Schweigend starrte sie nach oben. »Ja, es bleibt dabei«, sagte sie endlich mit heiserer Stimme und schob das Moskitonetz ganz zur Seite. Sie räusperte sich, spuckte in den Napf auf dem Boden und rückte ein wenig zur Seite, um mir in der Hängematte Platz zu machen.

»Ich bin froh, daß du dich an unseren Spaziergang erinnert hast«, sagte sie, während sie sich bekreuzigte. Mit geschlossenen Augen faltete sie die Hände und betete zur Jungfrau Maria und verschiedenen Heiligen. Sie dankte ihnen für ihren Beistand und bat dann um Vergebung.

»Warum bittest du um Vergebung?« fragte ich sie, als sie ihr langes Gebet beendet hatte.

»Schau dir die Linien in meinen Handflächen an«, antwortete sie und legte ihre geöffneten Hände in meinen Schoß.

Mit dem Zeigefinger fuhr ich über ein V in ihrer linken und über ein M in ihrer rechten Hand. Beide waren so deutlich sichtbar, als wären sie eingebrannt.

»Das V steht für *vida*, Leben, das M für *muerte*, Tod«, erklärte sie mir, jedes Wort nachdrücklich betonend. »Von Geburt an habe ich die Macht zu heilen wie auch die Macht, Leid zuzufügen.« Sie zog die Hände von meinem Schoß und vollführte mit ihnen eine Geste, als wollte sie die eben gesprochenen Worte sofort wieder auslöschen. Nachdem sie sich im Raum umgeblickt hatte, hob sie langsam ihre dünnen, fleischlosen Beine aus der Hängematte und schlüpfte in ein Paar abgetragener Schuhe, aus denen ihre Zehen hervorlugten. Ihre Augen funkelten vergnügt, als sie die schwarze Bluse und den Rock glattstrich, in denen sie geschlafen hatte.

Sie nahm mich am Arm und führte mich hinaus. »Bevor wir gehen, möchte ich dir noch etwas zeigen«, sagte sie und zog mich in Richtung des Behandlungszimmers. Dort ging sie direkt auf den massiven Altar zu, der ganz aus geschmolzenem Wachs bestand. Die erste Kerze, erzählte sie, habe ihre Ur-Ur-Großmutter angezündet, die ebenfalls eine Heilerin gewesen war.

Liebevoll strich sie über die glänzende, beinahe durchsichtige Oberfläche. »Schau dir die schwarzen Wachsstreifen zwischen den farbigen Schichten an«, forderte sie mich auf. »Sie erinnern daran, daß eine Hexe, die ihre Kraft einsetzt, um Leid zuzufügen, eine schwarze Kerze entzünden muß.«

Zahllose Streifen schwarzen Wachses durchzogen die farbigen Schichten.

»Die weiter oben sind von mir«, sagte sie. Ihre Augen leuchteten vor Wildheit, als sie hinzusetzte: »Eine wirkliche Heilerin ist auch immer eine Hexe.«

Einen Moment lang umspielte ein Lächeln ihre Lippen, doch dann erzählte sie weiter: Nicht nur in dieser Gegend sei sie bekannt. Die Menschen kämen von weither, um von ihr geheilt zu werden – aus Caracas, Mérida und Cumaná. Selbst im Ausland sei sie bekannt – in Trinidad, Kolumbien, Kuba, Brasilien und Haiti. Irgendwo im Hause habe sie auch Fotografien von Ministern, Botschaftern und sogar von einem Bischof, die alle bei ihr gewesen seien.

Sie sah mich geheimnisvoll an und zuckte die Achseln. »Mein Glück und meine Kraft waren einst beispiellos«, sagte sie. »Beides habe ich verloren. Jetzt kann ich nur noch heilen.« Ihr Lächeln wurde breiter, und ihre Augen funkelten schelmisch. »Und wie kommst du mit deiner Arbeit voran?« fragte sie mit der unschuldigen Neugier eines Kindes. Noch bevor ich mich auf den plötzlichen Wechsel des Themas eingestellt hatte, fügte sie hinzu: »Ganz gleich, wie viele Heiler und Patienten du befragen magst, auf diese Art wirst du nichts lernen. Um eine richtige Heilerin zu werden, muß man zunächst einmal ein Medium und eine Spiritistin sein – und dann eine Hexe.«

Ein strahlendes Lächeln erhellte ihr Gesicht. »Sei mir nicht allzu böse, wenn ich eines Tages deine Notizblöcke verbrenne«, sagte sie beiläufig. »Du verschwendest nur deine Zeit mit all diesem Unfug.«

Ihre Worte lösten bei mir augenblicklich Alarm aus. Mir schauderte bei dem Gedanken, meine Arbeit in Flammen aufgehen zu sehen.

»Weißt du, worauf es wirklich ankommt?« fragte sie mich, um die Frage gleich darauf selbst zu beantworten: »Auf das, was über die oberflächlichen Aspekte des Heilens hinausgeht. Dinge, die man nicht erklären, sondern nur erfahren kann. Viele Leute haben uns Heiler studiert. Sie glauben, durch Beobachtungen und Fragen herausfinden zu können, was Medien, Hexen und Heiler tun. Da es keinen Zweck hat, sich mit solchen Leuten herumzustreiten, läßt man sie am besten gewähren. Das kann ich mit dir nicht machen«, fuhr sie fort. »Ich kann dich nicht dir selbst überlassen.

Anstelle deines unsinnigen Studiums wirst du also von nun an selbst praktizieren und jede Nacht den Geist meiner Ahnin rufen, hier, im Patio des Hauses. Darüber wirst du dir keine Notizen machen können, weil Geister eine andere Zeitrechnung haben. Der Umgang mit Geistern ist wie der Eintritt ins Innere der Erde.«

Die Erinnerung an die Frau, die ich im Patio gesehen hatte, versetzte mich in panische Angst. Am liebsten hätte ich alles aufgegeben und Florindas Pläne in den Wind geschrieben, um einfach davonzulaufen.

Plötzlich lachte Doña Mercedes, was meine Furcht zerstreute. »Musiúa, du solltest dich sehen«, sagte sie. »Du fällst ja fast in Ohnmacht. Zu allem Überfluß bist du auch noch feige.« Trotz ihres spöttischen Tons lagen Verständnis und Zuneigung in ihrem Lächeln. »Ich sollte dich nicht drängen. Also werde ich dir etwas geben, was dir gefallen wird und mehr wert ist als deine Studien. Ich gebe dir Einblick in das Leben einiger Leute, die ich für dich aussuchen werde. Ich werde sie dazu bringen, dir Geschichten zu erzählen. Geschichten über das Schicksal, das Glück und die Liebe.« Sie neigte sich ganz nahe zu mir herüber und fügte flüsternd hinzu: »Das ist mein Geschenk an dich, um dich ein wenig zu besänftigen.« Sie nahm meinen Arm und führte mich hinaus. »Nun laß uns spazierengehen.«

Unsere Schritte hallten einsam durch die stille Straße, die von hohen Betonbürgersteigen gesäumt wurde. Leise flüsternd, wohl um die Nachbarschaft nicht zu wecken, erzählte Mercedes Peralta mir, daß sich zu der Zeit, als sie noch eine junge Heilerin war, ihr Haus – das größte in der Straße – völlig abseits in einem Vorort befunden hatte. »Aber heute«, sagte sie mit einer weit ausholenden Geste, »heute scheint es, als lebte ich in der Stadtmitte.«

Wir bogen in die Hauptstraße ein und gingen zur Plaza hinauf, wo wir auf einer Bank vor dem Bolivar-Reiterstandbild Rast machten. Auf der einen Seite der Plaza befand sich das Rathaus, auf der anderen die Kirche mit dem Glockenturm. Viele der alten Häuser waren im Laufe der Zeit abgerissen worden, und an ihre Stelle hatte man kastenförmige Klötze gesetzt. Aber die wenigen alten Häuser, die man stehengelassen hatte, gaben dem Platz durch ihre schmiedeeisernen Fenstergitter, durch ihre roten Ziegeldächer und breiten Regenrinnen, die den Regen über die hellen Hausmauern tropfen ließen, seine ausgeprägte koloniale Atmosphäre.

»Diese Stadt ist nicht mehr dieselbe, seit man die Turmuhr des Rathauses hat reparieren lassen«, sagte Mercedes Peralta gedankenverloren.

Sie erklärte mir, daß vor langer Zeit die Uhr plötzlich um zwölf Uhr stehengeblieben war – als hätte sie den herannahenden Fortschritt gespürt. Der hiesige Apotheker hatte sie reparieren lassen und kurz darauf seien, wie durch einen Zauber, Laternenpfähle in den Straßen und Rasensprenger auf der Plaza aufgestellt worden, um den Rasen ganzjährig grünen zu lassen. Und bevor man sich versehen hatte, seien überall Industrieanlagen wie Pilze aus dem Boden geschossen.

Sie hielt einen Augenblick inne, um Atem zu schöpfen, und deutete dann auf die mit Hütten übersäten Hügel, die die Stadt umgaben. »Und diese Hüttendörfer auch«, fügte sie hinzu. Sie stand auf, und wir gingen bis zum Ende der Hauptstraße, wo die Hügel anstiegen. An ihren steilen Hängen klebten wacklige Wellblechhütten und einfache Holzverschläge. Die Bewohner der Hütten an der Straße hatten ganz einfach den Strom von den Straßenlaternen abgezweigt. Die

Leitungen waren notdürftig mit farbigem Klebeband umwickelt. Wir bogen in eine Seitenstraße, dann in eine kleine Gasse ein und folgten schließlich einem schmalen Pfad, der sich den einzigen noch unbesiedelten Hügel hinaufwand.

Die Luft war noch feucht vom Morgentau und trug den Duft von wildem Rosmarin. Wir stiegen fast bis zum Gipfel des Hügels, wo ein einzelner Baum wuchs. Zu seinen Füßen ließen wir uns auf dem feuchten Boden nieder, der von gelben Gänseblümchen übersät war.

»Hörst du das Meer?« fragte Mercedes Peralta.

Die Brise, die durchs Kronengeflecht des Baumes strich, ließ eine Wolke aus goldenen Blüten auf uns niederrieseln. Sie senkten sich wie ein Schwarm von Schmetterlingen auf Mercedes Peraltas Haar und Schultern. Ihr Gesicht strahlte grenzenlose Ruhe aus. Ihr Mund war leicht geöffnet, so daß ihre Zähne sichtbar wurden, die das Alter und der Tabak gelb gefärbt hatten.

»Hörst du das Meer?« wiederholte sie und sah mich verträumt an.

Ich sagte ihr, das Meer sei zu weit weg, hinter den Bergen.

»Das weiß ich«, sagte sie sanft, »aber zu dieser frühen Stunde, wenn die Stadt noch schläft, höre ich immer das Rauschen der Wellen, das der Wind herüberträgt.« Mit geschlossenen Augen lehnte sie sich gegen den Baumstamm, als wollte sie schlafen.

Die morgendliche Stille wurde vom Lärmen eines Lastwagens durchbrochen, der sich seinen Weg auf der schmalen Straße unter uns bahnte. Ich fragte mich, ob es vielleicht der portugiesische Bäcker war, der frische Brötchen auslieferte, oder die Polizei, die die letzten Betrunkenen der Nacht einsammelte.

»Schau nach, wer es ist«, bat sie mich.

Ich stieg den Pfad ein paar Schritte hinab und konnte einen alten Mann erkennen, der unten am Fuße des Hügels aus seinem Lastwagen kletterte. Den Mantel hatte er lose über die gebeugten Schultern geworfen, seinen Kopf bedeckte ein Strohhut. Als er bemerkte, daß ich ihn beobachtete, winkte er mit seinem Spazierstock. Ich winkte zurück.

»Es ist der alte Mann, den du letzte Nacht behandelt hast«, sagte ich zu Doña Mercedes.

»Was für ein Zufall«, murmelte sie. »Ruf ihn her. Sag ihm, er soll heraufkommen. Sag ihm, ich will ihn sehen. Das ist der erste Teil meines Geschenkes an dich.«

Ich ging hinunter zu dem geparkten Lastwagen und bat den alten Mann, mit mir hinaufzukommen. Er folgte mir wortlos.

»Keine Hunde heute«, begrüßte er Mercedes Peralta und setzte sich neben sie.

»Ich will dir ein Geheimnis verraten, Musiúa«, wandte sie sich zu mir und bedeutete mir, mich ihr gegenüber hinzusetzen. »Ich bin ein Medium, eine Hexe und eine Heilerin. Das zweite schätze ich deshalb so sehr, weil Hexen die eigentümliche Fähigkeit besitzen, die Geheimnisse des Schicksals zu verstehen. Warum werden einige Menschen reich, sind erfolgreich und glücklich, während andere nur Schmerz und Not erleiden? Was immer darüber entscheidet, es ist nicht das, was du Schicksal nennst, es ist etwas viel Geheimnisvolleres. Und nur Hexen kennen es.«

Ihre Züge strafften sich für den Bruchteil einer Sekunde, und sie wandte sich mit einem Blick an Octavio Cantú, den ich nicht zu ergründen vermochte. »Viele meinen, wir würden mit unserem Schicksal geboren. Andere glauben, wir könnten unser Schicksal durch unsere Taten selbst bestimmen. Hexen wissen, daß keins von beidem richtig ist und daß es etwas anderes ist, was uns plötzlich ergreift, wie ein Hund von einem Hundefänger ergriffen wird. Das Geheimnis liegt darin, genau dann zur Stelle zu sein, wenn wir ergriffen werden wollen, und nicht da zu sein, wenn wir es nicht wollen.«

Ihr Blick glitt über den östlichen Horizont, wo hinter den weit entfernten Bergen gerade die Sonne aufging. Sekunden später wandte sie sich wieder dem alten Mann zu. Ihre Augen leuchteten wie Feuer, so als hätten sie die Strahlen der Sonne aufgesaugt.

»Octavio wird wie jedes Jahr zu uns kommen, um sich behandeln zu lassen«, sagte sie. »Vielleicht wird er dir eine Geschichte erzählen. Eine Geschichte darüber, wie das

Schicksal zwei Leben zusammengeführt und wie das, was nur wir Hexen kennen, diese beiden Leben aneinandergekettet hat.«

Octavio Cantú nickte zustimmend. Ein zaghaftes Lächeln umspielte seine Lippen. Sein spärlicher Kinnbart war ebenso weiß wie das Haar, das borstig unter seinem Strohhut hervorlugte.

Octavio Cantú kam achtmal zur Behandlung. Offensichtlich hatte Doña Mercedes ihm in regelmäßigen Abständen geholfen, seit er ein junger Mann war. Jetzt war er nicht nur alt und heruntergekommen, sondern auch alkoholkrank. Doña Mercedes betonte jedoch immer wieder, all seine Probleme seien spiritueller Natur. Er brauche keine Medizin.

Zu Anfang wechselte er kein Wort mit mir, wurde dann aber zugänglicher, wohl weil er Vertrauen zu mir gefaßt hatte. Wir verbrachten Stunden damit, über sein Leben zu sprechen. Bei den ersten Zusammenkünften gab er sich jedesmal seinen Zweifeln und seiner Verzweiflung hin. Immer wieder wollte er wissen, warum ich mich für sein Leben interessierte. Aber jedesmal fand er wieder zu sich, gewann Selbstvertrauen, und für den Rest der Sitzung – manchmal dauerte sie eine Stunde, manchmal den ganzen Nachmittag – sprach er über sich, als redete er über einen anderen.

Octavios Geschichte

Octavio schob den dünnen Karton zur Seite und zwängte sich durch die schmale Öffnung ins Innere der Hütte. Keine Lampe erhellte den Raum, und der beißende Rauch eines im Steinofen schwelenden Feuers ließ seine Augen tränen. Er hielt sie fest geschlossen und bahnte sich tastend den Weg durch die Dunkelheit. Er stolperte über einige Dosen und stieß mit dem Schienbein gegen eine Holzkiste.

»Diese verdammte, stinkende Hütte«, fluchte er leise. Einige Sekunden lang setzte er sich auf den schmutzigen Boden und rieb sich das schmerzende Bein. In der äußersten

Ecke der Hütte sah er den alten Mann, der auf einem ausrangierten und ziemlich abgenutzten Autorücksitz schlief. Gebückt und langsam, um den Kisten, Seilen, Lumpen und Schachteln auszuweichen, tastete er sich weiter vorwärts.

Octavio zündete ein Streichholz an. Im trüben Licht sah der Schlafende aus wie ein Toter. Seine Brust hob und senkte sich nur unmerklich, so daß es beinahe aussah, als atmete er nicht. Die hohen Wangenknochen stachen aus dem dunklen, ausgezehrten Gesicht hervor. Seine zerschlissene und schmutzige Khaki-Hose hatte er über die Waden gerollt, das langärmelige Khaki-Hemd trug er bis zum Hals zugeknöpft.

»Victor Julio!« schrie Octavio und schüttelte ihn kräftig. »Wach auf, alter Mann!«

Victor Julios faltige Augenlider zitterten, und einen Moment lang öffnete er die Augen. Nur das trübe Weiß der Augäpfel war kurz zu erkennen, dann schloß er sie wieder.

»Wach auf!« schrie Octavio noch lauter. Er nahm den schmalkrempigen Strohhut vom Boden und hieb damit heftig auf Victor Julios ungekämmten, weißen Haarschopf ein.

»Wer zum Teufel bist du?« brummelte der alte Mann. »Was willst du?«

»Ich bin Octavio Cantú. Der Bürgermeister hat mich zu deinem Gehilfen ernannt«, verkündete Octavio bedeutungsvoll.

»Gehilfe?« Schwerfällig stand der alte Mann auf. »Ich brauche keinen Gehilfen.« Er schlüpfte in seine abgetragenen Schuhe und stapfte in dem dunklen Raum herum, bis er eine Gaslaterne gefunden hatte. Er zündete sie an. Nachdem er sich den Schlaf aus den Augen gerieben hatte, blinzelte er ein paarmal und betrachtete den jungen Mann genauer.

Octavio Cantú war mittelgroß, und unter seiner offenen, ausgebleichten Jacke konnte man deutlich seine kräftige Muskulatur erkennen. Die Hosen, die ihm offensichtlich zu groß waren, bauschten sich über seine neuen, glänzenden Stiefel. Victor Julio kicherte. Er fragte sich, ob Octavio sie wohl gestohlen hatte.

»Du bist also der neue Mann«, krächzte er und versuchte, die Farbe von Octavios Augen zu erkennen, die vom Schirm der roten Baseballmütze überschattet wurden. Es waren unstete Augen von der Farbe feuchter Erde. Victor Julio sagte sich, daß irgend etwas an diesem jungen Mann äußerst verdächtig war. »Ich habe dich in dieser Gegend noch nie gesehen«, sagte er bestimmt. »Wo kommst du her?«

»Paraguaná«, antwortete Octavio knapp. »Ich bin schon länger hier. Auf der Plaza habe ich dich oft gesehen.«

»Paraguaná«, wiederholte der alte Mann verträumt. »Ich kenne die Sanddünen von Paraguaná.« Er schüttelte den Kopf und fragte mit harscher Stimme: »Was machst du in diesem gottverlassenen Nest? Weißt du nicht, daß diese Stadt längst tot ist? Hast du nicht bemerkt, daß alle jungen Leute in die großen Städte gegangen sind?«

»Es wird sich alles ändern«, erklärte Octavio, darauf bedacht, das Gespräch von sich abzulenken. »Diese Stadt wird wachsen. Ausländische Geschäftsleute kaufen die Kakaoplantagen und die Zuckerrohrfelder auf. Sie werden auch Fabriken bauen. Die Leute werden in Scharen in diese Stadt zurückkehren. Und alle werden reich werden.«

Victor Julio krümmte sich vor Lachen. »Fabriken sind nichts für Leute wie uns. Wenn du dich noch länger hier herumtreibst, wirst du so enden wie ich.« Er legte eine Hand auf Octavios Arm. »Ich weiß, warum du so weit weg bist von Paraguaná. Du läufst vor irgend etwas davon, nicht wahr?« Er blickte dem jungen Mann direkt in seine unruhigen Augen.

»Und wenn schon?« Octavio tänzelte nervös hin und her. Es war ihm klar, daß er dem alten Mann keine Rechenschaft schuldig war. Dennoch – irgend etwas im Blick des Alten beunruhigte ihn. »Ich hatte Ärger zu Hause«, brummte er ausweichend.

Victor Julio schlurfte bis zum Eingang der Hütte, nahm seinen sackleinernen Beutel von dem rostigen Nagel und zog eine Flasche mit billigem Rum hervor. Seine Hände, von hervortretenden Adern überzogen, zitterten, als er den Deckel der Flasche aufschraubte. Gierig trank er, ohne auf den gelblichen Fusel zu achten, der seinen Bart hinabströmte.

»Es gibt viel zu tun«, sagte Octavio, »wir fangen besser gleich an.«

»Als ich vom Bürgermeister zum Gehilfen eines anderen alten Mannes ernannt wurde, war ich genauso jung wie du«, sinnierte Victor Julio. »Ich war auch kräftig und brannte darauf zu arbeiten. Heute spüre ich nicht einmal mehr das Brennen des Rums in meiner Kehle.« Am Boden hockend, suchte Victor Julio nach seinem Spazierstock. »Dieser Stock hat dem alten Mann gehört. Als er starb, gab er ihn mir.« Er hielt den dunklen, polierten Stock vor Octavios Nase. »Er ist aus Hartholz aus dem Amazonas. Er ist unzerbrechlich.«

Octavio schaute den Stock nur flüchtig an und fragte ungeduldig: »Ist das Zeug hier oder müssen wir es noch holen?«

Der alte Mann grinste. »Das Fleisch liegt seit gestern in der Lake. Es sollte jetzt genau richtig sein. Es ist draußen, in einer Tonne hinter der Hütte.«

»Zeigst du mir, wie man das Fleisch präpariert?« fragte Octavio.

Victor Julio lachte. Seine Schneidezähne fehlten. Die noch übrigen, gelben Backenzähne wirkten wie Stützpfeiler, die seine Mundhöhle vor dem Einsturz bewahrten. »Da gibt's nicht viel zu zeigen«, sagte er kichernd. »Ich gehe einfach zum Apotheker, wenn ich das Fleisch vorbereiten will. Er braut die Mixtur, die das Fleisch zart macht. Tatsächlich«, erklärte er, »ist es so etwas wie eine Marinade.« Sein Mund verzog sich zu einem breiten Grinsen. »Das Fleisch kriege ich aus dem Schlachthaus, mit einem schönen Gruß vom Bürgermeister.« Er nahm noch einen Schluck aus der Flasche. »Mich präpariere ich mit dem Zeug hier.« Er wischte sich das Kinn trocken. »Eines Tages werden die Hunde mit mir abrechnen«, murmelte er schwer atmend und hielt Octavio die halbleere Flasche hin. »Du solltest auch einen Schluck nehmen.«

»Nein danke«, lehnte Octavio höflich ab. »Nicht auf leeren Magen.«

Victor Julio unterdrückte eine Bemerkung, die ihm auf der Zunge lag. Statt dessen nahm er seinen Stock, schulterte den Leinenbeutel und drängte Octavio, ihm zu folgen. Gedankenverloren stand er draußen einen Augenblick still und betrachtete den Himmel. Er war weder dunkel noch hell, sondern von der Farbe, die das Morgengrauen ankündigt. In der Ferne war Hundegebell zu hören.

»Da ist das Fleisch«, sagte er, mit dem Kinn in Richtung der Tonne deutend, die auf einem abgesägten Baumstumpf stand. Er gab Octavio ein Bündel Stricke. »Die Tonne läßt sich leichter tragen, wenn du sie dir auf den Rücken bindest.«

Fachmännisch schlang Octavio die Stricke um die Tonne, hievte sie auf den Rücken und band die Stricke unterhalb seines Bauchnabels zusammen, nachdem er sie kreuzweise über die Brust geführt hatte. »Ist das alles, was wir brauchen?« fragte er, den Blicken des Alten ausweichend.

»Die anderen Stricke und eine Flasche Kerosin habe ich in meinem Beutel«, erklärte Victor Julio und nahm einen Schluck Rum. Geistesabwesend stopfte er die Flasche in die Jackentasche.

Im Gänsemarsch folgten sie dem ausgetrockneten Wasserlauf, der sich quer durch das Zuckerrohrfeld zog. Die morgendliche Stille wurde nur vom leisen Zirpen der Grillen und einer sanften Brise durchbrochen, die durch die schwertförmigen Zuckerrohrblätter strich. Victor Julio hatte Atembeschwerden. Seine Brust schmerzte. Er fühlte sich unendlich müde und am liebsten hätte er sich auf dem Boden ausgestreckt. Eine Vorahnung stieg in ihm auf. Das Ende war nah. Seit langem schon wußte er, daß er zu alt und zu schwach war, um die ihm anvertraute Arbeit zu verrichten. Es war nur eine Frage der Zeit, bis sie einen neuen Mann schicken würden.

»Komm schon, Victor Julio«, rief Octavio ungeduldig. »Wir sind spät dran.«

Die Stadt lag noch in tiefem Schlummer. Nur einige alte Frauen waren unterwegs zur Kirche. Die Gesichter in dunkle Schals gehüllt, huschten sie hastig an den Männern vorbei, ohne deren Grüße zu erwidern. Im Schutz der stillen

Häuser lagen auf den schmalen Bürgersteigen zusammengerollt abgemagerte, krank aussehende Hunde.

Auf Victor Julios Anweisung hin stellte Octavio die Tonne auf den Boden und öffnete den fest verschlossenen Deckel. Mit einer langen hölzernen Zange, die er aus seinem Beutel hervorgeholt hatte, entnahm Victor Julio der Tonne mehrere Fleischbrocken. Auf ihrem Weg durch die Stadt fütterten Octavio und er alle streunenden Hunde, denen sie begegneten. Ausgehungert und mit freudig wedelndem Schwanz verschlangen die Tiere das todbringende Fleisch.

»In der Hölle werden die Hunde dich fressen!« schrie eine alte Frau, die sofort darauf in der großen Holztür der alten, im Kolonialstil erbauten Kirche verschwand.

»Dieses Jahr keine Tollwut!« schrie Victor Julio zurück und wischte sich die Nase am Ärmel ab. »Ich denke, sie sind alle gut gefüttert fürs Jenseits.«

»Ich habe siebzehn gezählt«, beklagte sich Octavio, seinen schmerzenden Rücken streckend. »Eine ganz schöner Haufen toter Hunde, die wir da zu schleppen haben.«

»Den schwersten von allen brauchen wir nicht zu schleppen«, sagte Victor Julio mit einem finsteren Lachen. »Ein Hund wird nicht auf der Straße krepieren.«

»Was soll das heißen?«, fragte Octavio verwundert.

Victor Julios Augen verengten sich, aus seinen Pupillen sprühte ein teuflisches Funkeln. Sein magerer Körper zitterte vor Aufregung. »Darauf habe ich lange genug gewartet. Jetzt werde ich den verdammten Schäferhund des libanesischen Kaufmanns umbringen.«

»Das kannst du nicht machen«, protestierte Octavio. »Es ist kein streunender Hund. Er ist nicht krank, sondern wohlgenährt und gesund. Der Bürgermeister hat extra gesagt: nur streunende Hunde.«

Victor Julio fluchte laut und blickte seinen Gehilfen wütend an. Er war sicher, dies war das letzte Mal, daß er das Gift zur Verfügung hatte. Wenn nicht Octavio, dann würde jemand anders am Ende der nächsten Trockenzeit für die Beseitigung der Hunde verantwortlich sein. Er verstand wohl, daß der junge Mann keinen Ärger in der Stadt haben wollte, aber das war nicht sein Problem. Seit der Hund des Libanesen ihn gebissen hatte, wollte er ihn umbringen. Dies war seine letzte Chance.

»Dieser Hund ist abgerichtet«, sagte er. »Jedesmal, wenn er sich losreißt, fällt er jemanden an. Vor ein paar Monaten hat er mich gebissen.« Er rollte sein Hosenbein auf. »Schau dir die Narbe an«, knurrte er wütend, den roten, knotigen Fleck auf seinem Schienbein reibend. »Der Libanese wollte mich nicht einmal zum Arzt bringen. Der Hund hätte immerhin die Tollwut haben können.«

»Hatte er aber nicht, und deshalb kannst du ihn nicht umbringen«, beharrte Octavio. »Er ist keiner von diesen Straßenkötern. Er gehört jemandem.« Er sah den alten Mann prüfend an. »Du willst nur Ärger machen.«

»Wen geht das etwas an?« fauchte Victor Julio streitsüchtig. »Ich hasse dieses Tier, und das ist meine letzte Chance, es zu töten.« Er schulterte seinen Leinenbeutel. »Komm schon, laß uns gehen.«

Widerwillig folgte Octavio dem alten Mann eine schmale Seitenstraße hinauf, die zu den Vororten der Stadt führte. Vor einem großen, grünverputzten Haus blieben sie stehen.

»Der Hund muß hinterm Haus sein«, sagte Victor Julio. »Sehen wir nach.« Sie gingen an der Mauer entlang, die den Hof umgab. Von dem Tier war nichts zu sehen.

»Wir hauen besser ab«, flüsterte Octavio. »Der Hund schläft bestimmt im Haus.«

»Er wird schon kommen«, gab Victor Julio zurück und fuhr mit seinem Stock die Mauer entlang.

Lautes Bellen zerriß die morgendliche Stille. Erregt hopste der alte Mann mit seinen gebrechlichen Beinen auf und nieder und schwang seinen Stock drohend über dem Kopf. »Gib mir das restliche Fleisch«, befahl er.

Octavio löste die Stricke und ließ die Tonne zögernd zu Boden gleiten. Der Alte zog mit der Zange die letzten Fleischstücke heraus und warf sie über die Mauer.

»Hör' nur, wie die Bestie das vergiftete Fleisch in sich hineinschlingt«, tönte Victor Julio schadenfroh. »Dieses bösartige Vieh ist so gierig wie alle anderen zusammen.«

»Laß uns schnell von hier verschwinden«, zischte Octavio, die Tonne wieder auf den Rücken schnallend.

»Nur keine Eile«, sagte Victor Julio und lachte. Begeisterung durchflutete seinen Körper, während er nach etwas suchte, worauf er stehen konnte.

»Verschwinden wir«, beharrte Octavio. »Sie werden uns noch erwischen.«

»Das werden sie nicht«, versicherte Victor Julio gelassen, auf eine wacklige Holzkiste steigend, die er gegen die Mauer gelehnt hatte. Auf Zehenspitzen sah er dem rasenden Hund zu. Dieser bellte wild und spuckte Blut und Schaum. Das Tier versuchte verzweifelt, den Brocken auszuwürgen, der in seinem Hals steckte. Dann wurden seine Beine steif. Der Hund fiel zu Boden und wand sich in grauenvollen Krämpfen.

Victor Julio zitterte. »Nicht einmal das Sterben fällt leicht«, murmelte er und stieg von der Kiste herunter. Er empfand keinerlei Befriedigung darüber, daß er den Schäferhund getötet hatte. In all den Jahren, in denen er Hunde vergiftet hatte, hatte er es stets vermieden, ihnen beim Sterben zuzusehen. Nie hatte es ihm Spaß gemacht, die streunenden Bastarde der Stadt zu töten, aber es war die einzige Arbeit gewesen, die er kriegen konnte.

Eine unbestimmte Angst stieg in Victor Julio auf. Er blickte die verlassene Straße entlang. Dann bog er den Daumen der linken Hand zurück und legte den Spazierstock zwischen Daumen und Handgelenk. Mit ausgestrecktem Arm begann er den Stock vor und zurück zu bewegen, so schnell, daß er in der Luft zu schweben schien.

»Was ist das für ein Trick?« fragte Octavio fasziniert.

»Das ist kein Trick. Es ist eine Kunst. Es ist das, was ich am besten kann«, erklärte Victor Julio traurig. »Auf der Plaza unterhalte ich die Kinder oft mit meinem tanzenden Spazierstock. Einige von ihnen sind nett zu mir.« Er reichte Octavio den Stock. »Versuch es, mal sehen, ob du es schaffst.«

Victor Julio lachte über Octavios ungeschickte Versuche, den Stock richtig zu halten.

»Man muß es schon jahrelang üben«, sagte der Alte. »Du mußt den Daumen so weit zurückbiegen, daß er das Handgelenk berührt. Und du mußt den Arm viel schneller bewegen, damit der Stock nicht herunterfällt.«

Octavio gab ihm den Stock zurück. »Wir müssen die Hunde einsammeln«, rief er, überrascht von der Morgenröte und den flammenfarbenen Flecken am östlichen Himmel.

»Victor Julio, warte auf mich«, hörten sie ein Kind rufen. Barfuß, das schwarze zottelige Haar zu einem Pferdeschwanz gebunden, erschien ein sechsjähriges Mädchen neben den beiden Männern.

»Sieh mal, was meine Tante mir geschenkt hat«, sagte sie und hielt dem alten Mann einen Schäferhundwelpen hin. »Ich habe sie Schmetterling genannt. Sie sieht doch so aus, nicht?«

Victor Julio setzte sich auf den Bordstein. Das kleine Mädchen setzte sich neben ihn und legte das niedliche, wollige Hündchen in seinen Schoß. Abwesend streichelte Victor Julio sein gescheckte Fell.

»Zeig Schmetterling, wie dein Stock tanzt«, bettelte das Kind.

Victor Julio setzte den Hund ab und zog die Rumflasche aus seiner Tasche. In einem Zug leerte er sie und stopfte sie in den Leinenbeutel. Als er das lachende Gesicht des Kindes sah, wurde er traurig. Schon bald würde sie erwachsen sein, dachte er. Sie würde sich nicht mehr zu ihm unter die Bäume auf der Plaza setzen und ihm dann helfen, die welken Blätter in die Mülltonnen zu stopfen. Sie würde nicht mehr daran glauben, daß die Blätter über Nacht zu Gold werden. Er fragte sich, ob auch sie ihn verhöhnen und anschreien würde, wie es die anderen taten. Er kniff die Augen zusammen. »Mal sehen, ob der Stock Lust hat zu tanzen«, murmelte er. Seine knackenden Kniegelenke reibend, erhob er sich.

Wie hypnotisiert starrten Octavio und das Kind auf den Stock. Er schien ganz von selbst zu tanzen. Der Stock wurde dabei nicht nur von den geschickten, graziösen Bewegungen belebt, die Victor Julios Arm ausführte, sondern auch vom rhythmischen Klopfen seines Fußes und seiner rauhen, melodiösen Stimme, die ein altes Kinderlied dazu sang.

Octavio stellte die Tonne ab, setzte sich darauf und bewunderte die Geschicklichkeit des alten Mannes. Plötzlich hielt Victor Julio mitten im Lied inne. Mit Erstaunen und Entsetzen sah er, wie der kleine Hund die giftige Flüssigkeit aufschleckte, die aus der Tonne floß.

Das Mädchen hob den Spazierstock vom Boden auf, streichelte den feingeschnitzten Knauf und reichte ihn Victor Julio. »Du hast ihn noch nie fallengelassen«, sagte sie bekümmert. »Ist er müde geworden?«

Victor Julio legte seine zitternde Hand auf den Kopf des Mädchens und zupfte sanft an ihrem Pferdeschwanz. »Ich nehme Schmetterling mit auf einen kleinen Spaziergang«, sagte er. »Geh schnell heim und leg dich wieder ins Bett, bevor deine Mutter dich hier findet. Später sehen wir uns auf der Plaza. Wir sammeln dann Laub ein.« Er nahm den tolpatschigen Welpen auf den Arm und forderte Octavio auf, ihm zu folgen.

Die streunenden Hunde lagen nun nicht mehr zusammengerollt vor den Häusern, sondern ausgestreckt auf den staubigen Straßen, mit steifen Gliedern, die glasigen Augen zum Himmel gerichtet. Octavio band sie einen nach dem anderen mit den Stricken aus Victor Julios Beutel zusammen.

Schmetterling erbrach unter wilden Zuckungen einen Strom Blut, der sich über Victor Julios Hose ergoß. Er schüttelte verzweifelt den Kopf. »Was soll ich dem Kind sagen?« murmelte er, den vergifteten Welpen mit den anderen Kadavern zusammenbindend.

Sie mußten zweimal gehen, um alle Kadaver vor die Stadt zu schaffen – am Haus des Libanesen vorbei, durch die leeren Felder, bis in einen ausgetrockneten Wassergraben. Victor Julio bedeckte sie mit einer Schicht trockener Zweige, goß Kerosin über den Haufen und setzte ihn in Brand. Langsam verbrannten die Hunde und erfüllten die Luft mit dem Geruch von versengtem Fleisch und Fell.

Schwer atmend und mit von Rauch und Staub ausgedörrten Kehlen kletterten die beiden Männer aus der Schlucht.

Nach wenigen Metern brachen sie erschöpft im Schatten eines rotblühenden Akazienbaumes zusammen.

Victor Julio streckte sich auf dem harten, von der Nacht noch kühlen Boden aus. Seine Hände, die den Spazierstock gegen seinen Bauch preßten, zitterten. Er schloß die Augen und versuchte ruhiger zu atmen, in der Hoffnung, den ziehenden Schmerz in seiner Brust ein wenig zu lindern. Er wollte schlafen, sich in Träume verlieren.

»Ich muß jetzt gehen«, sagte Octavio nach einer Weile. »Ich habe noch etwas zu erledigen.«

»Bleib bei mir«, bat der alte Mann. »Ich muß dem Mädchen das mit ihrem Hund erklären.« Er setzte sich auf und schaute Octavio flehend an. »Du kannst mir helfen. Kinder fürchten sich so leicht vor mir. Das Mädchen ist eine der wenigen, die mich freundlich behandeln.«

Die elende Leere in Victor Julios Stimme erschreckte Octavio. Er lehnte sich gegen den Baumstamm und schloß die Augen. Die Angst und Verlorenheit, die sich im Gesicht des alten Mannes spiegelten, konnte er nicht ertragen.

»Komm mit mir auf die Plaza. Zeig dich allen als der neue Mann«, flehte Victor Julio.

»Ich werde nicht in dieser Stadt bleiben«, antwortete Octavio schroff. »Das ist nichts für mich, Hunde zu töten.«

»Es kommt nicht darauf an, ob es dir gefällt oder nicht«, bemerkte Victor Julio. »Es ist Schicksal.« Er lächelte nachdenklich und ließ seinen Blick in Richtung Stadt wandern. »Wer weiß, vielleicht mußt du für immer hierbleiben«, murmelte er und schloß die Augen.

Wütende Stimmen durchbrachen die Stille. Eine Gruppe von Jungen, vom ältesten Sohn des Libanesen angeführt, näherte sich auf der Straße. Wenige Schritte vor den beiden Männern blieben sie stehen.

»Du hast meinen Hund umgebracht«, zischte der Libanesenjunge und spuckte vor Victor Julios Füße.

Auf seinen Stock gestützt, stand der alte Mann auf. »Wie kommst du darauf, daß ich es war?« fragte er, um Zeit zu gewinnen. Seine Hände zitterten, als er nach der Rumflasche im Beutel tastete. Verwirrt schaute er die Flasche an. Er konnte sich nicht erinnern, sie bis zum letzten Tropfen geleert zu haben.

»Du hast den Hund umgebracht«, wiederholten die Jungen im Chor. »Du hast ihn getötet.« In einem Handgemenge versuchten sie, dem alten Mann den Stock und den Leinenbeutel wegzunehmen.

Victor Julio wich ihnen aus und hieb mit seinem Stock blind auf die johlende Meute ein. »Laßt mich in Ruhe!« schrie er mit überkippender Stimme.

Von Victor Julios Zorn erschreckt, verharrten die Jungen einen Augenblick lang auf der Stelle. Plötzlich, als hätten sie erst jetzt bemerkt, daß der Alte nicht allein war, wandten sie sich Octavio zu. »Und wer bist du?« schrie einer der Jungen, beide Männer abwechselnd anblickend, wie um das Risiko abzuschätzen, es mit zweien aufnehmen zu müssen. »Gehörst du zu ihm? Bist du sein Gehilfe?«

Anstelle einer Antwort schwang Octavio ein Seil über dem Kopf und ließ es wie eine Peitsche knallen.

Lachend und schreiend duckten sich die Jungen unter den gezielten Hieben. Aber nachdem einige von ihnen empfindlich getroffen worden waren, wichen sie zurück. Sie rannten hinter Victor Julio her, der in Richtung des Grabens geflohen war, wo die Hundekadaver immer noch brannten.

Victor Julio blickte sich um. Seine Pupillen weiteten sich vor Entsetzen, als er die Jungen so dicht hinter sich auftauchen sah. Sie schienen keine Menschen mehr zu sein; sie erinnerten ihn an eine kläffende Hundemeute. Er versuchte, schneller zu laufen, aber der brennende Schmerz in seiner Brust ließ es nicht zu.

Die Jungen hoben Steine vom Boden auf und bewarfen den alten Mann damit, um ihn zu reizen. Als der Libanesenjunge einen größeren Stein in die Hand nahm, suchten auch die anderen, erpicht darauf, einander zu übertreffen, nach größeren Brocken. Victor Julio wurde am Kopf getroffen und verlor die Besinnung. Der Boden unter seinen Füßen gab nach, und er taumelte in den Abgrund.

Der Wind trug den Schrei des alten Mannes aus dem Graben hinauf. Keuchend, die Gesichter von Schmutz und

Schweiß bedeckt, sahen die Jungen einander an. Dann, wie auf ein Kommando, jagten sie in alle Richtungen davon.

Octavio lief den steilen Abhang hinab und warf sich neben Victor Julios leblosem Körper zu Boden. Der alte Mann öffnete die Augen. Er atmete schwer, in kurzen Stößen. Seine Stimme war nur noch ein leises Flüstern. »Ich habe gewußt, daß bald Schluß sein würde. Aber ich dachte, nur meine Arbeit wäre beendet, nicht, daß es so kommen würde.« Seine Augen strahlten einen eigenartigen Glanz aus, als er seinen Gehilfen anblickte. Dann erloschen sie langsam.

Octavio schüttelte ihn verzweifelt. »Jesus! Er ist tot!« stammelte er und bekreuzigte sich. Er wandte sein schweißgebadetes Gesicht zum Himmel. Der blasse Mond war deutlich zu sehen, trotz der blendend hellen Sonne. Er wollte beten, aber ihm fiel kein Gebet ein. Nur Bilder traten ihm ins Bewußtsein: eine Meute von Hunden, die einen alten Mann über die Felder jagt.

Octavio spürte, wie seine Hände erkalteten und sein Körper zu zittern begann. Er hätte wieder davonlaufen können, in eine andere Stadt. Aber dann hätten sie ihn verdächtigt, den alten Mann umgebracht zu haben. Besser, er blieb noch eine Weile, bis sich die Dinge geklärt hatten.

Lange Zeit starrte Octavio den Toten an. Dann, einem plötzlichen Impuls folgend, nahm er Victor Julios Spazierstock, der nicht weit entfernt auf dem Boden lag. Er streichelte ihn und rieb den feingeschnitzten Knauf liebevoll an seiner Wange. Er fühlte, dieser Stock hatte schon immer ihm gehört. Ob er ihn je zum Tanzen bringen könnte?

7

Es war Octavio Cantús letzter Besuch in diesem Jahr. Er setzte seinen Hut auf und erhob sich. Deutlich konnte ich erkennen, wie sich die Jahre in seine Brust eingegraben und die Muskulatur seiner Arme geschwächt hatten. Sein verblichener Mantel und die Hosen, die er trug, waren einige

Nummern zu groß. Eine große Rumflasche beulte die rechte Manteltasche aus.

»Das passiert immer am Ende unserer Sitzungen: Sie schläft ein«, flüsterte er mir zu, seine eingesunkenen Augen auf Doña Mercedes gerichtet. »Ich habe dir heute zuviel erzählt. Und ich weiß immer noch nicht, warum du dich für mein Leben interessierst.«

Ein breites Lächeln legte sein Gesicht in Falten, als er den Spazierstock zwischen Daumen und Handgelenk nahm. Geschickt beugte er den Arm vor und zurück, so daß der Stock in der Luft zu tanzen schien. Wortlos verließ er den Raum.

»Doña Mercedes«, sagte ich leise und wandte mich ihr zu. »Bist du wach?«

Mercedes Peralta nickte. »Ich bin wach. Selbst wenn ich schlafe, bin ich wach«, antwortete sie. »Auf diese Weise versuche ich, mir selbst einen Schritt voraus zu sein.«

Ich sagte ihr, daß mich seit meinem ersten Gespräch mit Octavio Cantú quälende Fragen plagten. Konnte Octavio es nicht verhindern, in Victor Julios Fußstapfen zu treten? Warum mußte er das Leben des alten Mannes so exakt wiederholen?

»Das sind unlösbare Fragen«, erklärte Doña Mercedes. »Aber gehen wir in die Küche und fragen Candelaria. Sie hat mehr Verstand als wir beide zusammen. Ich bin zu alt, und du bist zu gebildet, um noch Verstand zu haben.«

Mit einem strahlenden Lächeln ergriff sie meinen Arm und führte mich in die Küche.

Candelaria, die ganz im Reinigen ihrer kostbaren Töpfe und Pfannen aus rostfreiem Stahl versunken war, sah uns weder noch hörte sie uns kommen. Als Doña Mercedes ihren Arm berührte, stieß sie einen durchdringenden Schrei aus.

Candelaria war hochaufgeschossen, hatte hängende Schultern und breite Hüften. Ihr Alter ließ sich schwer schätzen. Sie konnte ebenso gut dreißig wie fünfzig Jahre alt sein. Ihr gebräuntes Gesicht war von zahllosen Sommersprossen übersät, die so regelmäßig verteilt waren, als wären sie aufgemalt. Ihr an sich dunkles, lockiges Haar hatte sie karottenrot gefärbt, und sie trug selbstgeschneiderte Kleider aus grellbunt gemusterter Baumwolle.

»Also, was habt ihr in meiner Küche verloren?« fragte sie in gespieltem Ärger.

»Die Musiúa ist ganz besessen von Octavio Cantú«, erklärte Doña Mercedes.

»Mein Gott!« rief Candelaria aus. Ihr Gesicht spiegelte echte Betroffenheit, als sie mich anblickte. »Warum gerade von ihm?« fragte sie.

Irritiert von ihrem Tonfall wiederholte ich die Fragen, die ich bereits Doña Mercedes gestellt hatte.

Candelaria lachte. »Für einen Augenblick war ich tatsächlich erschrocken«, sagte sie zu Doña Mercedes. »Musiús sind verrückte Menschen. Ich erinnere mich an den Musiú aus Finnland, der nach jeder Mahlzeit ein Glas Pisse trank, um schlank zu bleiben. Und an die Frau, die aus Norwegen hierher kam, um in der Karibik zu fischen. Soviel ich weiß, hat sie nie etwas gefangen. Die Bootsbesitzer haben sich allerdings darum geprügelt, wer sie aufs Meer hinausfahren durfte.«

Die beiden Frauen lachten schallend und setzten sich. »Man kann nie wissen, was im Kopf eines Musiús vorgeht«, fuhr Candelaria fort. »Sie sind zu allem fähig.« Lachsalven schüttelten sie, eine lauter als die andere. Dann widmete sie sich wieder dem Reinigen ihrer Töpfe.

»Candelaria scheint nicht viel von deinen Fragen zu halten«, sagte Doña Mercedes. »Ich persönlich glaube, daß Octavio Cantú gar nicht anders konnte, als in Victor Julios Fußstapfen zu treten. Er war nicht besonders stark, und deshalb ist er von jenem geheimnisvollen Etwas ergriffen worden, von dem ich dir erzählt habe. Jenem Etwas, das mehr ist als nur Schicksal. Die Hexen nennen es einen Hexenschatten.«

»Octavio Cantú war jung und stark«, sagte Candelaria unvermittelt. »Aber er hat sich zu lange in Victor Julios Schatten aufgehalten.«

»Wovon, um Gottes willen, redet sie?« fragte ich Doña Mercedes.

»Wenn Menschen dahinscheiden, besonders im Augenblick ihres Todes, stellen sie durch dieses geheimnisvolle Etwas eine Verbindung zu anderen Menschen her; eine Art von Kontinuität«, erklärte Doña Mercedes. »Deshalb werden Kinder häufig genau wie ihre Eltern. Oder Leute, die sich um Alte und Sterbende kümmern, werden oft wie ihre Pfleglinge.«

Candelaria ergriff erneut das Wort. »Octavio Cantú war zu lange in Victor Julios Schatten. Und der Schatten hat ihn geschwächt. Victor Julio war selbst schwach, aber die Art, wie er starb, hat seinem Schatten Kraft verliehen.«

»Würdest du den Schatten als die Seele bezeichnen?« fragte ich Candelaria.

»Nein, den Schatten haben alle Menschen, er ist stärker als ihre Seelen«, antwortete sie gelangweilt.

»Da hast du es, Musiúa«, sagte Doña Mercedes. »Octavio Cantú war zu lange auf einer Verbindungslinie – auf einer Linie, die das Schicksal zweier Menschen aneinanderkettet. Er hatte nicht die Kraft, diese Linie zu verlassen. Und, wie Candelaria richtig bemerkt hat, der Schatten hat ihn geschwächt. Wir alle haben einen solchen Schatten, der stark oder schwach sein kann. Wir können diesen Schatten auf jemanden fallen lassen, den wir lieben, den wir hassen oder der zufällig da ist. Geben wir den Schatten an niemanden weiter, irrt er nach unserem Tod eine Weile herum und löst sich dann auf.«

Ich muß sie völlig fassungslos angestarrt haben. Sie lachte und sagte: »Ich habe dir doch gesagt, daß ich Hexen mag. Ich mag ihre Art, Vorgänge zu erklären, auch wenn sie dabei unverständlich klingen mögen. Octavio braucht mich, um seine Last tragen zu können. Ich helfe ihm mit meinen Beschwörungen. Er fühlt, daß er Victor Julios Leben Stück für Stück wiederholen muß, wenn ich nicht eingreife.«

»Es ist ratsam«, platzte Candelaria dazwischen, »sich nicht allzu lange im Schatten eines anderen aufzuhalten – es sei denn, man will in seine Fußstapfen treten.«

Zweiter Teil

8

Eigentlich wartete ich auf den Lärm, der jeden Donnerstagmorgen das Haus erfüllte, wenn Candelaria die schweren Möbel im Wohnzimmer verrückte. Als ich durch den stillen Flur ins Wohnzimmer ging, fragte ich mich, ob ich etwa trotz des Lärms verschlafen hatte.

Sonnenstrahlen fielen wie Pfeile durch die Ritzen der hölzernen Fensterläden. Der Eßtisch mit den sechs Stühlen, das dunkle Sofa, die gepolsterten Sessel, das Kaffeetischchen und die gerahmten Bilder mit ihren Landschafts- und Stierkampfmotiven befanden sich noch in der gleichen Anordnung, die Candelaria ihnen am letzten Donnerstag gegeben hatte.

Ich ging in den Garten, wo ich Candelaria halbversteckt hinter den Hibiskusbüschen fand. Sie trug ihr krauses Haar straff zurückgekämmt und hatte es mit zwei edelsteinbesetzten Kämmen festgesteckt. Blitzende Goldreifen baumelten an ihren Ohrläppchen. Die Lippen und Nägel waren von einem grellen Rot, das gut zu ihrem bunten Baumwollrock paßte. Ihre großen Augen, deren Lider sich nie ganz öffneten, verliehen ihr einen verträumten Ausdruck, der kaum zu ihrer eckigen Gestalt und ihrer groben Art paßte.

»Warum bist du schon so früh auf, Musiúa?« fragte sie. Sie erhob sich und strich über ihren weiten Rock und das knappe Leibchen, das einen recht freizügigen Blick auf ihre üppigen Brüste gewährte.

»Ich habe heute morgen gar nicht gehört, wie du die Möbel verrückt hast«, sagte ich. »Gehst du aus?«

Ohne zu antworten, eilte sie so flink in die Küche, daß die Sohlen ihrer offenen Sandalen gegen die Fersen klatschten. »Ich bin mit allem spät dran heute«, erklärte sie, als sie kurz haltmachen mußte, weil sie eine Sandale verloren hatte.

»Du holst das sicher auf«, sagte ich. »Ich helfe dir.« Ich zündete das Holz im Ofen an und deckte den Tisch. »Es ist erst halb acht«, bemerkte ich. »Du bist nur eine halbe Stunde zu spät.«

Ganz im Gegensatz zu Doña Mercedes, die nicht viel von einem geordneten Tagesablauf hielt, hatte Candelaria sich ihre täglichen Pflichten genau eingeteilt. Obwohl wir nie zu bestimmten Zeiten unsere Mahlzeiten einnahmen, bereitete Candelaria pünktlich um sieben Uhr morgens das Frühstück. Um acht Uhr wischte sie bereits die Fußböden und staubte die Möbel ab. Und ab elf Uhr kochte die tägliche Suppe auf dem Herd.

Wenn sie das alles hinter sich gebracht hatte, widmete sie sich ihren Pflanzen. Mit einer Kanne in der Hand machte sie die Runde durch den Patio und den Garten und goß liebevoll ihre Pflanzen. Um vierzehn Uhr war dann die Wäsche dran, selbst wenn es nur ein schmutziges Handtuch zu waschen gab. Nachdem sie gebügelt hatte, las sie in ihren Groschenromanen. Und die Abende verbrachte sie meist damit, Fotos aus Zeitschriften auszuschneiden und sie in ein Album zu kleben.

»Elios Patenonkel war letzte Nacht hier«, flüsterte sie. »Doña Mercedes und ich haben bis zur Morgendämmerung mit ihm geredet«. Sie griff nach dem gestampften Mais, den sie am Abend zuvor gekocht hatte, und begann dann, den weißen Teig für die Frühstückspfannkuchen zu kneten. »Er muß über achtzig sein. Und er hat Elios Tod immer noch nicht verwunden. Lucas Nuñez fühlt sich schuldig am Tod des Jungen.«

»Wer ist Elio?« fragte ich.

»Doña Mercedes' Sohn«, murmelte Candelaria, den Teig zu kleinen Pastetchen formend. »Er war erst achtzehn Jahre alt, als er auf tragische Weise starb. Das ist sehr lange her.« Sie steckte eine Haarsträhne hinters Ohr und fügte hinzu: »Sag ihr lieber nicht, von wem du weißt, daß sie einen Sohn hatte.«

Sie legte die Maiskuchen auf den Rost, der über dem Herd befestigt war, und blickte mich dann mit einem teuflischen Grinsen an. »Du glaubst mir wohl nicht?« fragte sie, wehrte aber mit einer Geste meine Antwort ab. »Ich muß mich jetzt auf den Kaffee konzentrieren. Du weißt, wie wütend Doña Mercedes werden kann, wenn der Kaffee nicht stark oder süß genug ist.«

Ich beäugte Candelaria mißtrauisch. Sie erzählte mir immer wieder die haarsträubendsten Geschichten über Doña Mercedes, so etwa, daß die Heilerin während des Zweiten Weltkrieges von einer Gruppe Nazis gefaßt und in einem U-Boot gefangengehalten wurde. »Sie lügt«, hatte Doña Mercedes mir einmal anvertraut, »und selbst wenn sie die Wahrheit sagt, übertreibt sie so maßlos, daß es sich wie eine Lüge anhört.«

Candelaria ignorierte mein Mißtrauen, wischte sich mit der Schürze übers Gesicht, drehte sich dann ruckartig um und verschwand aus der Küche. »Paß auf die Pfannkuchen auf«, rief sie im Hinauslaufen. »Ich bin wirklich spät dran heute!«

Um die Mittagszeit wachte Mercedes Peralta endlich auf. Candelarias Lärm hatte sie einfach überhört, obwohl er heute wegen der Hektik noch größer war als sonst.

Unentschlossen stand sie in der Tür ihres Zimmers, die Augen zusammengekniffen, um sich an die Helligkeit zu gewöhnen. Einen Moment lang lehnte sie sich gegen den Türrahmen und trat dann auf den Flur hinaus.

Ich eilte zu ihr, hakte mich unter und begleitete sie in die Küche. Ihre Augen waren gerötet. Um ihren Mund lag ein finsterer und trauriger Zug. Ich fragte mich, ob sie überhaupt ein Auge zugetan hatte. Es war immerhin möglich, daß Candelaria die Wahrheit gesagt hatte.

Geistesabwesend starrte sie auf die Schale mit den Maispfannkuchen, aber statt einen zu nehmen, brach sie zwei Bananen von der Staude, die über ihr von einem Dachbalken herunterhing. Sie schälte sie, schnitt sie in Scheiben und verspeiste umständlich eine Scheibe nach der anderen. »Candelaria möchte, daß du ihre Eltern kennenlernst«, sagte sie, während sie sich sorgfältig die Mundwinkel wischte. »Sie leben in den Bergen, ganz in der Nähe des Staudamms.«

Bevor ich Gelegenheit hatte, erfreut zuzustimmen, schlenderte Candelaria in die Küche. »Du wirst meine Mutter mögen«, versicherte sie mir. »Sie ist genauso klein und mager wie du, und sie ißt ebenfalls den ganzen Tag.«

Seltsamerweise war es mir bisher nie in den Sinn gekommen, daß Candelaria eine Mutter haben könnte. Schmunzelnd hörten mir die Frauen zu, als ich versuchte, ihnen zu erklären, was ich damit meinte. Ich versicherte ihnen, daß es nichts mit dem Alter oder der äußeren Erscheinung zu tun hatte, wenn ich gewisse Menschen als »mutterlos« klassifizierte, sondern mit einer schwer faßbaren Eigenschaft, die ich nicht näher beschreiben konnte.

Was Mercedes Peralta an meinen Erläuterungen offenbar besonders amüsierte, war, daß sie keinen Sinn ergaben. Sie nippte nachdenklich an ihrer Kaffeetasse und schaute mich dann herausfordernd an.

»Glaubst du, daß ich eine Mutter hatte?« fragte sie. Sie schloß die Augen, spitzte ihren Mund und deutete mit den Lippen saugende Bewegungen an. »Oder glaubst du, ich bin aus dem Ei geschlüpft?«

Sie schaute zu Candelaria hinüber und erklärte mit ernster Stimme: »Die Musiúa hat ganz recht. Sie will sagen, daß Hexen zu ihren Eltern oder Kindern keine sehr enge Beziehung haben. Dennoch lieben sie sie mit aller Kraft, aber nur wenn sie sich ihnen zuwenden, nicht wenn sie sich von ihnen abwenden.«

Ich fragte mich, ob Candelaria Angst hatte, ich könne Elio erwähnen, denn sie stellte sich hinter Doña Mercedes und gab mir mit wilden Gesten zu verstehen, ich möge schweigen.

Doña Mercedes schien unsere Gedanken lesen zu wollen; zuerst schaute sie mich, dann Candelaria mit durchdringendem Blick an. Seufzend umfaßte sie die Kaffeetasse mit beiden Händen und trank den Rest aus.

»Elio war erst wenige Tage alt, als seine Mutter – meine Schwester – starb«, sagte sie, ihren Blick auf mich gerichtet. »Er war meine große Freude. Ich habe ihn geliebt, als wäre er mein eigener Sohn.« Sie lächelte kaum merklich, und nach einer Weile erzählte sie weiter. Sie sagte, man hätte Elio kaum hübsch nennen können. Er hatte einen großen, sinnlichen Mund, eine platte Nase mit breiten Nasenflügeln und wildes, krauses Haar. Aber was ihn für jedermann unwiderstehlich gemacht hatte, waren seine großen schwarzen Augen, die vor Glück und Wonne strahlten.

Ausführlich berichtete Doña Mercedes von Elios Eigenheiten. Obwohl er selbst einmal ein Heiler werden sollte, machte er sich wenig Gedanken über die Heilkunst. Er war viel zu sehr damit beschäftigt, sich immer wieder zu verlieben. Tagsüber flirtete er mit den jungen Frauen und Mädchen, die zu Doña Mercedes kamen. Abends zog er mit der Gitarre los, um seine Angebeteten zu umwerben. Selten kam er vor Tagesanbruch zurück, es sei denn, eine seiner amourösen Eskapaden war fehlgeschlagen. Dann war er früh zu Hause und unterhielt sie mit der stets witzigen, doch niemals vulgären Schilderung seiner Erfolge und Mißerfolge.

Gespannt wartete ich darauf, daß sie von seinem tragischen Tod erzählen würde. Und so war ich enttäuscht, als sie sich schließlich an Candelaria wandte: »Geh und hol mir meine Jacke. Draußen bei deinen Eltern wird es bestimmt stürmisch werden.« Sie erhob sich und schlurfte, auf meinen Arm gestützt, in den Garten.

»Heute wird Candelaria dich überraschen«, sagte sie vertraulich. »Sie hat allerlei seltsame Schrullen. Wenn du nur die Hälfte davon kennen würdest, du fielest vor Schreck in Ohnmacht.« Sie kicherte leise wie ein Kind, das sich anstrengen muß, ein Geheimnis für sich zu behalten.

9

Lachen, aufgeregtes Stimmengewirr und plärrende Musik drang aus den kleinen Restaurants entlang der Straße, die aus Curmina hinausführte. Hinter der Tankstelle, kurz bevor wir auf die Landstraße einbogen, bildeten die Bäume zu beiden Seiten der Straße mit ihren ineinandergreifenden

Kronen einen natürlichen Bogengang, der eine traumhafte Ruhe schuf.

Auf der Landstraße fuhren wir an lehmbedeckten Schilfrohrhütten vorbei. Sie alle hatten einen schmalen Eingang, nur wenige Fenster und ein strohgedecktes Dach. Einige der Hütten glänzten in verwaschenem Weiß, andere waren lehmfarben. Aus den tiefen Dachrinnen hingen Blumen, zumeist Geranien, die in ausrangierten Kochtöpfen und Blechdosen wuchsen. Majestätische Bäume mit goldenen und blutroten Blüten überschatteten sauber gepflegte Höfe, in denen Frauen ihre Wäsche wuschen und die Kleider zum Trocknen auf den Büschen auslegten. Einige grüßten uns mit scheuem Lächeln, andere mit kaum wahrnehmbarem Kopfnicken. Zweimal hielten wir an, um an einem Stand etwas zu kaufen. Kinder boten dort Früchte und Gemüse an, die sie im eigenen Garten gepflückt hatten.

Candelaria, die auf dem Rücksitz meines Jeeps saß, wies den Weg. An den Ausläufern einer kleinen Stadt passierten wir eine Gruppe von Hütten und wurden dann plötzlich von einer Nebelbank eingehüllt. Der Nebel war so dick, daß ich kaum weiter als bis zur Kühlerhaube blicken konnte.

»Oh Herr Jesus Christus«, betete Candelaria, »steh uns bei und laß uns durch den teuflischen Nebel kommen. Heilige Maria, Mutter Gottes, bitte komm und beschütze uns. Oh du gütiger Sankt Antonius, du barmherzige Heilige Theresa, Heiliger Geist Gottes, versammelt euch, um uns zu beschützen.«

»Laß das lieber, Candelaria«, fuhr Doña Mercedes dazwischen. »Stell dir vor, die Heiligen hören dich tatsächlich und erfüllen deine Bitte. Wie sollen wir sie alle im Wagen unterbringen?«

Candelaria lachte und begann eine Arie zu schmettern. Immer wieder sang sie die ersten Zeilen einer italienischen Oper.

»Gefällt dir die Arie?« fragte sie mich, meinen Blick im Rückspiegel suchend. »Mein Vater hat sie mir beigebracht. Er ist Italiener. Er liebt Opern und hat mir Arien von Verdi, Puccini und anderen beigebracht.«

Ich schaute fragend zu Doña Mercedes hinüber, aber sie war eingeschlafen.

»Das stimmt«, beharrte Candelaria und sang zum Beweis einige Zeilen von Arien aus verschiedenen Opern.

»Kennst du sie auch?« fragte sie, nachdem ich einige der Opern erraten hatte, zu denen die Stücke gehörten. »Ist dein Vater auch Italiener?«

»Nein.« Ich lachte. »Er ist Deutscher. Ich verstehe, ehrlich gesagt, nicht viel von Opern«, gestand ich. »Das einzige, was mein Vater mir über Musik beigebracht hat, ist, daß Beethoven so etwas wie ein Halbgott war. Als ich noch zu Hause gelebt habe, spielte er Sonntag für Sonntag sämtliche Beethoven-Symphonien.«

Der Nebel lichtete sich so plötzlich, wie er gekommen war, und gab den Blick auf die blauschimmernden Hügelketten frei. Sie schienen sich bis in eine Unendlichkeit aus Licht und Luft zu erstrecken. Candelarias Anweisungen folgend, bog ich in einen schmalen Feldweg ein, der von der Landstraße abzweigte. Er war kaum breit genug für den Jeep.

»Hier ist es!« schrie sie aufgeregt und zeigte auf ein zweistöckiges Haus am Ende des Weges. Die weißgetünchten Mauern waren mit den Jahren gelb geworden, und auf den ehemals roten Ziegeln, die nun grau waren, wuchs Moos. Ich parkte den Wagen, und wir kletterten aus dem Jeep.

Ein alter Mann in einem abgetragenen T-Shirt lehnte sich aus einem der Fenster im Obergeschoß. Er winkte uns zu und verschwand dann im Innern des Hauses, wo seine laute, aufgeregte Stimme die Stille durchbrach. »Roraima! Die Hexen sind da!«

Als wir die Haustür erreichten, trat uns eine kleine, runzlige Frau entgegen, um uns zu begrüßen. Lächelnd umarmte sie Candelaria und Doña Mercedes. »Das ist meine Mutter«, sagte Candelaria stolz. »Sie heißt Roraima.«

Nach kurzem Zögern umarmte sie auch mich. Sie war kaum einen Meter sechzig groß und sehr mager. Sie trug ein schwarzes, langes Kleid. Ihr dickes Haar war pechschwarz, und ihre Augen glichen denen eines Vogels. Ihre Bewegungen hatten ebenfalls etwas Vogelhaftes, Geziertes, Flinkes, als sie uns in die dunkle Vorhalle führte, in der unter dem Bildnis des Heiligen Josef eine Kerze ihr trübes Licht verbreitete.

Vor Zufriedenheit strahlend, bat sie uns, ihr durch die breite, L-förmige Galerie zu folgen, die den Patio umgrenzte. Dort warfen ein Zitronen- und ein Guavenbaum ihre Schatten in das offene Wohnzimmer und die geräumige Küche.

Mercedes Peralta flüsterte Roraima etwas ins Ohr und ging dann weiter bis zur Rückseite des Hauses. Für einen Augenblick blieb ich unentschlossen stehen, folgte dann aber Candelaria und ihrer Mutter die Steintreppe in den zweiten Stock hinauf. Wir gingen an den Schlafzimmern vorbei, die sich alle zu einem breiten Balkon hin öffneten, der den Patio umschloß.

»Wie viele Kinder hast du?« fragte ich Roraima, als wir an der fünften Zimmertür vorbeigingen.

»Nur Candelaria.« Die Falten in ihrem ledrigen Gesicht vertieften sich, als sie lächelte. »Aber die Enkel aus Caracas verbringen ihre Ferien bei uns.«

Entgeistert drehte ich mich zu Candelaria um und blickte in ihre dunklen, geheimnisvollen Augen, in denen ein unmerkliches, amüsiertes Schimmern lag. »Ich habe nicht gewußt, daß du Kinder hast«, sagte ich verwundert. Ich fragte mich, ob das die Überraschung war, von der Doña Mercedes an diesem Morgen gesprochen hatte. Das wäre wohl eher eine Enttäuschung.

»Wie kann ich Kinder haben?« antwortete sie beleidigt. »Ich bin eine echte Maid!«

Ich lachte. Candelarias Antwort bedeutete, daß sie nicht nur unverheiratet, sondern auch noch Jungfrau war. Der Ausdruck in ihrem Gesicht ließ keinen Zweifel daran, daß sie auf diese Tatsache äußerst stolz war.

»Ich habe dir noch nicht erzählt, daß ich einen Bruder habe. Eigentlich ist er nur mein Halbbruder. Er ist viel älter als ich und in Italien geboren. Wie mein Vater kam auch er nach Venezuela, um sein Glück zu machen. Jetzt ist er sehr reich und leitet ein Bauunternehmen.«

Roraima nickte bestätigend. »Ihr Halbbruder hat acht Kinder. Sie verbringen oft den Sommer bei uns«, fügte sie hinzu.

Candelaria umarmte ihre Mutter und lachte. »Stell dir vor«, rief sie aus, »die Musiúa kann sich nicht vorstellen, daß ich eine Mutter habe.« Mit einem schelmischen Lächeln fuhr sie fort: »Und noch schlimmer – sie glaubt nicht, daß ich einen italienischen Vater habe!«

Im selben Moment öffnete sich eine der Schlafzimmertüren, und der alte Mann, den ich vorhin am Fenster gesehen hatte, trat heraus. Er war untersetzt und hatte ein markantes Gesicht, das mich an Candelaria erinnerte. Er hatte sich eilends angekleidet. Sein Hemd war falsch zugeknöpft, den Ledergürtel hatte er nicht durch alle Schlaufen der Hose gezogen und die Schuhe waren nicht zugebunden. Er umarmte Candelaria.

»Guido Miconi«, stellte er sich vor und entschuldigte sich dafür, uns nicht an der Tür empfangen zu haben. »Als Kind war Candelaria ebenso schön wie Roraima«, sagte er, seine Tochter zärtlich umarmend. »Erst als sie älter wurde, begann sie nach mir zu schlagen.«

Offenbar handelte es sich um einen Familienscherz, denn alle drei brachen in schallendes Gelächter aus. Zufrieden nickend betrachtete Roraima ihren Gatten und ihre Tochter mit unverhohlener Bewunderung. Sie nahm meinen Arm und führte mich nach unten. »Gehen wir zu Doña Mercedes«, schlug sie vor.

Der enorm große Garten war von einem hohen Bretterzaun umgeben. Ganz weit hinten stand eine offene Laube mit einem strohgedeckten Dach. In einer Hängematte, die an den Querbalken befestigt war, saß Mercedes Peralta. Sie kostete Roraimas selbstgemachten Käse und lobte seinen Geschmack.

Guido Miconi blieb unschlüssig vor Doña Mercedes stehen. Er schien nicht recht zu wissen, ob er ihr die Hand schütteln oder sie in den Arm nehmen sollte. Mercedes Peralta lächelte, und er umarmte sie.

Wir saßen alle um die Hängematte herum, außer Roraima, die neben Doña Mercedes Platz genommen hatte. Sie fragte sie ungeniert über mich aus, als sei ich gar nicht anwesend.

Eine Zeitlang lauschte ich ihren Gesprächen, doch schon bald wurde ich schläfrig. Die Hitze, die unbewegte Luft und die sanften Stimmen von Guido Miconi und den drei Frauen, in die sich ab und zu ein leises Lachen mischte, machten mich so müde, daß ich mich auf dem Boden ausstreckte. Ich muß eingenickt sein, denn Doña Mercedes hatte einige Mühe, mir beizubringen, daß ich mich gemeinsam mit Candelaria um das Essen kümmern sollte. Ich hatte gar nicht bemerkt, daß Candelaria und ihr Vater ins Haus zurückgegangen waren.

Ich folgte ihnen. Aus einem der Schlafzimmer drang eine tiefe, beruhigende Stimme, die einen Beschwörungsgesang murmelte. Besorgt, Candelaria könnte möglicherweise ihren Vater mit dem Abspielen einer meiner Kassetten unterhalten, stürzte ich die Treppe hinauf. Sie hatte schon einmal an dem Kassettenrecorder herumgespielt und prompt ein Band gelöscht, weil sie die falsche Taste gedrückt hatte.

Kurz vor der halbgeöffneten Tür blieb ich stehen. Sprachlos beobachtete ich, wie Candelaria den Rücken und die Schultern ihres Vaters massierte, während sie leise dazu sang. Etwas an ihrer Haltung – die konzentrierte und doch flüssige Art ihrer Bewegungen – erinnerte mich an Mercedes Peralta. Plötzlich wurde mir bewußt, daß Candelaria ebenfalls eine Heilerin war.

Als sie die Massage beendet hatte, drehte sie sich zu mir um, ein amüsiertes Lächeln auf den Lippen. »Hat Doña Mercedes dir nie etwas von mir erzählt?« Ihre Stimme besaß einen ungewöhnlich sanften Klang, den ich nie zuvor an ihr bemerkt hatte. »Sie sagt, ich sei bereits als Hexe auf die Welt gekommen.«

Zahllose Fragen gingen mir durch den Kopf, und ich wußte nicht, welche ich zuerst stellen sollte. Candelaria, die meine Verwirrung bemerkt hatte, zuckte die Achseln.

»Kümmern wir uns um das Essen«, schlug Guido Miconi vor und ging zur Treppe.

Candelaria und ich folgten ihm. Plötzlich drehte er sich um und blickte mich an. »Mercedes Peralta hat recht«, sagte er, drehte den Kopf und starrte auf die gezackten Schatten, die der Guavenbaum im Patio warf. Eine ganze Weile stand er so und schüttelte den Kopf, unsicher, was er als nächstes tun oder sagen sollte.

Er blickte auf und lächelte schwach. Während wir wortlos den Patio überquerten, streifte er mit den Händen durch Blätter und Blumen. Als er mich wieder ansah, schien er mich gar nicht wahrzunehmen.

»Das ist eine seltsame Geschichte«, sagte er zu mir. Die Erregung in seiner Stimme verstärkte den italienischen Akzent. »Candelaria sagt, Doña Mercedes möchte, daß ich sie dir erzähle. Du weißt, du bist hier jederzeit willkommen. Ich hoffe, du kommst oft zu uns, damit wir uns unterhalten können.«

Ich war völlig verwirrt. In der Hoffnung, von ihr eine Erklärung zu erhalten, schaute ich Candelaria an.

»Ich glaube, du weißt, was Doña Mercedes mit dir vorhat«, sagte Candelaria. Sie ergriff meinen Arm und führte mich in die Küche. »Sie mag dich sehr, aber sie kann dir ihren Schatten nicht geben, weil sie ihn mir geben wird.«

»Was redest du da?« fragte ich.

»Ich bin eine Hexe«, antwortete sie. »Und ich werde in Doña Mercedes' Fußstapfen treten. Nur indem man in die Fußstapfen einer Heilerin tritt, kann man selbst eine werden. Das nennt man eine Verbindung, ein Bindeglied. Doña Mercedes hat dir ja schon erklärt, daß die Hexen auch Schatten dazu sagen. Die Schatten sind von großer Bedeutung«, fuhr sie fort. »Und jeder, der echtes Wissen besitzt, kann nur einen Nachfolger haben. Victor Julio besaß echtes Wissen, aber er hat eine nicht sehr kluge Verbindung zu Octavio Cantú hergestellt. Ich habe dir doch erklärt, daß Octavio Cantú sich zu lange in Victor Julios Schatten aufgehalten hat und daß Doña Mercedes mir ihren Schatten gibt. Indem sie nun bestimmte Menschen dazu bringt, dir ihre Geschichten zu erzählen, will sie dich für eine Zeitlang in deren Schatten bringen. Du sollst lernen, wie das Rad des

Schicksals sich bewegt und wie eine Hexe dazu beitragen kann, es zu bewegen.«

Vergeblich versuchte ich ihr klarzumachen, daß ihre Worte mir nur noch mehr Rätsel aufgaben. Sie sah mich mit großen, vertrauensvollen Augen an.

»Wenn eine Hexe eingreift, sagen wir, daß es der Hexenschatten ist, der das Rad des Schicksals in Bewegung bringt«, sagte sie nachdenklich. »Die Geschichte meines Vaters gehört hierher«, fügte sie nach kurzem Schweigen hinzu. »Aber ich werde nicht dabei sein, wenn er sie dir erzählt. In meiner Gegenwart hat er Hemmungen. Das war schon immer so.« Sie drehte sich zu ihrem Vater um und lachte. Ihr gläsernes Lachen war wie eine Explosion und hallte durch das ganze Haus.

Guidos Geschichte

Guido Miconi wälzte sich schlaflos von einer Seite auf die andere und fragte sich, ob diese Nacht, die durch Roraimas friedlichen Schlaf noch verlängert schien, jemals enden würde. Ein ängstlicher Ausdruck trat in sein Gesicht, als er den nackten Körper neben sich betrachtete, der sich dunkel vom weißen Laken abzeichnete. Er versuchte Roraimas Gesicht zu erkennen, das von ihrem schwarzen Haar verdeckt wurde. Er schob die Strähnen vorsichtig zur Seite. Sie lächelte. Ihre Augen öffneten sich einen Spalt breit und glänzten zwischen den dichten, langen Wimpern, aber sie wachte nicht auf.

Um sie nicht zu wecken, stand Guido Miconi vorsichtig auf und schaute aus dem Fenster. Schon bald würde die Sonne aufgehen. In einem der Nachbargärten kläffte ein Hund einem Betrunkenen hinterher, der laut grölend durch die Straße stolperte. Die Schritte und der Gesang des Mannes verloren sich in der Ferne, und der Hund beruhigte sich wieder.

Guido Miconi wandte sich vom Fenster ab und bückte sich nach dem kleinen Koffer, den er unter dem Bett versteckt hatte. Er öffnete ihn mit dem Schlüssel, den er zusammen mit einem Marien-Amulett an einer Halskette trug, und tastete nach dem kleinen Lederbeutel, der zwischen den Kleidern lag. Ein seltsames Gefühl, etwas wie eine Vorahnung, ließ ihn zögern. Er band sich den Beutel nicht um die Taille. Er griff hinein, zog ein schweres Goldarmband heraus und legte es auf das Kissen neben Roraima. Den Beutel legte er in den Koffer zurück.

Er schloß die Augen. Seine Gedanken wanderten zu dem Tag zurück, an dem er vor zwanzig Jahren nach Venezuela gekommen war, angelockt von den günstigen Arbeitsmöglichkeiten und der guten Bezahlung. Damals war er erst sechsundzwanzig Jahre alt gewesen. Fest davon überzeugt, daß seine Frau und seine beiden Kinder bald nachkommen würden, blieb er einige Jahre in Caracas. Um Geld zu sparen, lebte er in billigen Pensionen, die nicht weit von den Baustellen entfernt waren, an denen er arbeitete. Und jeden Monat schickte er etwas Geld nach Hause.

Jahre später wurde ihm endlich klar, daß seine Frau nicht kommen würde. Er verließ Caracas und nahm eine Arbeit im Landesinneren an. Die Briefe von zu Hause wurden immer seltener, dann blieben sie ganz aus. Von da an schickte er kein Geld mehr. Statt dessen legte er sein Geld – wie die meisten seiner Arbeitskollegen – in Schmuck an. Er wollte als reicher Mann nach Italien zurückkehren.

»Als reicher Mann«, murmelte Guido Miconi, den Koffer mit einem Lederriemen verschnürend. Er wußte nicht, weshalb diese Worte ihre alte Faszination verloren hatten.

Sein Blick fiel auf die schlafende Roraima. Er vermißte sie jetzt schon. Er erinnerte sich an den Tag vor zehn Jahren, als er sie im Hinterhof einer billigen Pension zum ersten Mal gesehen hatte, wo er auf einem Gaskocher Spaghetti kochte. Ihre Augen lagen tief in den Höhlen, und das Kleid, das sie trug, war viel zu weit für ihre magere Gestalt. Damals hielt er sie zuerst für eins der Kinder aus der Nachbarschaft, die öfter herüberkamen und sich über die Ausländer, vor allem über die italienischen Bauarbeiter, lustig machten.

Aber Roraima war nicht gekommen, um die Italiener zu verspotten. Sie war eine neue Angestellte der Pension. Und für ein paar Münzen teilte sie nachts mit den Männern das Bett. Zum Ärger seiner Kollegen hing Roraima bald mit solcher Ergebenheit an Guido Miconi, daß sie sich fortan weigerte, mit den anderen zu schlafen, egal wieviel Geld sie ihr boten. Eines Tages jedoch war sie verschwunden. Niemand wußte, woher sie gekommen oder wohin sie gegangen war.

Fünf Jahre später hatte er sie wiedergesehen. Aus einer unerklärlichen Laune heraus war Guido, statt mit den anderen Arbeitern zu den Baracken hinauszufahren, in einen Bus gestiegen und in die Stadt gefahren. Im Busbahnhof der Stadt saß Roraima, als hätte sie auf ihn gewartet.

Noch bevor er sich von seiner Überraschung erholen konnte, rief sie ein kleines Mädchen herbei, das in der Nähe spielte. »Das ist Candelaria«, erklärte sie mit einem entwaffnenden Lächeln. »Sie ist vier Jahre alt, und sie ist deine Tochter.«

Ihre Stimme und ihr Ausdruck hatten etwas derart Kindliches, daß er nicht anders konnte als zu lachen. Schlank und zerbrechlich, wie sie war, wirkte Roraima eher wie die Schwester und nicht wie die Mutter des Kindes, das neben ihr stand.

Candelaria blickte ihn stumm an. Der verschleierte Blick aus ihren Augen ließ ihn an einen sehr alten Menschen denken. Sie war sehr groß für ihr Alter. Ihr Gesicht war so ernst, wie es nur das eines Kindes sein konnte. Sie drehte sich nach den Kindern um, mit denen sie gespielt hatte. Als sie Guido wieder ansah, lag ein schelmischer Glanz in ihren Augen. »Gehen wir nach Hause«, sagte sie, nahm seine Hand und zog ihn mit sich.

Unfähig, dem festen Druck ihrer winzigen Hände zu widerstehen, folgte er ihr durch die Hauptstraße bis zum Stadtrand. Dort machten sie vor einem kleinen Haus halt. Es war von einer Reihe Maispflanzen umgeben, die im Winde schwankten. Die Zementblöcke waren unverputzt und die verrosteten Bleche auf dem Dach mit Felsbrocken beschwert.

»Nun hat dich Candelaria doch hergebracht«, sagte Roraima und nahm Guido den Koffer ab. »Und ich hatte schon nicht mehr daran geglaubt, daß sie tatsächlich eine Hexe ist.« Sie bat ihn, einzutreten. Hinter einer kleinen Vorhalle öffnete sich ein großer Raum, der, abgesehen von drei an der Wand stehenden Stühlen, völlig leer war. Wenn man eine Stufe hinunterging, erreichte man ein Schlafzimmer, das mit einem Vorhang unterteilt war. An der Rückseite stand ein riesiges Doppelbett. Dort stellte Roraima den Koffer ab. Auf der anderen Seite befand sich eine Hängematte, in die sich das Kind hineinlegte.

Guido folgte Roraima durch einen Korridor in die Küche, und sie ließen sich dort an einem Holztisch in der Mitte des Raumes nieder.

Er nahm Roraimas Hand und erklärte ihr, als müsse er einem Kind etwas begreiflich machen, daß nicht Candelaria ihn in die Stadt geführt hatte, sondern der Staudamm, der in den Bergen gebaut werden sollte.

»Nein, das ist nur oberflächlich so. Du bist gekommen, weil Candelaria dich hergebracht hat«, kam es stockend von Roraima. »Wirst du jetzt bei uns bleiben?« Sie sah, daß er nicht antworten würde, und fügte hinzu: »Candelaria kam als Hexe zur Welt.« Mit einer ausholenden Geste deutete Roraima auf den Garten, die Küche, das ganze Haus. »Das alles hier gehört Candelaria. Ihre Patentante ist eine berühmte Heilerin und hat ihr dies alles geschenkt.« Ihre Stimme wurde leiser, und sie murmelte: »Aber das war es nicht, was sie gewollt hat. Sie wollte dich.«

»Mich!« wiederholte Guido Miconi ungläubig und schüttelte traurig den Kopf. Er hatte Roraima nie verschwiegen, daß er in Italien eine Familie hatte. »Ich bin sicher, ihre Tante ist eine gute Heilerin. Aber als Hexe geboren sein? Das ist völliger Blödsinn! Du weißt, daß ich eines Tages zu meiner Familie zurückkehren werde.«

Ein unheimliches Lächeln erschien auf Roraimas Gesicht, als sie nach dem Tonkrug und dem Glas griff, die auf dem Tisch standen. Sie füllte das Glas, hielt es ihm hin und sagte: »Miconi, dieses Tamarindenwasser ist von deiner Tochter Candelaria verhext worden. Wenn du es trinkst, wirst du für immer bei uns bleiben.«

Für einen Augenblick stutzte er und brach dann in Gelächter aus. »Hexerei ist nichts als Aberglaube.« Er leerte das Glas in einem Zug. »Das war die beste Erfrischung, die ich seit langem genossen habe«, erklärte er und gab ihr das Glas zurück, damit sie es noch einmal fülle.

Das schwache Husten seiner Tochter unterbrach seine Träume.

Auf Zehenspitzen schlich er zur anderen Seite des Raumes und beugte sich ängstlich über Candelaria, die in der Hängematte schlief. Traurig lächelnd schaute er in ihr kleines Gesicht, in dem er schon so oft nach einer Ähnlichkeit mit dem seinen gesucht hatte. Es gab keine. Aber seltsamerweise erinnerte ihn das Mädchen manchmal an seinen eigenen Großvater. Nicht aufgrund einer äußeren Ähnlichkeit, sondern eher aufgrund ihres Gemüts oder bestimmter Gebärden, die das Mädchen manchmal machte.

Wie sein Großvater hatte sie ein gutes Verhältnis zu Tieren. Sie heilte die Esel, Kühe, Gänse, Hunde und Katzen der gesamten Nachbarschaft. Sie brachte Vögel und Schmetterlinge dazu, sich auf ihrem ausgestreckten Arm niederzulassen. Sein Großvater hatte dieselbe Fähigkeit besessen. In der kleinen Stadt in Kalabrien hatten die Leute ihn einen Heiligen genannt.

Er war sich nicht mehr sicher, ob Candelaria etwas Heiliges an sich hatte. Eines Nachmittags hatte er das Kind auf dem Boden liegend gefunden, den Kopf auf die Arme gestützt und mit einer Katze sprechend. Die Katze sah krank aus und lag zusammengerollt vor Candelaria. Sie schien ihr zu antworten, nicht mit miauenden Geräuschen, sondern durch eine Art Grunzen, das eher dem Gelächter eines alten Mannes ähnelte.

Als sie seine Anwesenheit bemerkten, sprangen beide gleichzeitig auf – wie an einer Schnur befestigt. Sie landeten beide unmittelbar vor ihm auf dem Boden und grinsten ihn unheimlich an. Guido Miconi erstarrte vor Schreck, denn einen Augenblick lang schienen sich ihre Gestalten zu überlagern. Er konnte nicht mehr unterscheiden, welches Gesicht wem gehörte. Seit diesem Ereignis hatte er immer wieder an Roraimas Worte denken müssen, Candelaria sei keineswegs eine Heilige, sondern eine Hexe.

Um sie nicht aufzuwecken, streichelte er Candelarias Wange ganz sanft und begab sich dann leise in den Vorraum, der vom schwachen Licht einer Öllampe erhellt war. Er nahm Jacke, Hut und Schuhe, die er am Abend zuvor zurechtgelegt hatte und zog sie an. Dann hielt er die Öllampe dicht vor den Spiegel und betrachtete sorgfältig sein Abbild. Auch mit sechsundvierzig Jahren war sein hageres, wettergegerbtes Gesicht noch immer von jener unerschöpflichen Energie erfüllt, die ihn während der Jahre harter Arbeit nicht verlassen hatte. Sein Haar war, wenn auch schon von einzelnen grauen Strähnen durchzogen, immer noch kräftig und dicht. Seine hellen, braunen Augen leuchteten noch immer unter den buschigen Brauen.

Um nicht über den Hund zu stolpern, der im Schlaf winselte und mit den Beinen zuckte, trat er vorsichtig vor die Haustür. Er lehnte sich gegen die Wand und wartete, bis seine Augen sich an das Zwielicht gewöhnt hatten. Seufzend beobachtete er die Arbeiter, die zu dieser frühen Stunde wie Phantome durch die Leere der frühmorgendlichen Dunkelheit huschten.

Miconi ging nicht zum südlichen Ende der Stadt, wo der Bus auf die Arbeiter wartete, um sie zum Staudamm zu bringen, sondern wandte sich in Richtung Plaza, von wo ein Bus nach Caracas fuhr. Das schwache Licht im Innern des Busses ließ nur die Umrisse der wenigen Passagiere erkennen, die auf ihren Plätzen dösten. Er ging ganz nach hinten. Als er seinen Koffer im Gepäcknetz verstaute, glaubte er vor dem trüben Fenster einen Schatten zu sehen. Schwarz und riesengroß zeichnete er sich von der weißen Mauer der Kirche ab. Er wußte nicht, warum er an eine Hexe denken mußte. Obwohl er nicht religiös war, begann er zu beten. Der Schatten löste sich in einer Nebelwolke auf.

Das Verlöschen der Laternen auf der Plaza mußte seinen Augen einen Streich gespielt haben, dachte er und schüttelte sich. Roraima und Candelaria hätten eine andere Erklärung gehabt. Sie hätten gesagt, er habe eins jener nächtlichen

Wesen gesehen, die in der Dunkelheit umherstreifen. Wesen, die keine Spuren hinterlassen, aber geheimnisvolle Zeichen geben, um ihr Erscheinen und Verschwinden anzuzeigen.

Die Stimme des Schaffners unterbrach seine Gedanken. Er zahlte das Fahrgeld, fragte nach dem schnellsten Weg zum Hafen von La Guaira und schloß die Augen.

Klappernd und schaukelnd durchquerte der Bus das Tal und erklomm dann langsam die ansteigende, gewundene Straße. Miconi richtete sich auf und schaute ein letztes Mal zurück. Die entschwindenden Dächer, die weiße Kirche mit ihrem Glockenturm, all das verschwamm vor seinen Augen, in denen jetzt Tränen standen. Wie er den Klang der Glocken geliebt hatte! Er würde ihn nie wieder hören.

Nachdem er sich kurz in den flüchtigen Schatten der blühenden Mandelbäume auf der Plaza ausgeruht hatte, setzte Guido Miconi seinen Weg fort. Er ging eine steil ansteigende Straße hinauf, die zu einem grob in den Berg gehauenen Stufengang führte. Er kletterte bis zur Hälfte hinauf und blickte auf den unter ihm liegenden Hafen hinab: La Guaira, eine Stadt, gerahmt von hohen Bergen und dem Meer; mit ihren blauen, rosa- und ockerfarbenen Häusern, mit ihren zwei Kirchtürmen und dem alten Zollamt, das den Hafen wie eine antike Festung überragte.

Seine täglichen Ausflüge zu dieser abgelegenen Stelle waren für Guido zu einer Lebensnotwendigkeit geworden. Dies war der einzige Ort, wo er sich sicher und geborgen fühlte. Stundenlang saß er hier oben und beobachtete die großen Schiffe, die im Hafen vor Anker gingen. An ihren Flaggen und den Farben ihrer Schornsteine versuchte er zu erraten, aus welchem Land sie kamen.

Seine allwöchentlichen Besuche bei den Schiffsagenturen waren für sein Wohlbefinden ebenso unerläßlich wie die Stunden, in denen er die Schiffe beobachtete. Es war ein Monat vergangen, seit er Roraima und Candelaria verlassen hatte, und immer noch war er sich nicht im klaren, ob er direkt nach Italien zurückkehren oder über New York fahren sollte. Oder ob er, wie Herr Hylkema von der

Schiffsagentur vorgeschlagen hatte, erst einmal die Welt kennenlernen und auf einem der deutschen Frachter an Bord gehen sollte, die über Rio, Buenos Aires und Afrika ins Mittelmeer fuhren. Aber wie verlockend diese Möglichkeiten auch waren, er konnte sich nicht entscheiden, seine Schiffskarte nach Italien zu buchen. Er begriff nicht, warum. Und doch, ganz tief in seinem Inneren wußte er es.

Er kletterte bis ganz nach oben, wo die Stufen endeten, und folgte einem schmalen Pfad, der zu einer Palmengruppe führte. Dort ließ er sich nieder. Mit dem Rücken gegen einen Baum gelehnt, fächelte er sich mit seinem Hut Luft zu. Hier oben herrschte absolute Ruhe. Kein Hauch bewegte die Palmwedel. Selbst die Vögel schienen mühelos zu schweben, wie lose Blätter, die an den wolkenlosen Himmel geheftet waren.

Plötzlich hörte er leises Lachen. Erschrocken blickte er um sich. Das klingende Geräusch hatte ihn an das Lachen seiner Tochter erinnert. Und da erschien ihr Gesicht vor seinen Augen. Ein flüchtiges Bild, unkörperlich, in einem schummrigen Licht schwebend. Ihr Gesicht schien von einem Heiligenschein umgeben zu sein.

Mit schnellen, abrupten Bewegungen fächelte Guido sich Luft zu, als wollte er die Vision mit seinem Hut vertreiben.

Vielleicht stimmte es wirklich, daß Candelaria als Hexe zur Welt gekommen war. Konnte es möglich sein, daß das Kind die Ursache seiner Unentschlossenheit war? War sie der Grund dafür, daß er sich die Gesichter seiner Frau und seiner Kinder nicht ins Gedächtnis rufen konnte?

Guido Miconi stand auf und suchte mit den Augen den Horizont ab. Er glaubte zu träumen, als er plötzlich ein riesiges Schiff in der flirrenden Hitze auftauchen sah. Das Schiff kam näher, es steuerte auf den Hafen zu. Trotz der Entfernung konnte Guido den grün-weiß-rot gestrichenen Schornstein deutlich erkennen.

»Ein italienisches Schiff!« rief er aus und warf seinen Hut in die Luft. Er war sicher, endlich den Bann gebrochen zu haben, den Venezuela auf ihn ausübte. Roraima und Candelaria, diese abergläubischen Wesen, die aus dem Flug der Vögel, der Bewegung von Schatten und der Windrichtung Zeichen herauslasen, konnten ihn nun nicht mehr aufhalten. Dieses Schiff, das soeben in den Hafen einlief, war seine Befreiung.

Vor lauter Aufregung stolperte er mehrmals, als er die Stufen hinabeilte. Er lief an den alten Kolonialhäusern vorbei zum Schiffsmaklerbüro. Heute wollte er endlich seine Überfahrt buchen.

Eine Kinderstimme, die ihn beim Namen rief, brachte ihn jäh zum Stehen. Von einem plötzlichen Schwindel ergriffen, lehnte er sich gegen eine Mauer und schloß die Augen. Als er sie wieder öffnete, sah er nichts als schwarze, tanzende Flecken. Wieder hörte er seinen Namen.

Allmählich ließ der Schwindel nach. Mit starren Augen blickte er direkt in das Gesicht von Herrn Hylkema, dem Holländer aus dem Schiffsmaklerbüro. »Ich habe keine Ahnung, wie ich hierhergekommen bin, aber ich muß mit Ihnen reden«, stammelte Guido. »Vom Hügel aus habe ich gerade ein italienisches Schiff in den Hafen einlaufen sehen. Ich will jetzt sofort meine Karte nach Italien buchen.«

Herr Hylkema schüttelte den Kopf. »Sind Sie sicher?« fragte er ungläubig.

»Ich will meine Fahrkarte buchen!« wiederholte Guido trotzig wie ein Kind. »Jetzt gleich!« Bedeutungsvoll fügte er hinzu: »Ich habe endlich den Bann gebrochen.«

»Natürlich haben Sie das.« Herr Hylkema klopfte ihm anerkennend auf die Schulter und führte ihn zur Kasse.

Guido Miconi beobachtete den hochgewachsenen, hageren Holländer, als dieser sich hinter die Theke begab. Wie immer trug Herr Hylkema einen weißen Leinenanzug und schwarze Stoffsandalen. Ein Büschel grauer Haare hatte er sorgfältig über den kahlen Schädel verteilt. Sein Gesicht war durch die Tropensonne gealtert – und zweifellos auch durch den Rum.

Er holte das schwere Hauptbuch hervor und legte es geräuschvoll auf den Tisch. Dann zog er einen Stuhl heran, setzte sich und begann zu schreiben. »Einige von uns sind dazu bestimmt, hierzubleiben«, sagte er und zeigte mit dem Kugelschreiber auf Miconi. »Und Sie, mein Freund, werden nie nach Italien zurückkehren.«

Guido Miconi, der nicht recht wußte, wie er diese Worte zu verstehen hatte, biß sich auf die Lippe.

Herr Hylkema brach in ein polterndes Gelächter aus, das aus der Tiefe seines Körpers zu kommen schien. Doch als er weitersprach, lag eine seltsame Sanftheit in seiner Stimme. »Das war nur ein Scherz. Ich werde Sie höchstpersönlich aufs Schiff bringen.«

Herr Hylkema hatte ihn zu seinem Hotel begleitet und ihm geholfen, seine Sachen zusammenzupacken. Nachdem er sich davon überzeugt hatte, daß Guido Miconi in einer Einzelkabine untergebracht wurde, wie er es verlangt und wofür er bezahlt hatte, ließ der Holländer ihn mit dem Schiffszahlmeister zurück.

Immer noch ein wenig benommen, schaute Guido sich um, verwundert, daß auf dem Deck des Schiffes niemand zu sehen war. Er griff nach einem Stuhl, der an einen Tisch gelehnt stand, setzte sich rittlings darauf und legte seine Stirn auf die hölzerne Lehne. Er war nicht verrückt. Er war auf dem italienischen Schiff, sagte er sich immer wieder, um nicht daran denken zu müssen, daß sich außer ihm niemand auf dem Schiff befand. Nachdem er einen Moment ausgeruht hatte, würde er auf ein anderes Deck hinuntergehen und sich davon überzeugen, daß die Besatzung und die übrigen Passagiere an Bord waren. Dieser Gedanke gab ihm sein Selbstvertrauen zurück.

Er stand von seinem Stuhl auf und ging an die Reling, beugte sich darüber und schaute auf den Pier hinab. Er sah Herrn Hylkema, der zu ihm aufblickte und winkte.

»Miconi!« rief der Holländer. »Das Schiff lichtet den Anker. Sind Sie sicher, daß Sie mit wollen?«

Guido Miconi spürte, wie ihm der kalte Schweiß ausbrach. Panische Angst überkam ihn. Er sehnte sich nach seiner Familie, nach einem geruhsamen Leben. »Ich will nicht!« schrie er zurück.

»Sie haben keine Zeit mehr, ihr Gepäck zu holen. Sie müssen jetzt springen. Wenn Sie jetzt nicht springen, werden sie es nie schaffen!«

Guido Miconi zögerte einen Moment. In seinem Koffer befand sich der Schmuck, der ihn Jahre harter Arbeit gekostet hatte. Sollte er all das verlieren? Er kam zu dem Schluß, daß er Kraft genug hatte, noch einmal von vorn anzufangen, und sprang über die Reling. Alles verschwamm vor seinen Augen. Er bereitete sich auf den Aufprall aufs Wasser vor. Angst hatte er keine, er war ein guter Schwimmer. Doch der Aufprall erfolgte nicht. Er hörte Herrn Hylkema, der mit lauter Stimme sagte: »Ich glaube, der Mann ist in Ohnmacht gefallen. Der Bus kann erst abfahren, wenn wir ihn hinausgeschafft haben. Jemand soll seinen Koffer holen.«

Guido Miconi öffnete die Augen. Er sah einen schwarzen Schatten, der sich deutlich von der weißen Kirchenmauer abzeichnete. Er wußte nicht, warum er an eine Hexe denken mußte. Er spürte, wie er hochgehoben und hinausgetragen wurde. Und plötzlich kam ihm ein furchtbarer Gedanke.

»Ich bin nie fort gewesen. Das war nur ein Traum«, wiederholte er immer wieder. Er dachte an den Schmuck in seinem Koffer. Wer immer den Koffer holen würde, er würde ihn ganz sicher stehlen. Aber der Schmuck bedeutete ihm nichts mehr, er hatte ihn bereits auf dem Schiff zurückgelassen.

10

Mercedes Peralta hatte mich bei meinem letzten Besuch in Guido Miconis Haus begleitet. Als wir uns abends auf den Heimweg machen wollten, nahm Roraima mich bei der Hand und führte mich auf einem schmalen Pfad durch ein Zuckerrohrfeld, bis wir zu einer Lichtung kamen. Diese war ganz von Yuccapalmen umgeben, deren weißen Blüten mich an gereihte Altarkerzen erinnerten.

»Gefällt es dir?« fragte mich Roraima und deutete auf ein kleines Beet, das von dünnen Zweigen überdacht war.

»Es sieht aus, als hätten Zwerge hier ihren Garten«, rief ich aus. Ich schaute mir den Boden, der mit Karottensprößlingen, herzförmigen Salatblättern und krauser Petersilie übersät war, genauer an.

Vor Freude strahlend ging Roraima zwischen den sorgfältig gezogenen Furchen des Beetes hin und her. Trockene Blätter und Zweige hafteten an ihrem langen Rock. Jedesmal, wenn sie auf eine Stelle zeigte, wo sie Salat, Rettich oder Blumenkohl pflanzen wollte, drehte sie sich zu mir um und lächelte mich an. Dabei funkelten ihre Augen zwischen den halbgeschlossenen Lidern.

»Ich weiß, daß ich alles, was ich habe, dem Einfluß einer Hexe zu verdanken habe«, sagte sie plötzlich. »Das einzig Gute daran ist, daß ich es weiß.«

Noch bevor ich richtig begriffen hatte, was sie meinte, kam sie mit weitgeöffneten Armen auf mich zu.

»Ich hoffe, du vergißt uns nicht«, sagte sie und führte mich zum Jeep zurück.

Auf dem Vordersitz saß bereits Mercedes Peralta, den Kopf an die Nackenstütze gelehnt, und war fest eingeschlafen.

Aus einem der Fenster im oberen Stock lehnte sich Guido Miconi heraus und winkte uns zu. Es war mehr ein Gruß als eine Abschiedsgeste.

Kurz bevor wir in Curmina ankamen, wachte Doña Mercedes auf. Sie gähnte laut und blickte geistesabwesend aus dem Fenster.

»Weißt du, was mit Guido Miconi tatsächlich geschehen ist?« fragte sie mich.

»Nein«, antwortete ich. »Ich weiß nur, daß Miconi und Roraima vom Eingreifen einer Hexe sprachen.«

Doña Mercedes kicherte. »Selbstverständlich hat eine Hexe eingegriffen«, sagte sie. »Candelaria hat dir ja gesagt, daß Hexen durch ihren Schatten eingreifen. Sie hat eine Verbindung zu ihrem Vater hergestellt. Sie hat ihn einen Traum leben lassen. Und weil sie eine Hexe ist, hat sie das Rad des Schicksals in Bewegung gesetzt.

Victor Julio hat ebenfalls eine Verbindung hergestellt, und auch er hat das Rad des Schicksals bewegt, aber da

Victor Julio kein Hexer war, ist Octavio Cantús Traum – genauso wirklich und unwirklich wie der von Miconi – länger und schmerzhafter.«

»Wie hat Candelaria eingegriffen?«

»Bestimmte Kinder«, erklärte Doña Mercedes, »besitzen die Kraft, sich über eine lange Zeit etwas mit aller Leidenschaft zu wünschen.« Sie ließ sich in ihren Sitz zurückfallen und schloß die Augen. »Candelaria war so ein Kind. Sie wurde so geboren. Sie wünschte sich, daß ihr Vater blieb, und sie wünschte es sich ganz fest. Diese Entschlossenheit, diese Bestimmtheit ist es, was Hexen einen Hexenschatten nennen. Es war dieser Schatten, der Guido Miconi daran hinderte, fortzugehen.«

Den Rest des Weges fuhren wir schweigend dahin. Ich mußte das Gesagte erst einmal verdauen. Bevor wir ins Haus gingen, stellte ich ihr eine letzte Frage.

»Wie konnte Guido Miconi einen so detaillierten Traum träumen?«

»Miconi hatte nie wirklich vorgehabt zu gehen«, erwiderte Mercedes Peralta. »Deshalb konnte Candelarias fester Wille auf ihn einwirken. Die Einzelheiten des Traumes, nun, die hatten nichts mit dem Hexenschatten zu tun – das war Miconis lebhafte Phantasie.«

Dritter Teil

11

Ich schreckte hoch, als etwas meine Wange streifte. Langsam richtete ich meinen Blick zur Decke, um nach dem riesigen Nachtfalter zu suchen. Seitdem ich dieses vogelgroße Insekt im Arbeitsraum gesehen hatte, war ich wie besessen davon. Nachts tauchte es in meinen Träumen auf und verwandelte sich in Mercedes Peralta. Als ich ihr erzählte, daß ich an meine Träume glaubte, lachte sie nur und bezeichnete das Ganze als Produkt meiner Einbildungskraft.

Ich ließ mich in die Kissen zurückfallen. Im Halbschlaf hörte ich das unverwechselbare Schlurfen von Mercedes Peraltas Schritten vor der Tür. Ich stand auf, zog mich an und schlich durch den dunklen Flur. Der bernsteinfarbene Schein einer Kerze drang durch den halbgeöffneten Vorhang ihres Zimmers. Neugierig schaute ich hinein. Am Tisch saßen Mercedes Peralta und ein Mann, dessen Gesicht ich im Schatten seines Hutes nicht erkennen konnte.

»Willst du dich nicht zu uns setzen?« rief Doña Mercedes. »Ich habe unserem Freund gerade erzählt, daß es nicht lange dauern wird, bis du nach mir schaust.«

»Leon Chirino!« rief ich aus, als sich der Mann zu mir umdrehte und grüßend seinen Hut zog. Er war mir bereits bei jener ersten Séance, an der ich teilgenommen hatte, vorgestellt worden. Leon Chirino war für die Organisation der spiritistischen Sitzungen verantwortlich. Er war in den Siebzigern, vielleicht schon in den Achtzigern, aber sein Gesicht hatte kaum Falten. Seine großen Augen waren pechschwarz, und seine Zähne leuchteten weiß, obwohl sie vom Zigarrenrauch hätten gelb sein müssen. Auf seinem Kinn zeigten sich weiße Bartstoppeln, doch sein kurzes Haar war sorgfältig gekämmt. Sein dunkler Anzug, zerknittert und ausgebeult, sah aus, als hätte er darin geschlafen.

»Er hat wie ein Verrückter gearbeitet«, sagte Doña Mercedes, als hätte sie meine Gedanken gelesen.

Ich war zu keiner weiteren Séance mehr eingeladen worden, aber Mercedes Peralta hatte mich gebeten, Leon Chirino mindestens einmal in der Woche zu besuchen. Manchmal begleitete sie mich, manchmal ging ich allein zu ihm. Von Beruf war er Schreiner, aber seine Kenntnisse der verschiedenen schamanischen Traditionen Venezuelas waren erstaunlich. Er interessierte sich sehr für meine Arbeit und verbrachte Stunden damit, meine Aufzeichnungen durchzugehen, um mir die indianischen und afrikanischen Wurzeln der verschiedenen Zauberpraktiken zu erläutern. Über die venezolanischen Spiritisten, Hexen und Heiler des 18. und 19. Jahrhunderts wußte er einfach alles. Er sprach von ihnen mit einer so unbefangenen Vertrautheit, als hätte er sie alle persönlich gekannt.

Mercedes Peraltas Stimme unterbrach meine Gedanken. »Würdest du mit uns kommen, um ein Versprechen einzulösen?« fragte sie mich.

Von ihrer Frage verwirrt, blickte ich von einem zum andren. Doch ihre Mienen verrieten nichts.

»Wir fahren sofort los«, erklärte sie mir. »Wir haben eine lange Nacht und einen langen Tag vor uns.« Sie stand auf und nahm meinen Arm. »Ich muß dich aber zuerst für die Reise zurechtmachen.«

Es dauerte nicht lange, mich zurechtzumachen. Sie versteckte mein Haar unter einer gestrickten Pudelmütze und schwärzte mein Gesicht mit einer Kräuterpaste. Schließlich ließ sie mich schwören, mit niemandem zu sprechen und keine Fragen zu stellen.

Meinen Vorschlag, den Jeep zu nehmen, lehnte Doña Mercedes ohne weitere Begründung ab. Sie kletterte auf den Rücksitz von Leon Chirinos altem Mercury. Mit den zerbeulten Kotflügeln und dem schäbigen Fahrgestell sah der Wagen aus, als hätte Leon ihn direkt vom Schrottplatz geholt. Bevor ich fragen konnte, wohin wir eigentlich fuhren, reichte Doña Mercedes mir ihren Korb und befahl mir, gut auf ihn achtzugeben. Er war bis oben hin mit Heilpflanzen, Kerzen und Zigarren gefüllt. Laut seufzend bekreuzigte sie sich und schlief sofort darauf ein.

Ich wagte nicht, Leon Chirino durch ein Gespräch abzulenken, da er seine ganze Aufmerksamkeit darauf zu richten schien, den Wagen in Bewegung zu halten. Die trüben Scheinwerfer beleuchteten die Straße vor uns nur spärlich. Leicht vornübergebeugt hielt Leon das Lenkrad fest umklammert, als könnte er dem Wagen auf diese Weise helfen, die Hügel hinaufzukommen. Wenn das Auto auf den steilen Straßen zu stottern begann, redete er sanft auf es ein. Bergab gab er Vollgas und nahm die Kurven bei vollkommener Dunkelheit mit einer so waghalsigen Geschwindigkeit, daß ich um unser Leben bangte. Staub quoll durch die scheibenlosen Fenster und die Löcher in den Pappkartons, die den verrosteten Boden bedeckten.

Mit einem triumphierenden Lächeln brachte Leon den Wagen schließlich abrupt zum Stehen. Nun regte sich auch Doña Mercedes auf dem Rücksitz.

»Wir sind da«, sagte Leon leise.

Schweigend stiegen wir aus. Es war eine dunkle, wolkenverhangene Nacht. Nicht ein Stern war am Himmel zu sehen. Vor uns erstreckte sich eine gähnende Leere. Immer wieder stolpernd, folgte ich Doña Mercedes, die offensichtlich keine Schwierigkeiten hatte, sich im Dunkeln zurechtzufinden.

Leon Chirino nahm meinen Arm und führte mich. Ringsum hörte ich unterdrücktes Lachen. Es mußten also noch andere Leute da sein, aber ich konnte niemanden sehen.

Schließlich zündete jemand eine Kerosinlampe an. Im schwachen, flackernden Schein der Lampe erkannte ich die Silhouetten von vier Männern, die zusammen mit Doña Mercedes am Boden hockten. Leon Chirino führte mich einige Meter von der Gruppe weg. Ich kam mir vollkommen überflüssig vor. Er half mir, mich hinzusetzen, und ich lehnte mich gegen etwas, das sich wie ein Felsen anfühlte. Er gab mir die Lampe und erklärte mir, ich sollte sie festhalten und immer in die Richtung leuchten, die man mir bezeichnen würde. Dann reichte er mir zwei Flaschen, von denen die größere mit Wasser, die kleinere mit Rum gefüllt war. Ich sollte sie den Männern geben, wenn sie danach verlangten.

Schweigend und scheinbar mühelos begannen zwei Männer mit langen Schaufeln das lockere Erdreich umzugraben. Sie warfen die Erde zu einem Haufen neben dem Loch auf. Mehr als eine halbe Stunde verging, bis sie die Arbeit unterbrachen und nach Rum verlangten. Während sie ausruhten und tranken, gruben Leon Chirino und ein anderer Mann weiter.

Abwechselnd gruben die Männer, tranken Wasser und Rum und ruhten sich aus. Innerhalb einer Stunde hatten sie eine Grube ausgehoben, die so tief war, daß ein Mann darin stehen konnte. Als einer der Männer mit der Schaufel auf etwas Hartes stieß, hörten sie auf zu graben. Leon bat mich, mit der Lampe in die Grube zu leuchten, aber nicht hineinzusehen.

»Da ist er«, sagte einer der Männer. »Jetzt können wir ihn ausheben.«

Ich kam vor Neugierde beinahe um, aber ich traute mich nicht, mein Versprechen zu brechen. Wenn ich doch wenigstens mit Doña Mercedes hätte sprechen können! Sie hockte ein paar Schritte abseits und schien in tiefer Trance versunken zu sein.

Die Männer in der Grube arbeiteten fieberhaft. Eine weitere halbe Stunde verging, ehe ich Leon Chirinos Stimme hörte, der Doña Mercedes zurief: »Wir können ihn jetzt öffnen!«

»Musiúa, zünde eine Zigarre an und gib sie mir«, befahl sie. »Und bring den Korb mit.«

Ich zündete die Zigarre an. Als ich mich erhob, um sie ihr zu geben, flüsterte Leon: »Bück dich, Musiúa, bück dich.«

Ich ging geduckt zu Doña Mercedes hinüber und gab ihr die Zigarre und den Korb. »Schau auf keinen Fall in die Grube«, flüsterte sie mir ins Ohr.

Nur mühsam konnte ich das beinahe unerträgliche Verlangen, in die Grube hineinzusehen, unterdrücken, während ich an meinen Platz zurückkehrte. Ich war mir sicher, daß sie eine Kiste mit Goldmünzen ausgruben. Ich konnte das dumpfe Geräusch der Schaufeln hören, die auf einen offensichtlich harten und schweren Gegenstand stießen.

Fasziniert starrte ich auf Doña Mercedes, die eine schwarze Kerze und einen Krug mit schwarzem Pulver aus dem Korb nahm. Sie zündete die Kerze an und steckte sie neben der Grube in den Boden. Dann befahl sie mir, die Lampe zu löschen.

Die schwarze Kerze verbreitete ein unheimliches Licht. Doña Mercedes hockte unmittelbar neben ihr. Einem lautlosen Befehl gehorchend, streckten die Männer einer nach dem andren ihre Köpfe aus der Grube. Jedesmal, wenn ein Kopf erschien, schüttete Mercedes Peralta etwas von dem schwarzen Pulver in ihre Hand und rieb dann den Kopf damit ein. Danach tat sie das gleiche mit den Händen der Männer.

Kurz darauf hörte ich ein knackendes Geräusch, als ob ein Deckel aufgebrochen würde. »Wir haben es geschafft«, sagte Leon Chirino, dessen Kopf aus der Grube hervorlugte.

Doña Mercedes gab ihm den Krug mit dem schwarzen und einen anderen mit weißem Pulver. Dann blies sie die Kerze aus.

Wieder umfing uns völlige Finsternis. Das Ächzen und Stöhnen der Männer, die jetzt aus der Grube kletterten, unterstrich nur die unnatürliche Stille. Ich lehnte mich eng an Doña Mercedes, aber sie stieß mich weg.

»Geschafft«, flüsterte Leon Chirino mit gepreßter Stimme. Doña Mercedes zündete die Kerze wieder an. Nur mühsam konnte ich die Umrisse dreier Männer erkennen, die ein schweres Bündel trugen. Sie legten es hinter dem Erdhaufen auf den Boden. Ich beobachtete sie so angestrengt, daß ich beinahe in die Grube gefallen wäre. Doña Mercedes rief Leon, der in der Grube geblieben war, zu, er solle die Nägel schnell wieder befestigen.

Kurz darauf kam Leon Chirino heraus, und Doña Mercedes begann seine Hände und sein Gesicht zu massieren, während die anderen Männer zu den Schaufeln griffen und die Grube zuschaufelten. Sobald sie damit fertig waren, steckte Doña Mercedes die brennende Kerze in die lockere Erde. Leon Chirino warf die letzte Schaufel Erde darüber, und die Kerze verlosch.

Jemand zündete die Kerosinlampe wieder an, und die Männer machten sich erneut an die Arbeit. Sie tarnten den Boden so geschickt, daß niemand vermutet hätte, daß hier gegraben worden war. Ich schaute ihnen eine Zeitlang zu, aber mein Interesse galt dem Bündel, das ich jetzt sehen konnte. Es war mit einer Zeltplane umwickelt.

»Niemand wird es je erfahren«, sagte einer der Männer und kicherte. »Verschwinden wir. Es wird bald Tag.«

Wir gingen alle zu dem Bündel hinüber. Ich leuchtete mit der Lampe voran. In meiner Neugierde, endlich herauszufinden, was es war, stolperte ich darüber. Die Zeltplane verrutschte, und ich erblickte den schwarzbeschuhten Fuß einer Frau.

Unfähig, mich zu beherrschen, riß ich die Zeltplane ganz beiseite und richtete den Schein der Lampe auf das nun bloße Bündel. Es war die Leiche einer Frau. Meine Furcht und Abscheu waren so groß, daß ich nicht einmal schrie. Alles, was ich herausbrachte, war ein heiseres Krächzen, dann wurde mir schwarz vor Augen.

Auf dem Rücksitz von Leons Wagen kam ich zu mir. Ich lag auf Doña Mercedes' Schoß. Sie hielt mir ein Taschentuch unter die Nase, das mit einer Mixtur aus Ammoniak und Rosenwasser getränkt war, ihrem bevorzugten Allheilmittel. Sie nannte es die »spirituelle Einspritzung«.

»Ich habe immer gewußt, daß du feige bist«, bemerkte sie lakonisch und begann meine Schläfen zu massieren.

Leon Chirino drehte sich um. »Du bist sehr waghalsig, Musiúa«, sagte er. »Doch dir fehlt noch die Kraft, dies alles durchzustehen. Sie wird kommen. Eines Tages wird sie kommen.«

Ich war nicht in der Stimmung, Kommentare abzugeben. Meine Angst war zu groß gewesen, um beschwichtigt werden zu können. Ich warf ihnen Heimtücke vor, weil sie mir nichts über ihre Umtriebe gesagt hatten.

Doña Mercedes erklärte mir, daß alles, was sie taten, vorausgeplant sei und daß meine Unwissenheit ein wichtiger Teil ihres Plans war. Dies hätte ihnen eine Art Schutz bei der Öffnung des Grabes gewährt. Es sei jedoch mein eigener Fehler gewesen, unbedingt herausbekommen zu wollen, was sich unter der Plane befand.

»Ich habe dir gesagt, daß wir ein Versprechen einzulösen haben«, sagte Doña Mercedes zu mir. »Der erste Teil dieses Versprechens ist erfüllt. Wir haben die Leiche ausgegraben, jetzt müssen wir sie wieder beerdigen.« Sie schloß die Augen und schlief ein.

Ich kletterte auf den Beifahrersitz.

Leise summend lenkte Leon Chirino den Wagen auf eine schmale Straße, die zur Küste führte.

Es war bereits heller Morgen, als wir in einem verlassenen Kokoshain eintrafen. Mercedes Peralta, die wohl vom Geruch des nahen Meeres geweckt worden war, gähnte und setzte sich auf. Weit aus dem Fenster gelehnt, schien sie das Rauschen der Wellen einzusaugen.

»Hier können wir parken«, bemerkte Leon Chirino und stoppte den Wagen vor der größten Palme, die ich je gesehen hatte. Ihre schweren, silbrigen Blätter schienen die Wolken vom Himmel zu fegen.

»Das Haus von Lorenzo Paz ist ganz in der Nähe«, fuhr er fort und half Mercedes Peralta beim Aussteigen. »Der kleine Spaziergang wird uns guttun.« Lächelnd reichte er mir Doña Mercedes' Korb.

Wir folgten einem ausgetretenen Pfad, der durch dichte Bambusplantagen und über einen Fluß führte. In der Plantage war es dunkel und kühl, die Luft schien die Farbe der grünen Blätter angenommen zu haben. Leon ging ein ganzes Stück vor uns, den Strohhut über die Ohren gezogen, damit der Wind ihn nicht davontrüge.

Wir holten ihn auf einer kleinen Brücke ein. Auf das grobgezimmerte Geländer aus frisch gehauenen Pfosten gestützt, ruhten wir uns aus und blickten auf eine Gruppe von Frauen hinab, die am Fluß ihre Wäsche wuschen, die einzelnen Stücke gegen die flachen Steine schlagend. Einer Frau war ein Hemd aus der Hand geglitten und ein junges Mädchen sprang in den Fluß, um es zu holen. Ihr dünnes Kleid blähte sich wie ein Ballon und legte sich dann ganz eng um ihre Brüste, den Bauch und die schlanke Taille.

Der Feldweg auf der anderen Seite der Brücke führte auf ein kleines Dorf zu. Wir gingen aber nicht dorthin, sondern bogen statt dessen in einen kleinen Pfad ein, der an einem verwahrlosten Maisfeld entlang führte. Vertrocknete Kolben hingen verloren von den verdorrten Pflanzen herab, die wie Zeitungspapier im Wind raschelten. Schließlich erreichten wir ein kleines Haus, dessen Mauern offenbar erst kürzlich gestrichen worden waren und dessen Ziegeldach teilweise neu gedeckt war. Bananenbäume, die Blätter fast durchsichtig im Sonnenlicht, standen wie Wachtposten zu beiden Seiten der Tür.

Die Tür war nur angelehnt. Ohne zu klopfen oder zu rufen, traten wir ein. Die Männer, die auf dem steinernen Fußboden hockten, hoben ihre Rumgläser zum Gruß und setzten dann mit leisen Stimmen ihre Unterhaltung fort. Sonnenstrahlen fielen durch ein schmales Fenster herein. Die Luft war stickig und von beißendem Kerosin- und Kreosolgeruch durchtränkt. In der hinteren Ecke stand ein offener Sarg.

Einer der Männer erhob sich, ergriff sacht meinen Ellbogen und führte mich zum Sarg. Er war schlank, aber kräftig gebaut. Sein weißes Haar und das faltige Gesicht ließen ein hohes Alter erahnen. Und doch gaben ihm die anmutigen Linien seiner hohen Wangenknochen und der schelmische Ausdruck seiner Augen etwas Jugendliches.

»Schau sie dir an«, flüsterte er, sich über die Tote beugend. »Schau, wie schön sie immer noch ist.«

Ich unterdrückte einen Schrei. Es war die Frau, die wir gestern nacht ausgegraben hatten. Ich trat näher und betrachtete sie genauer. Trotz der graugrünen Färbung ihrer Haut, die auch das dicke Make-up nicht überdecken konnte, war etwas Lebendiges an ihr. Sie schien über ihren eigenen Tod zu lächeln. Auf ihrer feingeschnittenen Nase trug sie eine Nickelbrille ohne Gläser. Ihre grellrot geschminkten Lippen waren leicht geöffnet und entblößten ihre kräftigen weißen Zähne. Ein roter Umhang mit weißem Besatz umhüllte ihre hochgewachsene Gestalt. Zu ihrer Linken lag ein Stab, zu ihrer Rechten eine rot und schwarz bemalte Teufelsmaske aus Holz, die ein Paar drohend gewundener Widderhörner trug.

»Sie war wunderschön, und ich habe sie sehr geliebt«, sagte der Mann, eine Falte des Umhangs glattstreichend.

»Unglaublich, wie schön sie noch ist«, stimmte ich ihm zu. Um ihn nicht vom Reden abzuhalten, unterdrückte ich meine Fragen.

Während er weiter an ihrem Umhang hantierte, schilderte er mir genau, wie er und seine Freunde sie aus ihrem Grab auf dem Friedhof in der Nähe Curminas geholt und in sein Haus gebracht hatten. Als er plötzlich aufsah und bemerkte, daß ich eine Fremde war, musterte er mich mit unverhohlener Neugier.

»Oh Gott, oh Gott! Was bin ich für ein Gastgeber!« rief er aus. »Hier stehe ich und rede und rede, dabei habe ich dir noch nicht einmal etwas zu trinken oder zu essen angeboten.« Er nahm meine Hand. »Ich bin Lorenzo Paz«, stellte er sich vor.

Noch bevor ich ihm erklären konnte, daß ich wohl keinen Bissen hinunterkriegen würde, drängte er mich durch einen schmalen Durchgang in die Küche.

Dort stand Mercedes Peralta vor einem Kerosinkocher und rührte in einem Sud, den sie aus den mitgebrachten Heilkräutern zusammengebraut hatte.

»Du solltest sie bald beerdigen, Lorenzo«, sagte sie. »Es ist viel zu heiß hier, um sie noch länger aufzubahren.«

»Das wird schon gehen«, versicherte ihr Lorenzo. »Ich bin sicher, ihr Mann hat den besten Einbalsamierer von ganz Curmina für sie kommen lassen. Um auch sicherzugehen, habe ich Ätzkalk in den Sarg gestreut und in Kerosin und Kreosol getränkte Stoffbahnen um ihren Körper gelegt.« Er sah die Heilerin flehend an. »Ich muß ganz sicher sein, daß ihr Geist uns bis hierher gefolgt ist.«

Mercedes Peralta nickte und rührte weiter in dem Topf. Lorenzo Paz füllte zwei Becher zur Hälfte mit Rum. Einen gab er mir, den anderen Doña Mercedes. »Sobald es abkühlt, werden wir sie beerdigen«, versprach er und ging in den anderen Raum zurück.

»Wer ist die Tote, die wir letzte Nacht ausgegraben haben?« fragte ich Doña Mercedes und setzte mich auf ein Bündel getrockneter Palmwedel, die an der Wand aufgeschichtet waren.

»Für jemanden, der die meiste Zeit damit verbringt, Leute zu beobachten, bist du nicht sehr aufmerksam«, bemerkte sie lachend. »Ich habe dir bereits von ihr erzählt. Sie war die Frau des Apothekers.«

»Die Schwedin?« fragte ich erstaunt. »Aber warum...?« Meine Frage ging im lauten Gelächter der Männer im Nebenraum unter.

»Ich glaube, sie haben gerade herausgefunden, daß du es warst, die letzte Nacht die Lampe gehalten hat«, sagte Doña Mercedes und ging hinüber, um mit den Männern zu lachen.

Da ich nicht an Alkohol gewöhnt war, wurde ich schläfrig. Die Stimmen der Männer, ihr Lachen und das kurz darauf einsetzende Klopfen eines Hammers schienen aus großer Ferne zu kommen.

12

Nachdem die Männer am späten Nachmittag mit dem Sarg zum Friedhof aufgebrochen waren, gingen Doña Mercedes und ich ins Dorf.

»Wo sind die Leute?« fragte ich sie. Außer einem jungen Mädchen, das mit einem nackten Baby auf dem Arm in einem Hauseingang lehnte, und einigen Hunden, die im Schatten der Häuser dösten, schien der Ort völlig ausgestorben zu sein.

»Auf dem Friedhof«, antwortete Doña Mercedes und führte mich über die Plaza zur Kirche. »Heute ist der Tag der Toten. Die Menschen schmücken die Gräber ihrer verstorbenen Verwandten und beten für sie.«

Im Inneren der Kirche war es kühl und schattig. Die letzten Sonnenstrahlen, die durch die bunten Glasfenster in das Mittelschiff fielen, warfen ein schwaches Licht auf die Heiligenfiguren in den Wandnischen. Ein lebensgroßes Kruzifix überragte den Altar. Rechts daneben befand sich eine Statue der gütig blickenden Jungfrau von Coromoto, die in einen blauen, mit Sternen bestickten Umhang gehüllt war. Auf der linken Seite stand die Statue des heiligen Johannes, der ein wenig schielte und einen schmalkrempigen Strohhut auf dem Kopf trug. Um seine Schultern hatte man lässig einen roten Flanellumhang geworfen, der schmutzig und zerrissen war.

Doña Mercedes blies die sieben Altarkerzen aus und steckte sie in ihren Korb. Dann zündete sie sieben neue an, schloß die Augen und sprach mit gefalteten Händen ein langes Gebet.

Die Sonne glühte nur noch schwach hinter den Bergen, als wir die Kirche verließen. Die rötlichen Wolken, die über den Himmel in Richtung des Meeres zogen, tauchten den Nachmittag in ein goldenes Zwielicht. Als wir auf dem Friedhof ankamen, war es vollkommen dunkel geworden.

Das ganze Dorf schien gekommen zu sein, um seiner Toten zu gedenken. Neben den Gräbern, die von brennenden Kerzen umstellt waren, saßen Männer und Frauen und beteten leise.

Wir gingen dicht an der niedrigen Mauer entlang, die den Friedhof umgab, und kamen schließlich an eine abgelegene Stelle, wo Lorenzo und seine Freunde am Boden saßen. Den Sarg hatten sie bereits in die Grube hinabgelassen und mit Erde bedeckt. Ihre Gesichter wirkten im Schein der Kerzen wie phantastische Masken, hinter denen man die Geister der Toten hätte vermuten können. Als sie Mercedes Peralta erkannten, machten sie sich sofort daran, ein provisorisches Kreuz am Kopfende des Grabes in den Boden zu rammen. Danach verschwanden sie schnell und lautlos, als hätte die Dunkelheit sie verschluckt.

»Jetzt müssen wir Birgit Briceños Geist hierher locken«, sagte Doña Mercedes, holte die sieben Kerzen hervor, die sie vom Kirchenaltar genommen hatte, und entnahm ihrem Korb dieselbe Anzahl Zigarren. Sie steckte die Kerzen in den weichen Boden am oberen Ende des Grabes. Nachdem sie alle entzündet hatte, steckte sie sich eine Zigarre in den Mund. »Paß gut auf«, murmelte sie und drückte mir die restlichen Zigarren in die Hand. »Sobald ich diese hier aufgeraucht habe, mußt du die nächste schon angezündet bereithalten.«

Sie inhalierte tief und blies den Rauch in die vier Himmelsrichtungen. Dann kauerte sie sich auf dem Grab nieder und stimmte, immer weiterrauchend, mit rauher Stimme einen leisen Beschwörungsgesang an.

Der Zigarrenrauch schien nicht länger aus ihrem Mund zu kommen, sondern direkt aus der Erde. Wie feiner Nebel stieg er auf und hüllte sie ein. Fasziniert saß ich da, reichte Doña Mercedes eine Zigarre nach der anderen und lauschte ihrem melodiösen, unverständlichen Gesang.

Als sie begann, ihren linken Arm über dem Grab hin und her zu bewegen, drängte ich mich näher an sie heran. Zuerst glaubte ich, sie schüttle eine Rassel, aber ich konnte nichts dergleichen in ihrer Hand entdecken. Es war wohl der Klang von getrockneten Samen oder kleinen Steinchen, die sie in der hohlen Hand schüttelte. Funken sprangen wie Leuchtkäfer zwischen ihren Fingern hervor. Sie begann eine fremdartige Melodie zu pfeifen, die ich schon bald nicht mehr von dem rasselnden Geräusch unterscheiden konnte.

Der Rauchwolke entstieg eine große, bärtige Gestalt, die mit einem langen roten Mantel und einer phrygischen Mütze bekleidet war. Ich hielt mir die Hand vor den Mund, um ein Kichern zu unterdrücken. Ich war nicht sicher, ob diese Erscheinung dem zuvor genossenen Rum zuzuschreiben war oder ob die Sargträger sich einen Scherz mit mir erlaubten, der mit den Festlichkeiten des Totengedenktages zusammenhing.

Gebannt beobachtete ich, wie die Gestalt aus der Rauchwolke heraustrat und sich auf die Friedhofsmauer zubewegte. Dort blieb sie stehen, ein nachdenkliches Lächeln auf den Lippen. Ich hörte sanftes Gelächter, so leise und unirdisch, daß es zu Mercedes Peraltas Gesang hätte gehören können.

Doña Mercedes' Stimme wurde lauter. Sie schien aus den vier Ecken des Grabes wie ein Echo widerzuhallen. Der Rauch zerstreute sich, stieg zu den Palmen auf und verschwand in der Nacht. Lange blieb Doña Mercedes zusammengekauert auf dem Grab sitzen und murmelte leise vor sich hin. Ihr Gesicht war im schwachen Schein der herunterbrennenden Kerzen kaum zu erkennen.

Sie wandte sich zu mir, den Anflug eines Lächelns auf den Lippen. »Ich habe Birgit Briceños Geist hierher gelockt«, sagte sie. »Aber nicht in das Grab hinein.« Auf meinen Arm gestützt, stand sie auf.

Ich wollte sie über die seltsame Erscheinung ausfragen, aber etwas in ihrem Blick hielt mich zurück.

Gegen einen riesigen Felsblock gelehnt, saß Lorenzo Paz draußen vor dem Friedhof und wartete auf uns. Wortlos stand er auf und folgte uns auf einem schmalen Pfad, der zum Strand hinabführte. Der Halbmond warf sein helles Licht auf das überall im Sand verstreute Treibgut.

Doña Mercedes befahl mir, bei einem entwurzelten Baumstamm zu warten. Dann führte sie Lorenzo hinab zur Uferlinie. Er zog die Kleider aus und watete ins Meer hinaus. Kurz darauf war er zwischen den heranrollenden, phosphoreszierenden Schaumkronen, die aus den silbernen Schatten ragten, verschwunden.

Eine ganze Weile blieb er verschwunden, bis ihn eine Welle an den Strand zurückwarf. Doña Mercedes entnahm ihrem Korb einen Krug und schüttete den Inhalt über den erschöpft am Boden liegenden Lorenzo. Neben ihm kniend, legte sie ihre Hände auf seinen Kopf und summte einen Beschwörungsgesang. Sie massierte ihn mit sanften Bewegungen, bis um ihn herum ein schwacher Lichterkranz aufleuchtete. Vorsichtig rollte sie Lorenzo von einer Seite auf die andere, während sie mit einer Hand merkwürdige Kreisbewegungen in der Luft vollführte, als finge sie Schatten ein, um ihn darin einzuwickeln.

Wenig später erschien sie neben mir. »Birgit Briceños Geist klebte an ihm wie eine zweite Haut«, sagte sie und ließ sich neben mir auf dem Baumstamm nieder.

Dann erschien auch Lorenzo, der inzwischen wieder vollständig angekleidet war. Doña Mercedes forderte ihn mit einer Kopfbewegung auf, sich vor uns in den Sand zu setzen. Mit spitzen Lippen gab sie laut schnalzende Geräusche von sich, und ihre schnellen, gepreßten Atemzüge wurden in ihrer Kehle zu dumpfen Brummlauten, als sie ein langes Gebet rezitierte.

»Es wird lange dauern, bis Birgit Briceños Geist alles vergessen hat«, erklärte sie. »Das Sterben geht weiter, auch wenn der Körper längst unter der Erde ist. Die Toten verlieren ihr Gedächtnis nur sehr langsam.«

Sie befahl mir, mich neben Lorenzo zu setzen. Seine Kleider rochen nach Kerzenrauch und Rosenwasser.

»Lorenzo«, wandte sie sich an ihn, »ich möchte, daß du der Musiúa die Geschichte erzählst, wie du Birgit Briceño verhext hast.«

Er schaute sie verstört an, drehte sich dann um und blickte hinaus aufs Meer. Den Kopf leicht geneigt, schien er einer geheimen Botschaft der Wellen zu lauschen. »Warum sollte sie sich die absurden Geschichten alter Leute anhören wollen?« fragte er, ohne mich anzublicken. »Die Musiúa hat ihre eigenen Geschichten. Da bin ich ganz sicher.«

»Sagen wir mal, weil ich dich darum bitte«, erwiderte Doña Mercedes. »Die Musiúa versucht herauszufinden, auf welche Weise das Rad des Schicksals von Menschenhand in Bewegung gesetzt werden kann. In deinem Fall, Lorenzo, war es ein Gegenstand, der das Rad in Bewegung gebracht hat.«

»Das Rad des Schicksals«, wiederholte Lorenzo nachdenklich. »Ich erinnere mich, als sei es gestern geschehen.« Mit der Spitze seines Schuhs trat er einen Kiesel weg und streckte sich dann gedankenverloren auf dem feuchten Sand aus.

Lorenzos Geschichte

Von seinem Platz im Schaukelstuhl hinter der Theke der düsteren und verrauchten Bar beobachtete Lorenzo die Männer, die sich über den Billardtisch beugten. Er schaute zu der Uhr auf dem Regal hinauf, die unter einer Glasglocke die Zeit anzeigte. Bald würde es Tag werden. Gerade hatte er sich erhoben, um die Männer an die fortgeschrittene Stunde zu erinnern, als er das unverwechselbare Geräusch von Petras schlurfenden Schritten im hinteren Teil des Hauses hörte. Sofort setzte er sich wieder. Ein hinterhältiges Grinsen fuhr über sein Gesicht. Er würde die Männer seiner Tante überlassen. Niemand in der Stadt konnte sich ihren Vorhaltungen entziehen. Man ließ sie über sich ergehen, auch wenn sie noch so gemein und unverschämt waren.

»Diese verdammten klickenden Billardkugeln lassen ja keinen Menschen schlafen«, meckerte sie mit krächzender Stimme, als sie den Raum betrat. »Habt ihr keine Frauen, die auf euch warten? Müßt ihr nicht wie jeder gute Christ morgens zur Arbeit gehen?« Sie ließ den Männern keine Zeit, sich von ihrer Verblüffung zu erholen, sondern schimpfte in einem Ton weiter. »Ich weiß, was mit euch los ist. Ihr habt ein schlechtes Gewissen, weil ihr diese heidnischen Weihnachtsbäume in eure Häuser gestellt habt und weil ihr euren Kindern erlaubt habt, bei diesem Krippenspiel mitzumachen.«

Sie bekreuzigte sich und nahm sich einen der Männer vor. »Du bist der Bürgermeister«, sagte sie. »Wie kannst du so etwas zulassen? Seid ihr alle Protestanten geworden?«

»Um Himmels willen, Petra«, antwortete der Bürgermeister, »mach doch aus einer Mücke keinen Elefanten. Was ist so schlimm an einem Weihnachtsbaum und einem Krippenspiel? Die Kinder mögen es!«

Sie grummelte etwas Unverständliches und wandte sich zum Gehen. »Schande über Don Serapio! Er ist schlimmer als alle diese Ausländer zusammen! Und Schande über seine ausländische Frau. Nur wegen ihnen bekommen die meisten Kinder der Stadt ihre Geschenke nicht mehr von den drei Weisen am 6. Januar, wie sich das für einen guten Christen gehört!« Sie nahm eine Schachtel Zigaretten von der Theke. »Jetzt bekommen sie ihre Geschenke am Weihnachtstag«, fuhr sie fort, »von einem Kerl, der Nikolaus heißt! Es ist wirklich eine Schande!«

Gegen den Türrahmen gelehnt, starrte sie den Bürgermeister drohend an, ohne zu bemerken, daß ihre Zigarette auf den Boden gefallen war. Sie nahm die halbvolle Flasche Rum, die neben dem Billardtisch stand, und verließ leise fluchend den Raum.

Lorenzo stand hinter der Theke und grinste. Er konnte sich noch genau an den Tag erinnern, an dem ein Lastwagen, beladen mit wohlriechenden Bäumen, in der Stadt angekommen war. Der Apotheker Don Serapio hatte sie Weihnachtsbäume genannt. Von Caracas hatte er sie kommen lassen, zusammen mit dem dazugehörigen Schmuck sowie Schallplatten mit europäischen Weihnachtsliedern.

Um nicht hinter den anderen zurückstehen zu müssen, folgte jeder von Don Serapios Freunden dessen Beispiel und kaufte für eine ziemlich große Summe selbst einen dieser Tannenbäume, um ihn daheim im Wohnzimmer aufzustellen.

Zum großen Verdruß der älteren Familienangehörigen wurden die Bäume neben den Krippen oder sogar statt der Krippen aufgestellt. Bei weitgeöffneten Fenstern, so daß jeder Passant hereinschauen und unbekannte Lieder wie »Stille Nacht« oder »Oh Tannenbaum« hören konnte, schmückten die Frauen nun die borstigen Zweige der Bäume mit Glaskugeln, Girlanden, Lametta und künstlichem Schnee.

Das Rascheln des Perlschnurvorhangs unterbrach Lorenzo in seinen Gedanken. Er winkte den Männern zu, die jetzt die Bar verließen, und machte sich daran, die Flaschen in das Regal zurückzustellen. Sein Blick fiel auf die Maske, die hinter den kitschigen Madonnenstatuen, Heiligenbildern und stumm leidenden Christusfiguren im Regal klemmte. Die Figuren hatte er im Laufe der Jahre von seinen ärmeren Kunden bekommen, die kein Geld hatten, um ihre Getränke zu bezahlen. Er zog die Maske hervor. Es war eine Teufelsmaske mit riesigen Widderhörnern. Ein Mann aus Caracas hatte sie hier zurückgelassen. Auch er hatte für seinen Rum nicht bezahlen können.

Als er Petra in der Küche mit Töpfen und Pfannen rumoren hörte, stellte er die Maske auf das Regal zurück. Anstatt die Bar zu schließen, nahm er seinen Schaukelstuhl und stellte ihn draußen auf den Bürgersteig. Gewaltige Regenbäume zeichneten sich dunkel gegen den fahlen Morgenhimmel ab.

Entspannt schaukelte er vor und zurück und beobachtete aus halbgeschlossenen Lidern die alten Männer, die nie länger als bis zur Morgendämmerung schliefen. Sie saßen vor den Haustüren, schwatzten miteinander und kramten jede Einzelheit aus vergangenen Zeiten mit großer Lebendigkeit aus ihrem Gedächtnis hervor.

Eine Melodie tönte durch die Stille. Schräg gegenüber blickte Birgit Briceño, die Frau des Apothekers, zu ihm herüber. Sie lehnte aus dem Fenster, den Kopf auf die gekreuzten Arme gelegt. Sie hatte das Radio angedreht. Lorenzo fragte sich, ob sie ebenfalls nicht geschlafen hatte oder ob sie einfach früh aufgestanden war.

Ihr Gesicht war von einem vollkommenen Oval. Und um die Winkel ihres kleinen, sinnlichen Mundes lag ein Zug von Trotz und Kühnheit. Ihr blondes Haar trug sie hochgesteckt. Als sie ihn anlächelte, schienen ihre stahlblauen Augen zu sprühen.

Er nickte ihr grüßend zu. In ihrer Gegenwart war er immer wie gelähmt, denn für ihn war sie, seit er sie zum ersten Mal gesehen hatte, der Inbegriff der Schönheit. Sie ist der Grund, daß ich mit vierzig immer noch nicht verheiratet bin, dachte er. Alle Frauen waren für ihn begehrenswert und unwiderstehlich, aber Birgit Briceño war in der Tat mehr als unwiderstehlich – sie war unerreichbar.

»Lorenzo! Warum kommst du heute abend nicht herüber und schaust dir das Krippenspiel an? Heute ist Heiligabend!« rief Birgit Briceño.

Die alten Männer, die vor ihren Haustüren saßen und dösten, wurden plötzlich munter und reckten neugierig die Hälse. Sie warteten gespannt auf Lorenzos Antwort.

Bislang hatte Lorenzo die Einladungen Don Serapios immer abgelehnt. Er konnte das wichtigtuerische Gehabe des Apothekers nicht ausstehen, ebensowenig wie die Hartnäckigkeit, mit der er jeden seiner Freunde und Bekannten davon zu überzeugen suchte, daß er der einflußreichste Mann der Stadt sei und allen ein Beispiel von zivilisierter Lebensart zu geben habe.

Aber ganz gleich wie unerträglich Lorenzo den Mann auch fand, der Aufforderung seiner schönen Frau konnte er unmöglich widerstehen. Mit lauter Stimme versprach er Birgit Briceño, an diesem Abend zu erscheinen. Dann trug er seinen Schaukelstuhl wieder hinein und legte sich in die Hängematte im hinteren Raum, um zu schlafen. Er war mit sich zufrieden und fühlte sich selbstbewußter denn je.

In seinem weißen Leinenanzug schritt Lorenzo in seinem Zimmer auf und ab, die neuen Lacklederschuhe ausprobierend. Der große Raum war vollgestellt mit Mahagonimöbeln, die im Wohnzimmer gestanden hatten, bevor sein Vater eine Bar daraus gemacht hatte. Lorenzo setzte sich aufs Bett, zog Schuhe und Strümpfe aus und schlüpfte in seine Stoffsandalen.

»Gut, daß du nicht so eitel bist«, bemerkte Petra, die gerade hereinschlurfte. »Es gibt nichts Schlimmeres als schmerzende Füße. Man fühlt sich von Kopf bis Fuß unsicher.« Ihre dunklen Augen strahlten vor Zufriedenheit, als sie seinen Anzug betrachtete. »Du wirst Birgit Briceño allerdings nicht mit normalen Mitteln erobern«, erklärte sie und blickte ihn im Spiegel an. »Dieser Ausländerin ist nur mit Hexerei beizukommen.«

»Ach wirklich?« murmelte Lorenzo mit einem betont gleichgültigen Achselzucken.

»Hast du nicht deswegen eine Hexe aufgesucht? Um für die Musiúa einen Liebestrank zu bekommen?« fragte sie herausfordernd und verschränkte die dürren Arme vor der flachen Brust. Als sie bemerkte, daß er nicht antworten würde, fügte sie hinzu: »Also, warum hältst du dich nicht an den Rat der Hexe?«

Lorenzo lachte und blickte seine Tante nachdenklich an. Sie besaß die erstaunliche Fähigkeit, genau zu erraten, was gerade in seinem Kopf vorging, und ihre Vermutungen bestätigten sich jedesmal.

Nach dem Tod seines Vaters war Petra ins Haus gekommen. Damals war er zehn Jahre alt gewesen. All die Jahre hatte sie nicht nur für ihn gesorgt, sondern auch die Bar betrieben, bis er selbst soweit war, diese Arbeit zu übernehmen.

»Birgit Briceño ist nur mit Hexerei beizukommen«, wiederholte Petra hartnäckig.

Lorenzo prüfte sein Spiegelbild. Er war zu klein und zu stämmig, um würdevoll zu erscheinen. Seine Wangenknochen traten zu weit hervor, sein Mund war zu klein, seine Nase zu kurz – man hätte ihn schwerlich schön nennen können. Trotzdem liebte er die Frauen mit aller Leidenschaft, und er wußte, Frauen liebten Männer, die leidenschaftlich liebten. Aber um Birgit Briceño zu erobern, würde mehr nötig sein als das. Und er begehrte sie mehr als alles in der Welt.

An der Macht der Zauberei hatte er nie gezweifelt. Aber der Vorschlag der Hexe, Birgit Briceño zu verführen, war denn doch zu absurd. »Ein Liebestrank ist etwas für Leute, die keine Kraft haben, zum Wesen der Dinge vorzudringen«, hatte sie gesagt. »Alles kann dir deinen Wunsch erfüllen, deinen aufrichtigsten Wunsch, wenn er nur stark genug ist, um das Wesen der Dinge zu erreichen. Du besitzt eine Teufelsmaske. Bitte die Maske, Birgit Briceño zu verführen.« Das war ihm alles zu unklar. Dazu war er zu realistisch veranlagt – er mußte auf etwas Konkretes vertrauen können.

»Weißt du was?« wandte er sich wieder seiner Tante zu. »Birgit Briceño hat mich persönlich in ihr Haus eingeladen.«

»Sie hat wahrscheinlich die halbe Stadt eingeladen«, gab Petra zynisch zurück. »Und diejenigen, die nicht eingeladen sind, werden wohl ebenfalls dort sein.« Sie erhob sich, aber bevor sie in ihr Zimmer zurückschlurfte, bemerkte sie noch: »Ich habe ja nicht gesagt, du könntest Birgit Briceño nicht erobern. Aber merk dir meine Worte: Du schaffst es nicht mit normalen Mitteln!«

Den Rat der Hexe hatte Lorenzo bisher nicht in Erwägung gezogen, weil er die Schwedin nicht nur verführen wollte, sondern weil er wollte, daß sie ihn liebte – wenn auch nur für einen Augenblick. In euphorischen Momenten sagte er sich, daß er mit weniger als einer Stunde nicht zufrieden sein würde.

Die Türen und Fenster von Birgit Briceños Haus standen weit offen. Von der Plaza aus konnte man den hohen Weihnachtsbaum im Wohnzimmer deutlich sehen. Er war von unzähligen bunten Lichtern erleuchtet und prachtvoll geschmückt.

Lorenzo ging ins Haus. Es ging zu wie in einer Bahnhofshalle. Im Patio hatte man eine Bühne aufgebaut, vor der Stuhlreihen standen. Die gepolsterten Ledersessel hatte man ebenso wie das schwere Sofa und die marokkanischen Stühle aus dem Wohnzimmer auf die Veranda hinausgestellt, direkt neben die Gartenstühle. Barfüßige Jungen und Mädchen sausten vorbei, ihre Mütter im Schlepptau, die versuchten, letzte Verbesserungen an den Kostümen ihrer Sprößlinge vorzunehmen.

»Lorenzo!« Don Serapio hatte ihn sofort gerufen, als er den Raum betrat. Obwohl der Apotheker groß und schlank war, hatte er einen Bauchansatz. Wie gewöhnlich stand er breitbeinig da. Er rückte die dicke Hornbrille auf seiner Nase zurecht und schlug Lorenzo freundlich auf die Schulter.

»Der Kaffee wird gleich serviert«, sagte er und führte ihn zu seinen Gästen, der Elite der Stadt. Unter ihnen waren der Doktor, der Bürgermeister, der Friseur, der Schuldirektor und der Priester. Auf allen Gesichtern konnte man den gleichen Ausdruck erkennen: höchstes Erstaunen, Lorenzo hier bei Don Serapio zu sehen. Und der Apotheker schien wirklich erfreut zu sein, den eigenwilligen Barbesitzer zu seinen Gästen zu zählen.

Lorenzo begrüßte jeden der Gäste und bahnte sich dann seinen Weg zur Tür, wo er beinahe mit Birgit Briceño zusammengestoßen wäre.

»Bitte!« rief sie und schenkte allen Gästen ein Lächeln. »Die Kinder sind soweit. Doch bevor wir mit dem Krippenspiel anfangen, schließt euch zuerst euren Frauen an und stärkt euch mit Kaffee und Gebäck.«

An der Seite ihres Gatten schritt Birgit Briceño allen voran ins Eßzimmer.

Lorenzo konnte seine Augen nicht von ihr wenden. Sie war groß und kräftig, und doch hatten ihr schlanker Nacken und die zarten Hände und Füße für ihn etwas Verletzliches, ja Zerbrechliches.

Als spürte sie seine musternden Blicke, drehte sie sich zu ihm um. Einen Moment zögerte sie, goß dann Kaffee in zwei goldgeränderte Tassen und brachte sie zu Lorenzo hinüber. »Es gibt auch Rum«, sagte sie, versonnen auf die Flasche starrend, die auf dem Tisch stand, »den allerdings wohl nur die Männer trinken werden.«

»Ich kümmere mich darum«, erwiderte Lorenzo und leerte die Kaffeetasse in einem Zug. Er griff nach der Flasche und füllte seine leere Tasse mit Rum, um sie dann zwanglos mit der von Birgit zu tauschen.

Lächelnd nahm sie einen Keks und knabberte daran herum, zwischendurch an ihrem Rum nippend. »Es gibt doch immer wieder Überraschungen«, sagte sie, und plötzlich funkelten ihre Augen, und ihre Wangen röteten sich.

Lorenzo hatte nur noch Augen für sie. Er bemerkte gar nicht, daß Don Serapio zu sprechen begonnen hatte, bis sie ihn einfach stehenließ. »Ich gehe besser zu den Kindern zurück«, sagte sie.

In förmlichen, getragenen Worten verurteilte Don Serapio die alte venezolanische Tradition der Weihnachtssänger, die nachts durch die Straßen zogen, ihre Trommeln schlugen und improvisierte Weihnachtslieder dazu sangen. Es sei nicht nur höchst ärgerlich, betonte er, das ständige Trommeln zu hören, sondern geradezu beschämend, junge Männer durch die Straßen taumeln zu sehen, völlig betrunken von all dem Rum, den man ihnen für ihren Gesang eingeschenkt hatte.

Ein Ausdruck blanken Übermutes trat in Lorenzos Gesicht, als er sich an den letzten Besuch bei der Hexe erinnerte. »Ich glaube dir nicht«, hatte er zu ihr gesagt. »Denn ich weiß nicht, wer mir einen so ungeheuerlichen Wunsch erfüllen könnte.«

»Verlaß dich auf mich«, hatte sie erwidert. »Man kann nie wissen, wer für die Erfüllung der Wünsche sorgt. Aber sie gehen in Erfüllung. Und zwar meist dann, wenn man am wenigsten damit rechnet.« Sie hatte ihm immer wieder gesagt, daß er den Gegenstand, mit dessen Hilfe er Birgit Briceño erobern konnte, bereits besitze: die Teufelsmaske. »Alles, was ich dir noch sagen kann, ist: Trage die Maske mit dem Stolz des Siegers, und sie wird dir deinen Wunsch erfüllen!«

Die Hexe hatte ihm auch gesagt, daß er den richtigen Zeitpunkt nicht versäumen dürfe, denn der Zauber der Maske wirke nur einmal.

In der Überzeugung, daß sein Blick an diesem Morgen nicht von ungefähr auf die Maske gefallen war, ging Lorenzo wie zufällig in den Garten. Nachdem er sich vergewissert hatte, daß ihn niemand beobachtete, verschwand er in einer Seitenstraße und gelangte schließlich zum Hintereingang seines Hauses.

Auf Zehenspitzen schlich er in die Bar, zündete eine Kerze an und nahm die Maske vom Regal. Zögernd fuhr er mit den Fingern über ihre schwarz-rot lackierte Oberfläche. Der Maskenschnitzer hatte es wirklich verstanden, ihr etwas Dämonisches zu verleihen, dachte er. Ein seltsames Gefühl beschlich ihn, als blickten ihn die Sehschlitze, halb verborgen unter den buschigen Augenbrauen aus Sisalfasern, anklagend an, weil er sich nie um die Maske gekümmert hatte. Und der Mund, aus dem die Fangzähne eines Raubtieres ragten, schien grimmig zu lächeln und ihn aufzufordern, die Maske aufzusetzen und zu tanzen.

Er hielt sie vors Gesicht. Augen, Nase und Mund fügten sich so genau in die Maske, als wäre sie für ihn gemacht. Nur seine Wangenknochen scheuerten leicht gegen die hölzerne Innenseite. Lorenzo band die Lederriemen am Hinterkopf fest und bedeckte sie mit den langen Hanffasern, die in roter, violetter, grüner und schwarzer Farbe auf seinen Rücken hinunterhingen.

Er hatte Petras Eintreten nicht bemerkt und machte einen erschrockenen Sprung, als sie ihn ansprach.

»Du wirst dich umziehen müssen«, erklärte sie und reichte ihm ein Paar Hosen und ein geflicktes Hemd. »Zieh die Sandalen aus. Der Teufel geht barfuß.« Sie blickte sich mißtrauisch im Zimmer um, als könnte jemand zuhören, und fügte dann hinzu: »Und vergiß nicht, der Teufel befiehlt wortlos.«

So leise, wie er gekommen war, verließ Lorenzo das Haus durch die Hintertür. Einen Moment zögerte er und überlegte, welchen Weg er nehmen sollte. Da hörte er eine Gruppe von Nachtschwärmern, ihre Trommeln schlagend, die Straße heraufkommen. In den Schatten der Häuser getaucht, näherte er sich ihnen.

»Der Teufel!« schrie einer von ihnen, als er Lorenzo erblickte. Dann lief er erregt die Straße auf und ab, laut schreiend, der Teufel sei in der Stadt.

Vier junge Männer lösten sich aus der Gruppe und umringten den Teufel, mit lockeren, graziösen Handbewegungen die Trommel schlagend. Einer von ihnen sang einen improvisierten Text dazu, in dem es hieß, sie würden dem Teufel in dieser Nacht Gehorsam leisten.

Lorenzo spürte einen kalten Schauer seinen Rücken hinablaufen. Eine seltsame Unruhe überkam ihn, die er nicht kontrollieren konnte. Langsam hob er seine muskulösen Arme und begann seine Füße im Takt der Trommeln zu bewegen.

Überall öffneten sich Fenster und Türen, als sie lärmend in Richtung Plaza zogen. Eine stetig anwachsende Menschenmenge folgte ihnen. Als ob es der Teufel befohlen hätte, verloschen sekundenlang die Lichter auf der Plaza und in den umliegenden Häusern. Die Musik verstummte. Wie hypnotisiert beobachtete die Menge, daß der Teufel in Birgit Briceños Haus hineinging.

Er sprang auf die Bühne im Patio, gerade als draußen Feuerwerksraketen durch die Luft flogen. Rote, blaue, grüne und weiße Lichter explodierten am Himmel und fielen als verlöschender Funkenregen taumelnd zur Erde.

Gebannt starrten die Gäste auf den Teufel und seine Begleiter, die ihm dicht gefolgt waren. Wie zu einer unhörbaren Musik tanzte er im stummen Kreis der Trommler, den Körper leicht vornübergebeugt, seine rot-schwarze Maske glänzend, seine Hörner drohend zum Himmel gerichtet.

Dann setzten plötzlich die Trommeln ein und erfüllten die Stille mit einem Donner, der jeden Winkel des Hauses durchdrang.

Als der Teufel Birgit Briceño erblickte, die gegen die Eßzimmertür gelehnt stand, sprang er von der Bühne, nahm die Rumflasche vom Tisch und reichte sie ihr.

Lachend nahm sie die Flasche, warf stolz den Kopf zurück und trank.

Im Bewußtsein seiner Macht begann der Teufel um sie herumzutanzen, mit vollendeter Grazie, den Rücken kerzengerade, nur leicht mit den Hüften kreisend.

Mit ausgestreckten Armen und verzücktem Gesicht antwortete Birgit Briceño dem Klang der Trommeln, als wäre sie in Trance.

Don Serapio, das Gesicht hinter der dicken Hornbrille verzerrt, saß zusammengesunken im Armsessel, der plötzlich zu groß für ihn wirkte.

Seine Gäste, die sich unter die von der Plaza hereindrängende Menge mischten, begannen jetzt ebenfalls zu tanzen. Langsam bewegten sie ihre Hüften.

Lorenzo hatte Birgit Briceño aus den Augen verloren. Er war umringt von tanzenden Frauen, die ihn alle anfassen und festhalten wollten, um sich davon zu überzeugen, daß er aus Fleisch und Blut war. Er riß sich von den gierigen Frauenhänden los und versteckte sich hinter einer Tür. Vorsichtig, so daß niemand ihm folgen konnte, ging er durchs Haus und schaute in alle Zimmer hinein.

Ein fröhliches Lachen brachte ihn abrupt zum Stehen. Gegen den Torbogen gelehnt, der die Waschküche vom Hinterhof trennte, stand eine große, korpulente Gestalt mit schwarzen Stiefeln, einem langen roten Mantel mit weißem Besatz und mit einer phrygischen Mütze auf dem Kopf.

Lorenzo näherte sich der seltsamen Gestalt. »Birgit Briceño«, murmelte er leise und blickte in ihre von einer glaslosen Nickelbrille umrahmten, strahlenden Augen.

»Nikolaus!« korrigierte sie ihn mit einem breiten Grinsen, das von dem weißen, angeklebten Bart halb verdeckt wurde. Sie hob einen Leinensack vom Boden auf, der mit Paketen gefüllt war, und griff nach dem Stab, der an der Hauswand lehnte.

»Eigentlich wollte ich bis morgen warten, um die Kinder, die beim Krippenspiel mitgemacht haben, mit Geschenken zu überraschen«, erklärte sie. »Aber diese Gelegenheit will ich mir nicht entgehen lassen.« In ihr Lächeln mischte sich ein schalkhafter, verschwörerischer Ausdruck. »Du machst doch mit, oder?« fragte sie, und ihre Augen funkelten übermütig, als sie sich zu ihm hinunterbeugte und durch die Sehschlitze der Maske blickte.

Lorenzo verbeugte sich vor ihr, nahm ihr den Sack ab, warf ihn über die Schulter und bedeutete ihr, ihm zu folgen.

Er führte sie durch den Hinterhof in eine Seitenstraße, die auf die Plaza mündete. Dort hatten sich einige alte Leute, Frauen und Kinder versammelt, um das Fest in Birgit Briceños Haus von der Straße aus zu beobachten. »Der Teufel!« kreischte ein kleines Mädchen. Es rief die anderen Kinder herbei, und alle zusammen rannten sie in die Mitte der Plaza. Dann machten sie plötzlich halt. Schweigend standen die Kinder vor den beiden Gestalten, die Augen vor Furcht und Neugierde aufgerissen.

»Das hier ist der Teufel«, sagte das kleine Mädchen und deutete auf Lorenzo. »Und wer bist du?« fragte sie Birgit. »Warum bist du so komisch gekleidet?«

»Ich bin der Nikolaus und bringe euch Geschenke«, antwortete Birgit und zog ein Paket aus dem Sack. Lächelnd reichte sie es dem Kind.

»Hast du auch für uns Geschenke?« fragten die anderen Kinder und begannen Birgit zu umtanzen.

Lachend verteilte sie die Pakete unter den Kindern, die mit ihren kleinen Händen gierig danach griffen. Ein verwirrtes kleines Mädchen hielt sein Paket fest an die Brust gedrückt und schrie aufgeregt: »Der Nikolaus und der Teufel werden zusammen tanzen!«

Das begeisterte Geschrei der Kinder hatte in Sekundenschnelle eine Menschenmenge angelockt. Einige Musikanten begannen ihre Trommeln zu schlagen und auf ihren Instrumenten zu spielen.

»Laß uns von deinem Haus wegtanzen«, flüsterte Lorenzo Birgit ins Ohr. »Wenn wir an einer Seitenstraße vorbeikommen, verschwinden wir.«

Lorenzo schlang ein buntes Halstuch um ihre Hüften und hielt die Enden ganz fest. Ihre Körper wiegten sich rhythmisch in einer wilden, leidenschaftlichen Umarmung.

In der Angst, das Halstuch könne ihm entgleiten, ignorierte er die Aufforderungen der anderen Frauen, mit ihnen zu tanzen. Er schien ganz in seinen Tanz versunken zu sein, doch sobald er eine andere Musikantengruppe die Straße heraufziehen hörte, packte er die verblüffte Birgit Briceño und zerrte sie durch die Menge. Bevor jemand genau erkennen konnte, was geschah, waren Teufel und Nikolaus spurlos verschwunden.

Sie rannten, bis sie nicht mehr konnten. Und als sie die lachende und grölende Menge um die nächste Straßenecke biegen sahen, nahm Lorenzo Birgit auf den Arm und trug sie in das Haus eines Freundes. Dieser saß mit mehreren Gästen im Wohnzimmer. Lorenzo kam gar nicht auf die Idee, daß er vielleicht eine Familienzusammenkunft stören könnte. Er hatte nur eins im Sinn, seinen Freund zu bitten, ihm seinen Wagen zu leihen.

»Was für eine Nacht«, seufzte Birgit Briceño und lächelte. »Die Menge hätte uns fast erwischt.« Sie nahm Perücke und Bart ab und schleuderte sie aus dem Wagenfenster. Dann zog sie die Kissen unter dem Mantel hervor und warf sie auf den Rücksitz. »Wohin fahren wir?«, fragte sie und versuchte, in der Dunkelheit etwas zu erkennen.

Lorenzo kicherte hinter seiner Maske und steuerte den Wagen zielstrebig auf das kleine Haus am Meer zu, das ihm gehörte.

Sie stimmte in sein Lachen ein und lehnte sich entspannt im Sitz zurück. »Ich rieche das Meer«, flüsterte sie und atmete tief ein. »Ich bin in einem kleinen schwedischen Fischerdorf aufgewachsen«, erklärte sie. »All meine Vorfahren wurden im Meer oder in der Nähe des Meeres begraben. Mein größter Kummer ist es, daß mein Grab nicht am Meer liegen wird. Serapio hat bereits eins auf dem städtischen Friedhof gekauft.«

Verwundert über ihre seltsamen Überlegungen stoppte Lorenzo den Wagen.

»Wird mir die Teufelsmaske helfen, meinen größten Wunsch in Erfüllung gehen zu lassen?« fragte sie ihn mit so ernster, bestimmter Miene, daß er nur zustimmend nicken konnte.

»Ein solches Versprechen ist heilig«, sagte sie. Der Ausdruck in ihren Augen ließ keinen Zweifel daran, daß sie sich vollkommen verstanden. Sie schwieg, aber ein merkwürdiges, beinahe bösartiges Lächeln umspielte ihre Lippen. »Und ich für meinen Teil verspreche, den Träger der Zaubermaske die ganze Nacht lang zu lieben«, flüsterte sie.

Ein Augenblick der Liebe hätte ihm genügt. Verglichen mit einem Augenblick, erschien ihm eine ganze Nacht wie die Ewigkeit.

13

Tagelang hatte ich ununterbrochen über den Geschichten gebrütet und versucht, ihnen einen Sinn abzugewinnen. Ich glaubte zu wissen, was man unter einer Verbindung, einem Hexenschatten und dem Rad des Schicksals zu verstehen hatte. Aber noch immer gab es offene Fragen, über die ich mir nur mit Hilfe von Candelaria oder Doña Mercedes Klarheit verschaffen konnte.

Von Anfang an hatte ich akzeptiert, daß ich meine Erfahrungen hier nicht unter akademischen Gesichtspunkten interpretieren konnte. Ich konnte jedoch nicht umhin, sie in Begriffen dessen zu fassen, was ich in der Welt des Nagual gelernt hatte.

Florinda hätte alles im Sinne von *Absicht* erklärt: einer universellen, abstrakten Kraft, die alles in unserer Welt formt. Da es eine abstrakte Kraft ist, ist ihr formender Einfluß dem Menschen für gewöhnlich nicht zugänglich, unter ganz bestimmten Bedingungen aber läßt sie es zu, manipuliert und gesteuert zu werden. Und daher entsteht manchmal der falsche Eindruck, daß Menschen oder Dinge unsere Wünsche erfüllen könnten.

Verglichen mit Florinda – und ich konnte nicht umhin, diesen Vergleich anzustellen – neigten Doña Mercedes und Candelaria eher zu einfachen, pragmatischen Erklärungen. Die beiden verfügten nicht über ein umfassendes Verständnis ihrer Handlungen. Alles, was sie als Medien, Hexen oder Heilerinnen unternahmen, begriffen sie als getrennte, konkrete Ereignisse, die nur lose miteinander verbunden waren. So hatte Doña Mercedes mir konkrete Möglichkeiten aufgezeigt, wie irgend etwas Namenloses zu beeinflussen war. Den Akt der Manipulation nannte sie einen Hexenschatten, und das Resultat der Manipulation nannte sie eine Verbindung, eine Linie, ein Drehen des Schicksalsrades.

»Aber selbstverständlich war es die Teufelsmaske, die Lorenzos Wunsch erfüllt hat«, sagte Doña Mercedes zu mir im Brustton der Überzeugung. »Ich kenne mehrere andere Fälle, bei denen es Dinge waren, die Wünsche in Erfüllung gehen ließen.«

»Aber sag mir, Doña Mercedes, was ist der entscheidende Faktor, das Ding an sich oder die Person, die sich etwas wünscht?«

»Das Ding an sich«, antwortete sie. »Ohne die Maske hätte Lorenzo sein Leben lang nach Birgit Briceño schmachten können, der Wunsch wäre immer nur ein Wunsch geblieben. Eine Hexe würde daher sagen, daß es die

Maske war, und nicht Lorenzo, die die Verbindung hergestellt hat.«

»Würdest du es als Hexenschatten bezeichnen, auch wenn keine Hexe im Spiel war?«

»Hexenschatten ist doch nur eine Bezeichnung. In uns allen steckt etwas von einer Hexe. Lorenzo ist sicherlich kein Spiritist und auch kein Heiler, und doch besitzt er eine gewisse Kraft, jemanden zu verhexen. Zwar nicht genug, um eine Verbindung herzustellen und das Rad des Schicksals zu bewegen; doch mit Hilfe der Maske verlief alles ganz anders.«

Vierter Teil

14

Ein leises Geräusch weckte mich. Ich versuchte mich aufzustützen, aber mein Arm, auf den ich meinen Kopf gelegt hatte, war aufgrund mangelnder Durchblutung eingeschlafen und nun vollkommen taub. Erschöpft war ich hier in Mercedes Peraltas Zimmer in einen tiefen Schlaf gesunken, nachdem ich eine Bestandsaufnahme ihrer umfangreichen Sammlung getrockneter Heilpflanzen gemacht hatte.

Ich wandte den Kopf, als ich meinen Namen rufen hörte. »Doña Mercedes?« flüsterte ich. Ich erhielt keine Antwort. Bis auf das leise Quietschen der Metallringe, an denen die Hängematte der Heilerin befestigt war, herrschte absolute Stille. Ich schlich auf Zehenspitzen hinüber. Die Hängematte war leer. Dennoch hatte ich das deutliche Gefühl, daß sie eben hier gewesen und ihre Gegenwart noch immer zu spüren war.

Von einer unerklärlichen Furcht erfaßt, öffnete ich die Tür und rannte den dunklen Flur entlang. Durch den Patio und die Küche gelangte ich in den Garten. In der Hängematte, die dort zwischen zwei Bäumen befestigt war, lag Doña Mercedes wie ein Schatten, der von einer dichten Wolke Zigarrenrauch umhüllt wurde.

Allmählich trat ihr Gesicht aus dem dichten Rauch hervor. Ihre ganze Erscheinung kam mir mehr und mehr wie ein Traumbild vor. Ihre Augen glitzerten wie zwei Seen im Mondlicht, deren bewegte Oberfläche ihre Tiefe verbirgt.

»Ich habe gerade über dich nachgedacht«, sagte sie. »Darüber, was du hier tust.« Sie zog die Beine an, um aus der Hängematte zu steigen.

Ich erklärte ihr, daß ich in ihrem Zimmer eingeschlafen und vom Schaukeln der leeren Hängematte aufgeschreckt worden sei. Sie hörte schweigend zu, einen Ausdruck von Besorgnis in ihrem Gesicht.

»Musiúa«, sagte sie schließlich ernst, »wie oft habe ich dir schon gesagt, daß du im Zimmer einer Hexe niemals einschlafen darfst? Wir sind äußerst verletzlich, wenn wir schlafen.«

Unvermittelt kicherte sie und hielt sich die Hand vor den Mund, als hätte sie bereits zuviel verraten. Dann forderte sie mich auf, näher zu kommen und mich neben die Hängematte zu setzen. Sie begann, meinen Kopf zu massieren. In wellenförmigen Bewegungen fuhr sie mit ihren Fingern über mein Gesicht.

Ein angenehmes Gefühl der Betäubung breitete sich über mein Gesicht aus. Haut, Muskeln und Knochen schienen sich unter ihren flinken Händen gänzlich aufzulösen. Völlig entspannt und ruhig verfiel ich in eine Art Schlummer, der aber kein Schlaf war. Ich war mir weiterhin ihrer sanften Berührungen bewußt, als sie fortfuhr, mich zu massieren. Schließlich lag ich ausgestreckt auf dem Betonboden vor der Hängematte.

Schweigend stand Doña Mercedes über mir. »Paß auf, Musiúa«, rief sie plötzlich, das Gesicht zum Himmel gewandt, wo der Vollmond eilig durch die Wolken trieb. Durch sein periodisches Auftauchen und Verschwinden schien er die Wolken auf seinem Weg zu zerteilen. »Paß auf«, schrie sie wieder und warf eine Kette mit Goldmünzen hoch in die Luft. »Wenn du die Kette das nächste Mal siehst, mußt du nach Caracas zurückkehren!«

Für einen Moment schien der finstere Schatten der Kette vor dem Mond in der Luft zu verharren. Ich sah sie nicht zu Boden fallen. Ich war viel zu sehr damit beschäftigt, mich zu fragen, was sie dazu bewogen hatte, gerade jetzt meine Rückreise anzusprechen. Ich fragte sie danach, und sie erwiderte bloß, daß es dumm wäre anzunehmen, ich könne für immer in Curmina bleiben.

15

Der schrille Ruf einer Zikade auf dem Ast über mir durchbrach in gleichmäßigen Abständen die Stille der schwülen Nacht. Ich drehte mich auf den Bauch. Hier auf der Bodenmatte im Patio erwartete ich die alte Frau, die mir jede Nacht an derselben Stelle erschienen war.

Doña Mercedes, die ganz in der Nähe in einer Hängematte döste, hatte sich entschlossen, mir diesmal Gesellschaft zu leisten, um durch ihre Gegenwart die Singularität dieser Erscheinungen zu durchbrechen. Von Anfang an hatte sie erklärt, daß meine Kontakte mit dem Geist ihrer Ahnin überpersönliche Ereignisse blieben, solange niemand bei mir wäre oder mich beobachtete. Wenn allerdings noch jemand anwesend wäre, würde das Ganze gewissermaßen zu einer öffentlichen Angelegenheit.

Inzwischen hatte ich einige Routine im Zigarrenrauchen. Anfangs hatte ich Doña Mercedes noch ängstlich gefragt, ob der heiße Rauch nicht die empfindliche Haut des Gaumens angriffe. Sie hatte nur gelacht und mir versichert, daß der Rauch der Zigarren vielmehr kühl und beruhigend sei. Nachdem ich dann einige Zeit regelmäßig geraucht hatte, mußte ich Doña Mercedes beipflichten. Der Rauch war in der Tat kühl. Offenbar war in den Zigarren Menthol enthalten.

Candelarias Zweifel, ob ich tatsächlich stark genug sei, eine volle Séance durchzustehen, hatten Doña Mercedes bewogen, mich in dieser Nacht nicht allein zu lassen. Eine volle Séance bedeutete für die beiden, daß das Medium an einem bestimmten Punkt die Kontrolle über seine Person vollständig preisgibt, so daß der Geist sich durch den Körper des Mediums ausdrücken kann.

Ein wenig früher am Tag hatte Doña Mercedes mir erklärt, daß meine Anwesenheit in ihrem Haus nicht länger erwünscht sei. Nicht, weil Candelaria oder sie böse auf mich wären, sondern weil sie mir nichts mehr zu geben hatte. Sie versicherte mir, daß sie und Candelaria die tiefste Zuneigung für mich empfänden. Hätte sie mich nicht von Anfang an so gern gemocht, hätte sie sich damit begnügt, mir vorzuführen, wie sie Kranke behandelte und mich dabei als ihre Gehilfin ausgegeben. Ihre Zuneigung hätte sie jedoch zur Ehrlichkeit gezwungen. Ich brauchte eine Verbindung, und sie konnte mir keine geben. Sie selbst konnte nur für Candelaria eine Verbindung herstellen. Doch da der Geist mich als zeitweiligen Vermittler oder vielleicht sogar als echtes Medium erwählt hatte, mußte sie diese Wahl akzeptieren. Bis jetzt hatte sie mir indirekt dabei geholfen, die nächtlichen Kontakte zu jener Erscheinung herzustellen.

»Da der Geist meiner Ahnin dich erwählt hat«, hatte sie mir erklärt, »sind Candelaria und ich für dich so etwas wie Verwandte.«

Candelaria hatte mir dann erzählt, daß sie selbst seit ihrer Kindheit mit diesem Geist in Verbindung stehe. Aber wegen der Schweigepflicht, der jedes Medium unterliege, könne sie das nicht näher erläutern.

Doña Mercedes regte sich in der Hängematte und verschränkte die Arme hinter dem Kopf. »Musiúa, du solltest dich jetzt besser hinhocken und anfangen zu rauchen«, sagte sie mit sanfter Stimme.

Ich zündete eine Zigarre an und paffte in regelmäßigen Zügen. Dazu murmelte ich den Beschwörungsgesang, den sie mir beigebracht hatte. Der Rauch und der Gesang waren offenbar die Mittel, die die Erscheinung des Geistes erst möglich machten oder ihn dazu bewogen, sich zu offenbaren.

Ich hörte ein leises Rascheln. Doña Mercedes mußte es ebenfalls gehört haben, denn sie wandte im gleichen Moment wie ich den Kopf in Richtung des Geräusches. Einige Schritte entfernt hockte die Frau zwischen Candelarias großen Tonkrügen.

Doña Mercedes kauerte sich neben mir auf den Boden und nahm mir die Zigarre aus dem Mund. Sie paffte und murmelte ebenfalls einen Beschwörungsgesang, jedoch nicht denselben, den ich gesprochen hatte. Ich zitterte am ganzen Körper, als eine unsichtbare Hand sich um meine Kehle legte. Gurgelnde, zischende Laute brachen aus mir hervor, die ich nicht kontrollieren konnte. Zu meiner Überraschung klangen sie wie Worte, die ein Fremder mit meiner Stimme sprach. Ich wußte sofort, daß es die Worte eines Beschwörungsgesanges waren, auch wenn ich sie nicht verstand. Die Erscheinung schwebte über meinem Kopf und verschwand dann plötzlich.

Als nächstes fand ich mich zusammen mit Doña Mercedes und Candelaria im Inneren des Hauses wieder. Ich war schweißgebadet und fühlte mich körperlich erschöpft. Den beiden Frauen ging es genauso. Aber meine Erschöpfung schwächte mich nicht. Ich fühlte mich außergewöhnlich leicht und geradezu in Hochform.

»Wie bin ich hierher gekommen?« fragte ich.

Candelaria warf Doña Mercedes einen fragenden Blick zu und erklärte mir dann: »Du hast gerade eine volle Séance durchgestanden.«

»Das ändert alles«, sagte Doña Mercedes leise. »Der Geist meiner Ahnin hat für dich eine Verbindung hergestellt. Also mußt du hierbleiben, bis der Geist dich gehen läßt.«

»Aber warum hat der Geist mich gewählt?« fragte ich. »Ich bin eine Fremde.«

»Für die Geister gibt es keine Fremden«, antwortete Candelaria. »Die Geister suchen nur nach einem Medium.«

16

Mercedes Peralta stand über den Altar gebeugt und murmelte einen Beschwörungsgesang. Schwach vor Hunger und Müdigkeit schaute ich immer wieder auf die Uhr. Jetzt war es beinahe sechs Uhr abends. Ich wünschte mir verzweifelt, daß die große Frau, die am Tisch saß, die letzte Patientin für heute sein würde.

Ich wußte nicht, warum Doña Mercedes an den letzten vier Samstagen bis zu zwölf Patienten statt ihrer üblichen zwei gesehen hatte. Sie hatte mir keine Erklärung dafür gegeben.

Es waren vorwiegend Frauen aus den umliegenden Dörfern, die ihren wöchentlichen Marktbesuch in der Stadt dazu nutzten, bei der Heilerin vorbeizuschauen. Unter ihnen gab es immer welche, die Abhilfe für allerlei Beschwerden wie Kopfschmerzen, Erkältungen oder Regelschmerzen suchten. Die Mehrzahl allerdings kam, um von ihren seelischen Problemen befreit zu werden. Unerwiderte Liebe, Ehe- und Erziehungsprobleme, Zank mit Verwandten und Schwierigkeiten am Arbeitsplatz und in der Gemeinschaft kamen am häufigsten zur Sprache. Grauwerden und Ausfallen der Haare, Falten im Gesicht und kleinere Unglücksfälle waren noch die geringsten Übel. Doña Mercedes behandelte jeden mit der gleichen Anteilnahme und Gründlichkeit.

Als erstes bestimmte sie die Art des Leidens mittels des Schiffskompasses oder indem sie die Muster von ausgestreuter Zigarrenasche deutete. Falls die Ursachen der Krankheit psychischer oder, wie sie sagte, spiritueller Natur waren, sprach sie ein Gebet oder stimmte einen Gesang an und massierte den Patienten. Handelte es sich um ein rein physisches Leiden, verschrieb sie Heilpflanzen und verordnete eine Nachbehandlung. Ihr Geschick, bei jedem den richtigen Ton zu treffen, und ihre ungeheure Sensibilität für jeden Stimmungswechsel ihrer Patienten brachten selbst die verschlossensten Menschen dazu, aus sich herauszugehen und freimütig über ihre innersten Gefühle zu sprechen.

Mercedes Peraltas Stimme schreckte mich aus meinen Gedanken. »Diesmal sieht es wirklich schlecht aus«, sagte sie zu der großen Frau am Tisch. Mit einem ungläubigen Kopfschütteln betrachtete sie noch einmal die Zigarrenasche in der Metallschale auf dem Altar. »Du bist eine Närrin«, schimpfte sie, der Frau den Teller unter die Nase haltend, als könnte diese aus dem grau-grünen Staub die Art ihrer Erkrankung herauslesen. »Diesmal sieht es wirklich ausgesprochen schlecht aus.«

Eine böse Vorahnung ließ die Frau erröten. Sie blickte von einer Seite zur anderen, als suche sie nach einem Fluchtweg. Sie spitzte die Lippen wie ein Kind.

Doña Mercedes erhob sich, ging zu mir in die Ecke, wo ich gewöhnlich auf einem Stuhl saß, und erklärte mir in sachlichem Ton: »Ich möchte, daß du die Behandlung für meine Patientin aufschreibst.«

Wie üblich notierte ich zuerst die Diätvorschriften sowie die Namen der Pflanzenextrakte und Kräuter. Dann folgte eine genaue Beschreibung, wann und unter welchen Bedingungen der Patient den Kräuteraufguß trinken und die reinigenden Bäder nehmen sollte. Mit Doña Mercedes' Erlaubnis machte ich mir von jedem Rezept eine Kopie. Und schließlich las ich auf ihren ausdrücklichen Wunsch laut vor, was ich geschrieben hatte. Das sollte ich offensichtlich nicht nur deshalb tun, damit Doña Mercedes überprüfen konnte, ob ich alles richtig notiert hatte, sondern auch, um den Patienten zu helfen, die meistens weder lesen noch schreiben konnten.

Den Zettel mit den Anweisungen in der Hand stand die Frau auf und ging zum Altar hinüber. Sie legte einige Banknoten unter die Marienstatue und versprach dann feierlich, Doña Mercedes' Ratschläge zu befolgen.

Die Heilerin ging zum Altar hinüber, entzündete eine Kerze und kniete dann nieder, um zu den Heiligen zu beten, daß ihre Diagnosen auch weiterhin zuträfen.

Ich erwähnte, daß ich Ärzte kannte, die ebenfalls häufig beteten.

»Gute Ärzte und gute Heiler haben gemeinsam, daß sie stets Hochachtung vor ihren Patienten empfinden«, erklärte sie. »Beide vertrauen einer äußeren Kraft, die sie leitet. Sie können diese Kraft durch Gebete, Meditation, Beschwörungsgesänge, Tabak, Medizin oder Behandlungsinstrumente herbeirufen.«

Sie nahm die Kopien aller Rezepte zur Hand, die ich angefertigt hatte, und zählte sie. »Waren heute wirklich so viele Menschen bei mir?« fragte sie, an meiner Antwort offensichtlich gar nicht interessiert. Ein Lächeln erschien auf ihren Lippen, als sie die Augen schloß und sich in ihren Sessel fallen ließ. »Geh und hol mir deine Notizbücher über meine Patienten, bis auf die, in denen du die Geschichten aufgeschrieben hast, die ich für dich ausgewählt habe. Ich möchte sehen, wie viele Patienten ich behandelt habe, seitdem du hier bist.« Sie stand auf und ging mit mir zur Tür. »Bring alles in den Patio. Ich möchte, daß Candelaria mir hilft.«

Es dauerte fast eine Stunde, bis ich sämtliche Unterlagen zusammengesucht hatte. Mit Ausnahme meines Tagebuches und der Kladde mit den Geschichten brachte ich alles in den Patio, wo Doña Mercedes und Candelaria schon auf mich warteten.

»Ist das alles?« fragte Doña Mercedes und begutachtete das Papierbündel, das ich vor ihr auf den Boden gelegt hatte.

Sie wartete meine Antwort gar nicht ab, sondern befahl Candelaria, alle Papiere und Karteikarten neben dem großen Ölfaß zu stapeln, das am anderen Ende des Patios stand. Candelaria gehorchte und setzte sich dann neben mich auf die Bodenmatte. Wir blickten Doña Mercedes an, die wieder einmal in ihrer Hängematte lag.

»Ich habe dir schon erklärt, daß du hier unter dem Schutz des Geistes meiner Ahnin stehst«, sagte Doña Mercedes zu mir. »Seit letzter Nacht bist du ein Medium, das von diesem Geist auserwählt wurde. Und ein Medium sammelt keine Notizen über das Heilen. Allein die Vorstellung ist absurd.«

Sie erhob sich aus der Hängematte und ging zu dem Bündel Notizblätter hinüber. Erst da wurde mir klar, was sie vorhatte. Sie durchschnitt die Verschnürung mit einem Messer und warf Hände voll Papier in das Faß. Fassungslos sah ich dichten Qualm aufsteigen. Ich hatte bis jetzt nicht bemerkt, daß ein Feuer im Faß brannte.

Ich sprang auf, um wenigstens einen Teil meiner Arbeit zu retten. Candelarias Worte hielten mich zurück. »Wenn du das tust, mußt du sofort abreisen«, sagte sie bestimmt und bedeutete mir, sitzen zu bleiben.

Ich hatte verstanden. Es gab nichts, was ich hätte tun können.

17

Nach einem anstrengenden Arbeitstag ließ sich Doña Mercedes in ihren Sessel fallen und schlief sofort ein.

Eine Zeitlang beobachtete ich sie und wünschte mir, ich könnte mich ebenso leicht entspannen. Dann stellte ich die verschiedenen Flaschen, Krüge und Schachteln in die Vitrine zurück. Als ich auf Zehenspitzen an ihr vorbei hinausgehen wollte, schlug sie plötzlich die Augen auf. Langsam drehte sie ihren Kopf und lauschte. Ihre Nasenflügel vibrierten, während sie die Luft einsog.

»Das hatte ich beinahe vergessen«, sagte sie. »Hol ihn herein, jetzt sofort.«

»Es ist niemand draußen«, antwortete ich mit Überzeugung.

Sie hob die Hände in einer Geste der Hilflosigkeit. »Tue einfach, was ich dir sage«, befahl sie sanft.

Ich war sicher, daß sie sich diesmal geirrt hatte, und ging hinaus. Es war fast dunkel. Niemand war zu sehen. Ich wollte schon mit einem triumphierenden Lächeln auf den Lippen ins Zimmer zurückgehen, da hörte ich ein leises Husten.

Wie von Doña Mercedes herbeigezaubert, trat ein sorgfältig gekleideter Mann aus den Schatten in den Flur. Seine Beine waren unverhältnismäßig lang. Im Gegensatz dazu wirkten seine Schultern unter dem dunklen Mantel geradezu schmal und zerbrechlich. Er zögerte einen Moment und hob dann ein Bündel Kokosnüsse wie zum Gruß in die Luft. In der anderen Hand hielt er eine handgearbeitete Machete. »Ist Mercedes Peralta da?« fragte er mit einer tiefen, rauhen Stimme. Gleichzeitig hustete er.

»Sie wartet bereits«, antwortete ich und schob den Vorhang beiseite.

Er hatte kurzes, dickes, gelocktes Haar und eine tiefe Falte zwischen den Brauen. Sein dunkles, kantiges Gesicht strahlte eine unnachgiebige Härte aus, die von dem wilden, unbarmherzigen Blick seiner Augen noch unterstrichen wurde. Nur um die Winkel seines wohlgeformten Mundes lag eine gewisse Sanftheit.

Einen Augenblick stand er unentschlossen im Zimmer. Als er sich aber Doña Mercedes näherte, erschien ein Lächeln auf seinem Gesicht. Er warf die Kokosnüsse auf den Boden und hockte sich neben ihren Sessel. Dann nahm er die größte der Nüsse und trennte mit drei gekonnten Machetenhieben den oberen Teil ab. »Sie sind genau so, wie du sie liebst«, sagte er. »Noch weich und sehr süß.«

Doña Mercedes führte die Kokosnuß zum Mund und erklärte unter lautem Schlürfen, wie gut ihr die Milch schmeckte. »Gib mir etwas von dem Inneren«, bat sie, ihm die Frucht zurückreichend.

Mit einem sicheren Hieb teilte er die Kokosnuß in zwei Hälften und löste dann das weiche, gallertartige Fruchtfleisch mit der Machete aus der Schale. »Gib die andere Hälfte der Musiúa«, sagte Doña Mercedes.

Er schaute mich lange und eindringlich an, kratzte dann wortlos und mit derselben Sorgfalt die zweite Kokosnußhälfte aus und gab sie mir. Ich dankte ihm.

»Und was führt dich heute zu mir?« durchbrach Doña Mercedes die peinliche Stille. »Brauchst du meine Hilfe?«

»Ja«, antwortete er, zog ein Etui aus der Tasche und zündete sich eine Zigarette an. Nachdem er einen tiefen Zug genommen hatte, steckte er das Etui wieder weg. »Mein Geist ist in Ordnung. Aber dieser verdammte Husten wird immer schlimmer. Ich kann nicht schlafen. Und dann diese furchtbaren Kopfschmerzen. Ich kann nicht arbeiten.«

Sie bat ihn, Platz zu nehmen, nicht ihr gegenüber, wo Patienten üblicherweise saßen, sondern auf dem Sessel neben dem Altar. Dann zündete sie die Kerzen an und erkundigte sich freundlich nach der Kokosnußplantage, die er irgendwo an der Küste besaß.

Er drehte sich langsam um und blickte in Doña Mercedes' Augen. Sie begegnete seinem Blick mit einer beschwichtigenden Geste. »Die Musiúa hilft mir«, sagte sie zu ihm. »Du kannst sprechen, als wäre sie gar nicht da.«

Sein Blick traf für einen Augenblick den meinen. »Mein Name ist Benito Santos«, sagte er und wandte sich sofort wieder Doña Mercedes zu. »Hat sie auch einen Namen?«

»Sie sagt, sie heiße Florinda«, erwiderte Doña Mercedes, bevor ich selbst antworten konnte. »Aber ich nenne sie Musiúa.«

Sie beobachtete ihn aufmerksam und stellte sich dann hinter ihn. Mit langsamen und sanften Bewegungen rieb sie ihm beinahe eine halbe Stunde lang Brust und Schultern mit einer Salbe ein.

»Benito Santos«, sagte sie, zu mir gewandt, »ist ein mächtiger Mann. Von Zeit zu Zeit sucht er mich auf, immer wegen eines Hustens, einer Erkältung oder seiner Kopfschmerzen. Nach fünf Sitzungen ist er jedesmal geheilt. Dabei verwende ich eine spezielle Salbe und spreche ein Gebet an den Geist des Meeres.«

»Sind die Kopfschmerzen verschwunden?« fragte sie schließlich und legte ihre Hände auf Benitos Schultern.

Er schien ihre Frage gar nicht verstanden zu haben. Mit ausdruckslosen Augen starrte er in die Kerzenflamme. Dann begann er, vom Meer zu sprechen, davon, wie unheimlich es bei Sonnenaufgang sei, wenn die Sonne aus dem dunklen, glanzlosen Wasser aufsteigt. Mit leiser und monotoner Stimme, als wäre er in Trance, erzählte er von seinen mittäglichen Ausflügen aufs Meer hinaus. Schwimmen habe er nie gelernt, er ließe sich einfach treiben.

»Pelikane umkreisen mich«, sagte er. »Manchmal fliegen sie ganz tief und schauen mir direkt in die Augen. Ich weiß dann, daß sie sehen wollen, ob meine Kräfte schwinden.«

Den Kopf gesenkt, schwieg er lange. Dann sprach er mit noch leiserer, kaum hörbarer Stimme weiter. »Bei Sonnenuntergang, wenn die Sonne hinter den Bergen verschwindet und ihre Strahlen das Wasser nicht mehr berühren, höre ich die Stimme des Meeres. Sie sagt mir, daß das Meer eines Tages sterben wird – aber solange es lebt, ist es unbarmherzig. Dann weiß ich, daß ich das Meer liebe.«

Mercedes Peralta preßte ihre Handflächen gegen seine Schläfen und umspannte seinen Kopf mit den Fingern. »Benito Santos«, sagte sie, »ist ein Mann, der seine Schuld überwunden hat. Er ist alt und müde. Aber noch immer ist er so hart und unbarmherzig wie das Meer.«

An fünf aufeinanderfolgenden Tagen kam Benito Santos zu Mercedes Peralta. Nach jeder Behandlung bat sie ihn, er solle mir seine Geschichte erzählen. Er ging aber nie darauf ein und ignorierte mich völlig. Nach seinem letzten Besuch schaute er mich lange an. »Gehört dir der Jeep, der draußen steht?« fragte er. Bevor ich antworten konnte, fügte er hinzu: »Fahr mich bitte zu meiner Plantage.«

Schweigend fuhren wir dorthin. Kurz bevor wir die Küste erreicht hatten, versicherte ich ihm, daß er Doña Mercedes' Wunsch nicht nachzukommen brauchte. Er schüttelte energisch den Kopf. »Jeder ihrer Wünsche ist mir heilig«, sagte er lakonisch. »Ich weiß nur nicht, was ich sagen soll und wie ich es sagen soll.«

Unter dem Vorwand, Kokosnüsse für Doña Mercedes zu holen, habe ich Benito Santos unzählige Male besucht. Wir unterhielten uns oft sehr lange. Aber er faßte kein Vertrauen zu mir. Er starrte mich immer nur herausfordernd an, bis ich meinen Blick abwandte. Er ließ keinen Zweifel daran, daß er nur mit mir sprach, weil Doña Mercedes es wollte. Hart und unbarmherzig – so hatte sie ihn mir beschrieben, und genauso war er.

Benitos Geschichte

Die Machete fest umklammert, stand Benito Santos bewegungslos in der heißen Mittagssonne. Sie brannte auf seinen Rücken, der vom Zuckerrohrschneiden schmerzte. Eine Woche lang hatte die Ernte gedauert. Er schob den Hut in den Nacken, um seine Stirn zu kühlen. Sein Blick folgte der Gruppe müder Männer, die schwankend über die abgeernteten Felder nach Hause zogen. Den ganzen vergangenen Tag und die vergangene Nacht hatten sie ohne Unterbrechung gearbeitet. Genau wie Benito würden diese Männer ab Montag arbeitslos sein. Es war die letzte Zuckerrohrernte gewesen, bevor man das Land mit Traktoren roden und es parzellieren würde. Der Besitzer dieser Felder hatte am längsten durchgehalten. Aber schließlich war er wie alle anderen gezwungen worden, seine Felder an Bodenspekulanten aus Caracas zu verkaufen.

Das Tal sollte in ein Industriezentrum verwandelt werden. Deutsche und Amerikaner würden hier pharmazeutische Laboratorien errichten. Und die Italiener würden hier nicht nur ihre Schuhfabriken bauen, sondern auch gleich die Bauarbeiter aus Italien mitbringen.

»Diese verdammten Ausländer«, fluchte Benito und spuckte aus. Er konnte weder lesen noch schreiben und besaß auch sonst keine besonderen Fähigkeiten. Er war Zuckerrohrschnitter. Das einzige, was er beherrschte, war die Machete. Die lange Klinge hinter sich herschleifend, schritt er auf den Hof der Hazienda zu, durchquerte ihn und näherte sich einem kleinen Bungalow, wo der Vorarbeiter sein Büro hatte. Einige Männer, die am Boden saßen oder herumstanden, beäugten ihn mißtrauisch, als er in das Büro hineinging.

»Was willst du?« fuhr ihn der kleine dickbäuchige Vorarbeiter an, der hinter seinem Metallschreibtisch saß. »Du bist doch ausbezahlt worden, oder nicht?« Er wischte sich mit einem sorgfältig gefalteten Taschentuch den Schweiß vom Hals.

Benito nickte. Er war ein wortkarger Mann. Es fiel ihm nicht gerade leicht zu reden – schon gar nicht, wenn er um einen Gefallen zu bitten hatte. »Ich habe gehört, daß man das Zuckerrohr in eine Mühle in der Stadt gebracht hat«, stotterte er, die Augen auf den Hals des Vorarbeiters geheftet, der aus dem Kragen des gestärkten Hemdes quoll. »Ich habe schon öfter in einer Mühle gearbeitet. Vielleicht können Sie mich dort gebrauchen?«

Der Vorarbeiter lehnte sich in seinem Stuhl zurück und musterte Benito Santos aus halbgeschlossenen Lidern. »Du wohnst doch hier in der Gegend. Wie willst du in die Stadt kommen? Sie ist über fünfzehn Kilometer von hier entfernt.«

»Mit dem Bus«, murmelte Benito und blickte den Mann verstohlen an.

»Mit dem Bus!« Der Vorarbeiter lachte spöttisch und strich über seinen dünnen, gepflegten Schnurrbart. »Du weißt doch genau, daß der Bus erst abfährt, wenn er ganz voll ist. Vor Mittag wärst du niemals in der Stadt.«

»Das schaffe ich schon«, sagte Benito verzweifelt. »Wenn Sie mir den Job geben, schaffe ich es. Bitte!«

»Jetzt hör mir mal gut zu«, schnauzte der Vorarbeiter. »Ich habe jeden angestellt, der Zuckerrohr schneiden kann – egal, wie alt oder unerfahren er ist. Und zwar, weil wir einen Termin hatten, den wir einhalten mußten. Jeder wußte, daß es ein Sechstagejob sein würde. In der Mühle haben wir mehr als genug Leute.« Der Vorarbeiter blätterte in den Papieren, die auf dem Schreibtisch lagen. »Und jetzt verschwinde! Ich hab' viel zu tun.«

Benito trat auf den Hof hinaus. Die Mühle auf der anderen Seite sah schon jetzt verlassen aus, obwohl sie erst vor wenigen Tagen geschlossen worden war. Er wußte, er würde im ganzen Tal keinen solchen Arbeitsplatz mehr finden.

Das laute Hupen eines Lastwagens schreckte ihn auf. Schnell trat er zur Seite und winkte, damit man ihn mit in die Stadt nähme. Eine Staubwolke hüllte ihn ein.

»Du mußt zu Fuß gehen, Benito Santos!« schrie jemand aus dem fahrenden Wagen.

Nachdem der Staub sich gelegt hatte, hörte er immer noch das Gelächter und Gejohle der Arbeiter auf dem Lastwagen, das in seinem Kopf widerhallte. Seine Hand schloß sich fest um den Griff der Machete. Ganz langsam entspannten sich seine Finger wieder. Um seine Augen vor der Sonne zu schützen, die aus dem blauen Himmel herunterstach, zog er den Hut tief in die Stirn.

Benito Santos nahm nicht die Hauptstraße in die Stadt, sondern eine Abkürzung quer durch die leeren Felder, bis er einen schmalen Pfad erreichte. Dieser führte bis zum Südrand der Stadt, wo jeden Samstag Markt war. Er ging langsamer als sonst – deutlich spürte er das Loch in seinem linken Schuh, und die abgelöste Sohle des rechten wirbelte bei jedem Schritt Staub auf. Von Zeit zu Zeit ruhte er sich im kühlen Schatten der Mangobäume aus, die zu beiden Seiten des Weges wuchsen. Niedergeschlagen saß er am Boden und schaute gedankenverloren den grünen Eidechsen zu, die zwischen den Büschen hin und her huschten.

Es war bereits früher Nachmittag, als er den Markt erreichte. Dort herrschte noch immer reges Treiben. Verkäufer priesen mit bereits heiseren Stimmen, aber noch genauso enthusiastisch wie am Morgen, ihre Waren an. Und die Kunden, vorwiegend Frauen, feilschten lautstark um den niedrigsten Preis. Benito Santos ging am Stand der portugiesischen Bauern vorbei, wo das nun welke Gemüse in wilder Unordnung herumlag, und an den Fleisch- und Trockenfischständen, die von Fliegen umschwärmt waren und vor denen streunende Hunde mit einer Engelsgeduld auf ein herunterfallendes Fleischstück lauerten. Er amüsierte sich über die Kinder, die an den Obstständen faule Früchte in die Papiertüten packten, statt die Kunden selbst ihre Ware aussuchen zu lassen.

Er tastete in der Hosentasche nach seinem Geld – der Lohn für sechs Tage Arbeit. Er überlegte sich, ob er jetzt gleich oder später Lebensmittel für seine Frau Altagracia und seinen kleinen Sohn kaufen sollte.

»Später«, sagte er laut. Wahrscheinlich konnte er einen günstigeren Preis aushandeln, wenn die Händler schon ans Einpacken dachten.

»Kauf dir dein Essen, solange du noch Geld hast, Benito!« rief ihm eine alte Frau zu, die ihn nur zu gut kannte. »Bohnen und Reis werden nicht billiger!«

»Nur Frauen warten auf die Schnäppchen am Abend«, verhöhnte ihn einer der Händler und machte obszöne Gebärden mit einer Banane.

Benito starrte in die grinsenden Gesichter der libanesischen Trödelhändler, die hinter ihren überladenen Tischen standen und billige Kleidung, Modeschmuck und Parfüm anpriesen. Er spürte, wie ihm die Adern an den Schläfen vor Zorn anschwollen und seine Muskeln sich verkrampften. Er hatte den entwürdigenden Zwischenfall im Büro des Vorarbeiters nicht vergessen. Das boshafte Gelächter der Männer auf dem Lastwagen klang noch in seinen Ohren. Leicht wie ein Messer lag die Machete in seiner

Hand. Nur mit äußerster Selbstbeherrschung drehte er sich um und ging davon.

Kalter Schweiß trat ihm aus allen Poren. Sein Mund war völlig ausgetrocknet. Und in der Magengegend spürte er ein Prickeln, das nicht vom Hunger herrührte. Er würde jetzt seinen Rum trinken, beschloß er. Er konnte nicht mehr warten, bis er zu Hause war. Er brauchte den Rum, um seine Wut, seine Verzweiflung und Niedergeschlagenheit zu vertreiben.

Zielstrebig schritt er auf den Ausgang des Marktes zu, wo Lastautos und Packesel standen, auf die man nach Marktschluß die übriggebliebenen Waren laden würde. Er überquerte die Straße, betrat den kleinen dunklen Laden an der Ecke und kaufte drei Halbliterflaschen billigen Rum.

Im Schatten eines Baumes ließ er sich nieder und blickte auf die Lastwagen und Maultiere. Er wollte den Moment nicht versäumen, in dem die Händler mit dem Einpacken begannen. Seufzend lehnte er sich gegen den Baumstamm. Dann nahm er seinen Hut ab und wischte sich mit dem Ärmel den Schweiß und den Staub von seinem hageren Gesicht. Bedächtig öffnete er eine Flasche und leerte sie in einem Zug. Der Rum löste allmählich das Spannungsgefühl in seinem Magen und linderte den Schmerz in seinem steifen Rücken und in den brennenden Füßen. Benito lächelte. Ein Gefühl der Zufriedenheit durchströmte ihn. Ja, dachte er, es ist viel besser, hier zu sitzen und Rum zu trinken, als nach Hause zu gehen und Altagracias ewige Meckerei über sich ergehen zu lassen. Er war nicht leicht aus der Fassung zu bringen, aber für heute hatte er mehr als genug.

Aus halbgeschlossenen Lidern beobachtete er die Leute, die neben dem Markteingang in einem Kreis versammelt standen. Es waren die Leute aus den umliegenden Dörfern, die jeden Samstagnachmittag hier zusammenkamen, um beim Hahnenkampf zu wetten. Benommen ließ er seinen Blick zu den beiden Männern hinüberwandern, die ihm gegenüber unter einem Baum kauerten. Eigentlich interessierte er sich nicht sonderlich für Hahnenkämpfe, aber die beiden Vögel, die die Männer in ihren Händen hielten, fesselten seine Aufmerksamkeit. Die Männer ließen die Hähne zur Kräftigung ihrer Beine auf und nieder springen. Mit merkwürdig sanften Bewegungen fuhren sie durch das Gefieder und stießen sie dann gegeneinander, um sie zu reizen.

»Das ist ein schönes Tier«, sagte Benito zu dem Mann, dem der gold-schwarz gefiederte Hahn gehörte.

»Allerdings«, stimmte dieser bereitwillig zu. »Er macht den letzten Kampf an diesem Nachmittag. Die Besten werden immer im letzten Kampf eingesetzt«, sagte er stolz und strich dem Hahn durchs Gefieder. »Du solltest auf ihn setzen. Er wird gewinnen.«

»Bist du sicher?« fragte Benito und zog die zweite Flasche Rum aus der Papiertüte. Er nahm einen tiefen Schluck und schlängelte sich durch die Gruppe von Männern, die um die Sandgrube saßen. Sie machten Platz, ohne ihre Augen von der Grubenmitte abzuwenden, wo zwei Hähne in einen tödlichen Kampf verstrickt waren.

»Die Wetten, Gentlemen! Eure Einsätze!« übertönte die Stimme eines Mannes die lärmende Menge. »Die Einsätze für den letzten Kampf! Für den wirklichen Kampf!«

Gierig tauschten die Männer ihre schmutzigen Geldscheine gegen bunte Plastikscheiben im Wert ihres Einsatzes.

»Bist du sicher, daß dein Hahn gewinnt?« fragte Benito Santos den Besitzer des gold-schwarz gefiederten Hahns. »Natürlich!« rief dieser aus und bedeckte den narbigen Kamm des Vogels mit wilden Küssen.

»Angst vor dem Wetten, Benito?« fragte ihn ein Arbeiter, der während der Woche mit ihm zusammen Zuckerrohr geschnitten hatte. »Du solltest besser Lebensmittel für deine Alte kaufen, wenn du heute abend keinen Ärger haben willst«, fügte er spöttisch hinzu.

Benito Santos nahm eine Plastikscheibe und setzte, ohne zu zögern, den Rest seines Lohnes auf den gold-schwarz gefiederten Hahn. Er war sicher, seinen Einsatz doppelt zurückzugewinnen. Dann würde er nicht nur Reis und

Bohnen, sondern auch Fleisch und noch mehr Rum, vielleicht sogar ein Paar Schuhe für seinen kleinen Sohn kaufen können.

Aufgeregt wie alle anderen, schrie Benito Santos begeistert auf, als die beiden Männer ihre Tiere hoch in die Luft hielten. Zum Beweis, daß sich kein Gift an ihren Sporen befand, saugten die Männer daran. Sie flüsterten den Vögeln Koseworte zu und setzten sie auf das Kommando des Schiedsrichters in die Mitte der Sandgrube.

Die Hähne beäugten einander zornig, begannen aber den Kampf noch nicht. Die Menge johlte, und man stülpte einen geflochtenen Korb über die Hähne. Die Männer feuerten die Vögel wild zum Kampf an. Die Tiere zitterten und die Federn unter ihren kahlen, blutunterlaufenen Hälsen sträubten sich.

Der Käfig wurde entfernt. Sofort stürzten die Tiere aufeinander los, den Schnabelhieben und Flügelschlägen des Gegners geschickt ausweichend. Aber schon bald begann ein tödlicher Wirbel von Flügelschlägen, Krallenhieben und Schnabelgehacke. Das Gefieder des weißen Hahnes war von Blut getränkt, entweder vom eigenen oder von dem des Gegners, der aus einer klaffenden Halswunde blutete.

Benito Santos sprach ein stilles Gebet für den Hahn, auf den er gesetzt hatte.

Auf ein Signal des Schiedsrichters wurden die Hähne, schwer atmend und die Schnäbel aufgerissen, aus der Grube geholt. Mit wachsender Besorgnis beobachtete Benito Santos, wie der Besitzer des gold-schwarz gefiederten Hahns auf die Wunden seines Tieres blies. Besänftigend redete er auf den Hahn ein und liebkoste ihn mit viel Getue.

Auf Befehl des Schiedsrichters wurden die Tiere wieder in die Grube gesetzt. Der weiß gefiederte Hahn griff sofort zielsicher an und rammte seine Stahlsporen in den Hals des Gegners. Sein triumphierendes Krähen zerriß die Stille, als der gold-schwarz gefiederte Hahn tot zu Boden fiel.

Benito lächelte bitter und versuchte, seine Tränen unter einem grimassenhaften Lachen zurückzuhalten. »Immerhin habe ich noch meinen Rum«, murmelte er und leerte die zweite Flasche in einem Zug. Mit zitternden Händen wischte er sich den Mund ab. Dann kehrte er der Menge den Rücken und ging in Richtung der Berge davon. Die leeren Zuckerrohrfelder, die sich endlos vor ihm ausdehnten, schimmerten im Licht der Nachmittagssonne. Der gelbe Staub, den er bei jedem Schritt aufwirbelte, legte sich wie feiner goldener Puder auf seine Hände und Arme.

Langsam stieg er einen steilen Hügel hinauf. Bei jedem Baum hielt er an und ruhte sich im Schatten aus. Schließlich öffnete er die letzte Rumflasche und nahm einen tiefen Schluck. Er wollte seine Frau jetzt nicht sehen, konnte ihre anklagenden Blicke jetzt nicht ertragen. Er suchte die umliegenden Hügel mit den Augen ab. Sein Blick blieb an den grünen Feldern auf der anderen Straßenseite hängen. Dort hatte ein General der Militärregierung seine Farm.

Benito Santos nahm noch einen Schluck. Der Rum gab ihm ein vages Gefühl der Hoffnung. Vielleicht hatten sie auf der Farm des Generals einen Job für ihn. Er könnte das grüne, künstlich bewässerte Halfagras schneiden, das man als Futter für die Pferde angepflanzt hatte. Zum Teufel! Er besaß doch gewisse Fähigkeiten, dachte er. Er konnte Zuckerrohr schneiden. Ob er nun Zuckerrohr oder Gras schnitt, war doch einerlei! Vielleicht würde man ihm sogar einen Vorschuß geben. Nicht viel – nur so viel, daß er Reis und Bohnen kaufen konnte.

Er rannte den Hügel hinab und die frisch geteerte Straße hinauf, die zu der Farm führte. Von dem Gedanken besessen, dort einen Job zu bekommen, hätte er beinahe die beiden Wachsoldaten neben dem offenen Tor übersehen.

»Wo willst du hin?« hielt ihn einer der Männer an und deutete mit dem Gewehr auf ein großes Schild. »Kannst du nicht lesen? Das ist ein Privatweg.«

Benito Santos war völlig außer Atem, seine Kehle schmerzte bei jedem Atemzug. Er schaute von einem Soldaten zum anderen und sprach dann den zweiten von ihnen an, der gegen einen Felsblock gelehnt stand. Dieser sah älter und freundlicher aus. »Ich brauche dringend Arbeit«, murmelte er.

Schweigend schüttelte der Soldat den Kopf, seinen Blick auf Benitos schwarzes struppiges Haar gerichtet, das unter dem kaputten Strohhut hervorsah. »Hier gibt es keine Arbeit«, sagte er freundlich. »Es ist sowieso niemand da, der dir Arbeit geben könnte.«

»Aber jemand muß bei den Pferden sein«, beharrte Benito. »Ich könnte ihm helfen. Nur für ein paar Stunden täglich.«

Die Wachsoldaten schauten einander an, zuckten die Achseln und lachten dann höhnisch. »Frag nach dem Deutschen, der für die Pferde verantwortlich ist«, sagte der Jüngere zu Benito. »Er kann dir vielleicht weiterhelfen.«

Einen Moment lang fragte sich Benito, worüber die Männer gelacht hatten. Aber er war ihnen viel zu dankbar, als daß er sich davon hätte abhalten lassen. Besorgt, sie könnten ihre Meinung ändern und ihn zurückrufen, lief er auf dem geraden, gepflasterten Weg über den Hügel zur Farm.

Kurz vor dem Haus des Generals blieb er stehen. Unentschlossen blickte er auf das zweigeschossige Gebäude. Es war schneeweiß gestrichen und von einem großen, auf Säulen ruhenden Balkon umgeben. Anstatt zu rufen, schaute er durch eines der Fenster im Untergeschoß. Es war geöffnet, und der Wind blähte die hauchdünnen Vorhänge. Er wollte nur einen Blick hineinwerfen, um zu sehen, wie es eingerichtet war. Er hatte gehört, daß die luxuriösen Möbel aus Europa stammten.

»Was machst du hier?« fragte jemand hinter seinem Rücken mit lauter Stimme und deutlichem Akzent.

Vor Schreck ließ Benito beinahe seine Rumflasche fallen und drehte sich um. Mit weit aufgerissenen Augen starrte er einen drahtigen Mann mittleren Alters an, der kurzes blondes Haar hatte. Das mußte der Deutsche sein, von dem die Soldaten gesprochen hatten, dachte Benito. Er sah in die Augen des Mannes. Sie hatten die Farbe des Himmels und leuchteten unter den mächtigen Augenbrauen.

»Haben Sie Arbeit für mich?« fragte ihn Benito. »Irgendeine Arbeit?«

Der blonde Mann trat dichter an Benito heran und blickte ihn drohend an. »Wie kannst du es wagen, hierherzukommen, du Säufer?« schnauzte er ihn an, Verachtung in der kalten Stimme. »Verschwinde, bevor ich die Hunde auf dich hetze!«

Benitos Blick wurde unsicher, seine Augenlider zuckten. Er fühlte sich wie ein Bettler. Er haßte es, um einen Gefallen zu bitten. Er hatte bei der Arbeit immer sein Bestes gegeben. Die Zunge wurde ihm schwer. »Nur für ein paar Stunden täglich.« Er hielt dem Mann seine Hände hin, damit dieser die Risse und Schwielen sehen konnte. »Ich kann hart arbeiten. Ich bin Zuckerrohrschnitter. Ich könnte Gras für die Pferde schneiden.«

»Verschwinde!« brüllte der Deutsche. »Du bist ja betrunken!«

Benito Santos schritt langsam dahin, die Machete hinter sich herschleifend. Die Straße kam ihm länger als sonst vor, als streckte sie sich aus, um seine Ankunft hinauszuzögern. Er wünschte sich, jemanden zu haben, mit dem er hätte sprechen können. Das monotone Summen der Insekten steigerte noch seine Verzweiflung.

Er überquerte den ausgetrockneten Wasserlauf vor seiner Hütte. Einen Augenblick lang blieb er stehen und atmete die milde Nachmittagsluft ein. Die sanfte Brise kühlte seine heißen, geröteten Wangen.

Er mußte sich bücken, um in die Hütte hineinzugehen. Es gab keine Fenster, lediglich eine Öffnung vorne und eine auf der Rückseite, die er nachts mit einem Stück Karton verschloß.

Drinnen war es heiß und stickig. Das scheuernde Geräusch der Seile, an denen die Hängematte befestigt war, und Altagracias unregelmäßige Atemzüge irritierten ihn. Er wußte genau, daß sie vor Wut kochte. Sein kleiner Sohn schlief auf dem Boden. Er war nur mit ausgebleichten Fetzen bekleidet, die kaum seine schmale Brust bedeckten. Benito wußte nicht mehr, ob der Junge nun zwei oder drei Jahre alt war.

Altagracia erhob sich aus der Hängematte und heftete ihren Blick auf die Papiertüte in seiner Hand. Sie baute sich vor ihm auf und fragte mit schriller Stimme: »Wo sind die Lebensmittel, Benito?«

»Der Markt war schon geschlossen, als ich dort ankam«, murmelte Benito und ging zu seiner Schlafstelle hinüber, die Papiertüte eng an sich gepreßt. »Wir haben doch sicher noch ein wenig Reis und Bohnen.«

»Es ist nichts mehr da, und das weißt du genau«, erwiderte Altagracia und versuchte, ihm die Papiertüte zu entreißen. »Du hattest immerhin Zeit genug, dich zu betrinken.« Ihr Gesicht, sonst gelblich und schlaff, war gerötet. Ihre eingefallenen Augen, die gewöhnlich leblos wirkten, funkelten vor Wut und Verzweiflung.

Benito spürte sein Herz schneller schlagen. Er war ihr keine Erklärung schuldig. Niemandem war er eine Erklärung schuldig.

»Sei still!« schrie er seine Frau an. Er nahm die Flasche und trank sie in einem Zug aus. »Ich habe die ganze Nacht Zuckerrohr geschnitten. Ich bin müde.« Er warf die leere Flasche durch die Öffnung aus der Hütte. »Ich will jetzt meine Ruhe haben. Und ich will keine Frau, die mich anschreit. Nimm den Jungen und scher dich zum Teufel!«

Altagracia hielt ihn fest, bevor er sich hinlegen konnte. »Gib mir das Geld, ich kaufe die Lebensmittel selber. Der Junge braucht etwas zu essen.« Sie durchwühlte seine Taschen. »Kein Geld?« wiederholte sie immer wieder und blickte ihn verständnislos an. »Bist du nicht ausbezahlt worden? Du kannst nicht den Lohn für sechs Tage Arbeit versoffen haben!« Unter wüsten Beschimpfungen zog sie ihn an den Haaren und trommelte mit den Fäusten gegen seine Brust und seinen Rücken.

Er fühlte sich betrunken, nicht vom Rum, sondern vor Zorn und Hoffnungslosigkeit. Er sah die Angst in ihren Augen, als er mit der Machete ausholte. Ein gellender Schrei, dann war Stille. Benito blickte auf ihre leblose Gestalt, wie sie am Boden lag, die Haare in eine Blutlache getaucht.

Er spürte, wie jemand an seinen Hosenbeinen zog. Sein kleiner Sohn klammerte sich mit aller Gewalt an sein Bein, als wolle er ihn nie mehr loslassen. Von irrationaler Angst erfaßt, versuchte Benito ihn abzuschütteln, aber der Junge gab nicht nach. Er hatte die Augen seiner Mutter, dunkel und tief, mit dem gleichen anklagenden Ausdruck. Unter dem starren Blick des Jungen begannen Benitos Schläfen zu pochen. In blinder Wut hob er die Machete ein zweites Mal.

Nie zuvor hatte Benito Santos eine so ausweglose Verzweiflung gespürt. Aber nie zuvor hatte er so genau gewußt, was er tat. Für einen Augenblick schien es, als hätte er einmal ein anderes Leben gehabt, ein sinnvolleres Leben – eines, das einem höheren Zweck diente – und blickte nun auf den Alptraum, in den sich seine Existenz verwandelt hatte. Dann, wachsamer als je zuvor, tränkte er einige Lumpen in Kerosin und setzte damit die Hütte in Brand.

Er lief, so weit er konnte. Dann blieb er stehen. Reglos blickte er auf die leeren Felder am Fuße des Hügels zurück, auf die Bergkette in der Ferne. Am Morgen trugen die Berge die Farbe der Hoffnung. Hinter ihnen lag das Meer. Benito hatte es noch nie gesehen, aber er hatte gehört, daß es ungeheuerlich sein sollte.

Benito wartete, bis die Berge, die Hügel und die Bäume nur noch Schatten waren. Schatten wie die Erinnerungen seiner Kindheit. Er fühlte sich wieder als Kind, das an der Hand seiner Mutter durch die engen Straßen des Dorfes ging. Sie folgten in der Menge der Gläubigen einer nächtlichen Prozession. Benito sah die Flammen der Kerzen in der Dunkelheit leuchten. »Heilige Maria, Mutter Gottes, bitte für uns Sünder jetzt und in der Stunde unseres Todes. Amen.« Seine Worte verloren sich im Wind. Benito Santos schüttelte sich und lief in panischer Angst weiter. Er rannte, bis er keine Luft mehr bekam. Er glaubte, im weichen Boden zu versinken. Die Erde verschluckte ihn – sie hüllte ihn in schwarze Finsternis. Und Benito wußte, dies war der letzte Tag seiner sinnlosen Existenz gewesen. Er war gestorben.

Er schlug die Augen auf, weil er das Weinen einer Frau zu hören glaubte. Aber es war nur der Nachtwind, der durch die Blätter strich. Wie sehr hatte er sich gewünscht, für immer in dieser Finsternis zu bleiben! Aber er wußte, daß es für ihn nie so leicht sein würde. Er stand auf, nahm die Machete und ging auf der Straße weiter, die in die Berge führte. Vom nächtlichen Himmel strahlte ein merkwürdig klares Licht herab, das sich um Benito auszubreiten schien. Es verlieh ihm sogar einen eigenen Schatten. In diesem Licht wirkte die Luft dünner – sie war leichter zu atmen.

Es gab für ihn keinen Ort, an den er zurück konnte. Kein Ziel, auf das er zusteuerte. Er hatte weder Vergangenheit noch Zukunft. Benito fühlte nichts als eine unbestimmte Sehnsucht, eine unbestimmte Hoffnung, das Meer zu sehen.

18

»Es wird Zeit, daß du dich auf den Weg machst«, sagte Candelaria zu mir. »Außerdem solltest du sonntags nicht arbeiten.« Mit diesen Worten zog sie den Stecker meines Kassettenrecorders aus der Steckdose.

Im selben Moment betrat Doña Mercedes die Küche. Sie runzelte die Stirn, als sie bemerkte, daß ich noch immer im Nachthemd war. »Warum bist du noch nicht fertig?« fragte sie.

»Ich weiß, warum«, antwortete Candelaria an meiner Stelle. Ihre Augen funkelten amüsiert. »Sie will nicht zu Benito Santos, weil sie Angst vor ihm hat.« Bevor ich Gelegenheit hatte zu protestieren, war sie schon hinausgegangen.

»Ist das wahr, Musiúa?« Doña Mercedes schenkte sich eine Tasse Kaffee ein. »Mir ist gar nicht aufgefallen, daß du ihn nicht magst.«

Ich versicherte ihr, daß das nicht stimme; daß ich allerdings das, was Benito mit seiner Frau und seinem Kind getan hatte, verabscheuen müsse.

»Seine Geschichte hat weder mit Moral noch mit Recht zu tun«, unterbrach sie mich. »Es ist einfach die Geschichte eines gewalttätigen, verzweifelten Mannes.«

Ich widersprach, denn ich verachtete ihn, weil er nur an sich gedacht hatte. Beinahe hysterisch redete ich über die Verzweiflung und Hoffnungslosigkeit von Frauen und Kindern.

»Hör auf, Musiúa.« Doña Mercedes setzte mir einen Finger auf die Brust. Ich glaubte, ein glühendes Eisen zu spüren. »Richte dich nicht nach deinem falschen Begriff von Recht und Ordnung. Benimm dich nicht wie eine Musiúa, die aus einem fremden Land kommt, um den Menschen hier ihre Fehler vorzuhalten. So jemand würde Benitos Tat allerdings verurteilen und nicht erkennen, was ich dir zu zeigen versuche. Ich will dich in den Schatten derjenigen bringen, die dir ihre Geschichten erzählen.

Was Benito Santos über den letzten Tag seiner sinnlosen Existenz erzählt hat, faßt sein ganzes Leben noch einmal zusammen. Ich habe ihn gebeten, dir in allen Einzelheiten davon zu berichten. Und ich habe dich auf seine Kokosnußplantage geschickt, damit du dich mit eigenen Augen davon überzeugen kannst, daß sich das Rad des Schicksals für ihn gedreht hat.«

Es war nicht leicht, Doña Mercedes meine Einstellung zu erläutern, ohne dabei zu moralisieren. Ich wollte es nicht, aber ich konnte nicht anders. Sie antwortete mir mit einem wissenden Lächeln.

»Der Wert dieser Geschichte«, sagte sie plötzlich, »besteht darin, daß Benito ohne Vorbereitung selbst eine Verbindung hergestellt hat. Er brachte das Rad des Schicksals selbst in Bewegung. Wir Hexen sagen, daß manchmal durch eine einzige Tat eine Verbindung zustandekommt.«

Doña Mercedes erhob sich von ihrem Stuhl, und wir verließen gemeinsam die Küche. Wir gingen über den Flur bis zu ihrer Zimmertür. Dort blieb sie stehen und schaute mich an. »Benito Santos hat seine Frau und sein Kind umgebracht. Diese Tat hat das Rad in Bewegung gesetzt; aber was ihn dorthin gebracht hat, wo er jetzt ist, war ganz allein seine Sehnsucht nach dem Meer. Er wird dir sicher erzählt haben, daß es eine sehr unbestimmte Sehnsucht war, doch sie war das einzige, was ihm nach dieser schrecklichen Tat geblieben ist. Die Sehnsucht hat ihn überwältigt und seinen weiteren Weg bestimmt. Deshalb muß er dieser Sehnsucht treu bleiben, die ihn gerettet hat. Er muß das Meer lieben. Er kommt zu mir, damit ich ihm helfe, seinen Weg unbeirrbar weiterzugehen.

Es kann gelingen, weißt du. Wir können selbst eine Verbindung herstellen – durch eine einzige Tat. Sie muß nicht so grausam und verzweifelt sein wie die von Benito, aber sie muß endgültig sein. Folgt dieser Tat eine Sehnsucht, ein überwältigend starkes Verlangen, dann stehen wir außerhalb der Moralvorschriften.«

Fünfter Teil

19

Am späten Nachmittag gingen Doña Mercedes und ich die Straße hinauf zu Leon Chirinos Haus. Gemütlich spazierten wir an den alten Kolonialhäusern in der Nähe der Plaza vorbei und spähten in jedes offene Fenster. Drinnen war es meist dunkel, aber man konnte dennoch hier und da die Schatten alter Frauen erkennen, die ihren Rosenkranz in den Händen hielten und das Abendgebet sprachen.

Auf der Plaza ruhten wir uns auf einer Bank aus, umringt von alten Männern, die auf primitiven Holzstühlen saßen, die an Baumstämme gelehnt waren. Mit ihnen erwarteten wir den Sonnenuntergang und die kühle Abendbrise.

Leon Chirino lebte auf der anderen Seite der Stadt am Fuße eines Hügels, auf dem viele Hütten standen. Neben seinem Haus aus rohen Betonblöcken befand sich ein riesiger Garten, der von einer hohen Mauer umgeben war.

Das hölzerne Gartentor und die Eingangstür waren unverschlossen. Ohne anzuklopfen oder zu rufen gingen wir hinein und durchquerten das riesige Wohnzimmer. Wir erreichten den Patio, der als Werkstatt genutzt wurde. Beim grellen Licht einer nackten Glühbirne war Leon Chirino dabei, ein Holzstück abzuschleifen. Mit einer einladenden Geste bat er uns, auf der Bank gegenüber seinem Arbeitstisch Platz zu nehmen. »Es ist wohl Zeit, mich fertig zu machen«, sagte er, schüttelte sich das Sägemehl aus dem krausen Haar und zupfte die Holzspäne von seiner Kleidung.

Erwartungsvoll blickte ich Doña Mercedes an, aber sie nickte nur. Ein geheimnisvolles Leuchten lag in ihren Augen, als sie sich Leon zuwandte. Ohne ein Wort zu sagen, stand sie auf und schlurfte durch den Korridor, der vom Patio in den hinteren Teil des Hauses führte.

Ich war im Begriff, ihr zu folgen, aber Leon hielt mich zurück. »Du kommst besser mit mir«, sagte er und schaltete das Licht aus. Geräuschvoll spuckte er in einen der herumstehenden Blumentöpfe.

»Wohin geht Doña Mercedes?« fragte ich.

Er zuckte ungeduldig mit den Schultern und führte mich in die entgegengesetzte Richtung, bis wir zu einem kleinen Alkoven kamen, der den Wohnbereich vom Eßzimmer trennte. An der Wand stand ein irdener Wasserfilter und gegenüber ein Kühlschrank.

»Möchtest du eine?« Er hielt eine Flasche Cola in die Luft, die er aus dem Eisfach genommen hatte. Ohne auf meine Antwort zu warten, öffnete er die Flasche und sagte beiläufig: »Doña Mercedes kümmert sich um die Zigarren.«

»Findet eine Séance statt?« fragte ich und nahm die Flasche aus seiner Hand.

Er schaltete das Licht im Wohnzimmer ein und stellte sich dann an das hohe Fenster, das auf die Straße führte. Bevor er das Fenster mit hölzernen Läden verschloß, schaute er über die Schulter zu mir zurück.

Seine Augen leuchteten, und mit einer Hand fuhr er sich über das Kinn. Sein schiefes Grinsen wirkte geradezu teuflisch.

»Natürlich findet eine Séance statt«, sagte er.

Ich setzte mich auf das Sofa neben dem Fenster und nippte an meiner Cola. Der Raum wirkte riesig groß, weil nur wenige Möbel darin standen. Neben dem Sofa befand sich ein hohes Regal, das mit Büchern, Fotos, Flaschen, Töpfen, Tassen und Gläsern vollgestellt war. An den Wänden standen Holzstühle, die in einer Reihe aufgestellt waren.

Leon Chirino murmelte etwas Unverständliches und schaltete das Licht aus. Dann zündete er die Kerzen an, die auf dem Kaminsims neben allerlei Bildern von Heiligen, Indianerhäuptlingen und schwarzen Sklavenführern standen. »Ich möchte, daß du hier sitzt«, sagte er und stellte zwei Stühle in die Mitte des Raumes.

»Auf welchem Stuhl?«

»Auf welchen du möchtest.« Mit einem breiten Grinsen löste er die Uhr von meinem Handgelenk und steckte sie ein. Dann ging er zu dem Regal hinüber und holte einen kleinen Becher, der zur Hälfte mit Quecksilber gefüllt war. In seinen dunklen Händen wirkte der Becher wie das riesige Auge eines Monsters.

»Es heißt, du bist ein richtiges Medium«, sagte er und stellte den Becher in meinen Schoß. »Das Quecksilber wird den Geist davon abhalten, in dich einzudringen. Wir wollen, daß er nicht einmal in deine Nähe kommt. Das wäre zu gefährlich für dich.« Er blinzelte mir zu und legte mir dann eine silberne Kette um den Hals, an der ein Medaillon mit dem Bildnis der Heiligen Jungfrau hing. »Dieses Medaillon ist ein bewährter Schutz«, versicherte er mir.

Er schloß die Augen und faltete seine Hände zum Gebet. Dann erklärte er mir, daß man nie wissen könnte, welcher Geist bei einer Séance erscheinen würde. »Laß den Becher nicht fallen und nimm auf gar keinen Fall die Kette ab«, ermahnte er mich, während er die Stühle in der Mitte des Zimmers in einem Kreis anordnete.

Dann blies er alle Kerzen aus, bis auf eine, die neben dem Bildnis des El Negro Miguel stand. El Negro Miguel war ein berühmter Sklavenführer, der den ersten Sklavenaufstand in Venezuela organisiert hatte. Leon sprach noch ein kurzes Gebet und verließ dann leise den Raum.

Als er zurückkam, war die Kerze beinahe niedergebrannt. Er setzte sich neben mich und befahl mir, die Augen nicht von dem Becher zu heben. Da ich meine Neugier nicht bezähmen konnte, blickte ich jedesmal auf, wenn ich einen der anderen Teilnehmer eintreten und sich setzen hörte. Zu meinem Verdruß konnte ich aber im Halbdunkel des Zimmers keines der Gesichter erkennen.

Mercedes Peralta kam als letzte herein. Sie nahm die Kerze vom Kaminsims und verteilte handgerollte Zigarren. »Sprich mit niemandem, nicht während und auch nicht nach der Séance«, flüsterte sie mir zu, als sie mir mit der Kerze Feuer gab. »Niemand außer Leon weiß, daß du ein Medium bist. Medien sind ausgesprochen verletzlich.«

Sie setzte sich mir gegenüber. Ich schloß die Augen und rauchte die Zigarre wie unzählige Male zuvor. Meine Konzentration wurde davon so sehr in Anspruch genommen, daß ich jedes Zeitgefühl verlor. Ein leises Stöhnen erklang im rauchigen Dunkel. Ich öffnete die Augen und sah, wie innerhalb des Stuhlkreises eine Frau erschien, eine verschwommene Gestalt. Langsam breitete sich ein roter Lichtschein um sie herum aus, bis sie vollständig zu glühen schien.

Ihre Bewegungen, die Kleidung – ein schwarzer Rock und eine schwarze Bluse –, die vertraute Art, den Kopf zu neigen, ließen mich glauben, es sei Doña Mercedes. Aber je länger ich sie anschaute, desto mehr Zweifel kamen mir.

Ich fragte mich, ob dies eine jener unerklärlichen Visionen war, die ich im Patio von Mercedes Peraltas Haus schon so oft erlebt hatte. Den Becher mit Quecksilber fest in beiden Händen, stand ich auf. Wie angewurzelt blieb ich stehen, als die Frauengestalt durchscheinend wurde. Ich fand es nicht beängstigend; ich akzeptierte vielmehr einfach die Tatsache, daß ich durch sie hindurchschauen konnte.

Plötzlich sank die Frau zu einem dunklen Haufen auf dem Boden zusammen. Das Licht in ihrem Inneren war erloschen. Als sie ein Taschentuch hervorholte und sich geräuschvoll zu schneuzen begann, war ich sicher, daß es sich nicht um eine Erscheinung handelte.

Erschöpft fiel ich auf meinen Stuhl zurück. Leon Chirino, der zu meiner Linken saß, stieß mir den Ellbogen in die Seite und bedeutete mir, die Mitte des Raumes im Auge zu behalten. Dort, wo die durchsichtige Gestalt gestanden hatte, erblickte ich eine alte Frau, die eindeutig keine Einheimische war. Sie starrte mich aus weit aufgerissenen, blauen Augen an, erschreckt und verängstigt. Sie warf den Kopf vor und zurück, doch bevor ich überhaupt darüber nachdenken konnte, was diese Erscheinung zu bedeuten hatte, verschwand sie. Sie verflüchtigte sich einfach.

Es war so still im Zimmer, daß ich einen Augenblick lang dachte, es wäre niemand mehr da. Verstohlen blickte ich mich um. Alles, was ich erkennen konnte, war die Glut der Zigarren. Es konnten unmöglich dieselben sein, die Doña

Mercedes am Anfang ausgeteilt hatte, dachte ich. Ich hatte die meine längst aufgeraucht. Als ich mich zu Leon beugte, legte jemand die Hand auf meine Schulter.

»Doña Mercedes!« rief ich, als ich sie an ihrer Berührung erkannte. Mit gesenktem Kopf erwartete ich eine Antwort. Da ich keine erhielt, schaute ich auf, aber sie war nicht mehr da. Ich war ganz allein im Raum. Erschrocken stand ich auf und rannte zur Tür, wo ich von Leon gestoppt wurde.

»Frieda Herzogs Geist ist hier«, sagte er. »Sie starb hier ganz in der Nähe – auf den Stufen, die zum Hügel hinaufführen.« Er ging zum Fenster und öffnete die Läden. Wie eine Geistererscheinung wirbelte der Rauch aus dem Zimmer und löste sich in der Nacht auf. Leon drehte sich zu mir und wiederholte, daß Frieda Herzog auf den Stufen, die den Hügel hinaufführten, gestorben sei. Er ging an den Wänden des Zimmers entlang und schaute in sämtliche Ecken, als müßte er sich vergewissern, daß niemand mehr da sei.

»Frieda Herzog? War das die alte Frau, die ich gesehen habe?« fragte ich. »Hast du sie auch gesehen?«

Er nickte und wiederholte, daß ihr Geist noch immer hier sei. Mehrmals wischte er sich mit der Hand über die Stirn, als wollte er einen unliebsamen Gedanken oder vielleicht auch das Bild der verängstigten alten Frau vertreiben.

Die Stille im Zimmer wurde unerträglich. »Ich gehe lieber zu Doña Mercedes«, sagte ich leise und öffnete die Tür.

»Warte!« Leon Chirino hielt mich fest. Er nahm mir die Silberkette und den Becher mit Quecksilber ab. »Während einer Séance ist der übliche Ablauf der Zeit außer Kraft gesetzt«, erklärte er mir. Er sprach langsam, und seine Stimme klang müde. »Die spiritistische Zeit ist eine Zeit des Gleichgewichts, die weder Traum noch Wirklichkeit ist. Und doch existiert sie.« Er betonte, daß ich in ein Ereignis hineingestürzt sei, das vor langer Zeit stattgefunden hatte. »Die Vergangenheit hat keine zeitliche Abfolge«, fuhr er fort. »Das Heute kann mit dem Gestern verbunden werden, mit lange vergangenen Ereignissen.« Er gab mir meine Armbanduhr zurück. »Das beste ist, über diese Dinge gar nicht zu sprechen. Alles, was während einer

Séance geschieht, ist vage und unbegreiflich und nicht dazu gedacht, in Worte gefaßt zu werden.«

Da ich so schnell wie möglich zu Doña Mercedes wollte, stimmte ich ihm halbherzig zu. Aber Leon Chirino, der entschlossen schien, mich im Hause festzuhalten, erzählte mir wieder und wieder von Frieda Herzog und daß sie nicht weit von seinem Haus ums Leben gekommen sei.

»Ich habe gesehen, wie Doña Mercedes plötzlich durchsichtig wurde«, unterbrach ich ihn. »Hast du das auch gesehen?«

Er sah mich verblüfft an, als habe er nicht erwartet, daß ich ihn darauf ansprechen würde. Doch schon im nächsten Augenblick lachte er. »Sie wollte dich nur verwirren«, sagte er stolzgebläht. »Sie ist ein vollendetes Medium.« Lächelnd schloß er die Augen. Er schien eine wunderbare Vision zu genießen. Dann schob er mich sanft hinaus und schloß geräuschlos die Tür hinter mir.

Verwirrt blieb ich einen Augenblick lang draußen stehen. Ich hatte während der Séance jedes Zeitgefühl verloren, aber trotzdem konnte ich nicht glauben, daß schon die ganze Nacht vorbei sei und ich nicht einmal den Regen bemerkt hatte, der niedergegangen war. Und doch, es dämmerte und auf dem Gehsteig standen Pfützen.

Irgendwo kreischte ein Papagei, und ich blickte mich um. Auf der anderen Seite der Straße stand Mercedes Peralta wie ein Schatten neben einem Eukalyptusbaum. Unmittelbar hinter ihm führten breite Zementstufen den Hügel mit den vielen Hütten hinauf. Ich lief zu ihr hinüber.

Sie schien meine Fragen erwartet zu haben, denn sie legte mir einen Finger auf den Mund, bückte sich und hob einen frisch abgebrochenen Zweig vom Boden auf. Er war noch feucht vom Regen. Sie schüttelte ihn über meinem Kopf, und der Geruch von Eukalyptus, eingeschlossen in tausend winzige Tröpfchen, ging auf mich nieder.

»Wir müssen los«, sagte sie, aber anstatt den Heimweg einzuschlagen, führte sie mich den Hügel hinauf. Überall roch es nach vermodertem Karton. Niemand war zu sehen. Die Hütten schienen vollkommen verlassen zu sein. Auf halbem Wege bogen wir in einen kleinen Pfad ein, der von den breiten Stufen abzweigte und zu einem gelbgestrichenen Haus mit einfachem Wellblechdach führte.

Hinter der unverschlossenen Haustür lag eine Art Schlafzimmer, in dessen Mitte ein sorgfältig gemachtes, schmales Bett stand. Auf den Stühlen standen Blumentöpfe, aus denen gefiederte Farne wucherten. Von der Decke hingen Käfige herab, in denen Kanarienvögel zwitscherten. Hosen, Jacken und frisch gebügelte Hemden hingen an schmiedeeisernen Haken von den gelben Wänden.

Ein Vorhang, den ich zunächst für einen Wandteppich gehalten hatte, wurde zur Seite geschoben, und ein Mann trat ins Zimmer.

»Efrain Sandoval!« rief ich erstaunt aus. Was hatte der Besitzer des Ladens, in dem ich meine Notizbücher und Bleistifte kaufte, hier verloren? Ich kannte ihn und seine Frau, die in Sprache und Benehmen ein Musterbeispiel für eine typische Venezolanerin war, obschon sie in Deutschland geboren worden war. Sie lebten mit ihren Töchtern in der Nähe der Plaza, direkt über der Schreibwaren- und Elektrohandlung, die Efrain gehörte.

Er war bereits Mitte vierzig, aber sein feingeschnittenes Gesicht ließ ihn wesentlich jünger erscheinen. Seine schrägstehenden, dunklen Augen mit ihren langen Wimpern strahlten. Er schien sich insgeheim über etwas zu amüsieren. Wie immer war er tadellos gekleidet. An diesem Morgen roch er jedoch nach Zigarrenrauch.

»Warst du auch bei der Séance?« fragte ich ihn mit einem ungewollt ungläubigen Unterton.

Er antwortete nicht, sondern bat uns, auf dem Bett Platz zu nehmen. »Ich bin gleich zurück«, versprach er und verschwand hinter dem Vorhang. Kurz darauf kam er mit einem Bambustablett zurück, auf dem verschiedene Speisen, Teller und Besteck aufgebaut waren. Er räumte einen der Stühle ab und stellte das Tablett darauf. Dann servierte er uns mit der Grazie eines Oberkellners schwarze Bohnen, Reis, gebackene Bananen, pikantes Hackfleisch und Kaffee.

Erwartungsvoll blickte ich von Efrain zu Doña Mercedes, in der Hoffnung, die beiden würden über die Séance sprechen.

»Die Musiúa platzt fast vor Neugier«, bemerkte Doña Mercedes mit einem teuflischen Funkeln in ihren Augen. »Sie will endlich erfahren, warum du hier oben lebst, obwohl du doch eine so hübsche Wohnung in der Stadt besitzt. Du solltest ihr das erklären.«

»Meinst du?« fragte Efrain gleichgültig, während er die letzten Bohnen von seinem Teller aß. Er kaute ganz gemächlich, um Zeit zu gewinnen. Dann stand er auf, ging zum Fenster und öffnete es. Einige Sekunden lang starrte er in den fahlen Morgenhimmel, dann wandte er sich an mich. »Ich nehme an, du hast einen guten Grund, etwas über mich erfahren zu wollen?«

»Den hat sie«, antwortete Doña Mercedes an meiner Stelle. »Also reg dich nicht auf, wenn sie in dein Geschäft kommt, um deine Geschichte zu hören.«

Efrain Sandoval lächelte verlegen, schob einen Stuhl beiseite und lehnte sich gegen die Wand. Sein Blick wanderte durch den Raum. Ein abwesender Ausdruck lag in seinem Blick; er schien unsere Gegenwart gar nicht mehr zu bemerken.

»Welchen Sinn hat es, ihr all das zu erzählen?« fragte er schließlich, ohne Doña Mercedes anzusehen. »Es ist keine weltbewegende Geschichte. Sie ist eher banal.«

»Genau das ist der springende Punkt«, sagte sie. »Die Musiúa hat bereits alle möglichen Geschichten gehört. Deine interessiert sie ganz besonders, weil du selbst gar nichts dazu getan hast. Du warst einfach nur da, und eine höhere Ordnung hat die Veränderung herbeigeführt.«

»Ich verstehe immer noch nicht, inwiefern die Geschichte von Frieda Herzog der Musiúa von Nutzen sein sollte.« Efrain blieb hartnäckig.

»Laß das mal ihre Sorge sein«, erklärte ihm Doña Mercedes lakonisch. Sie stand vom Bett auf und winkte mir, mich ebenfalls zu erheben.

Efrain sah immer noch nicht überzeugt aus. Aber schließlich nickte er. »Wie du bereits weißt, besitze ich in der Stadt ein großes Haus«, wandte er sich mir zu. »Aber ich lebe auch hier, um die Gegenwart von Frieda Herzog zu spüren, die mir, ohne es zu wissen, alles gegeben hat.« Er ging wieder zum Fenster, um es zu schließen. Zuvor aber blickte er unsicher zu Doña Mercedes und fragte: »Wirst du mich heute reinigen?«

»Selbstverständlich.« Sie lachte. »Laß dich von der Musiúa nicht stören. Sie hat mir bereits oft genug dabei zugesehen.«

Efrain schien einen Moment zu zögern, legte dann aber schnell den Mantel ab, offenbar in der Angst, es könnte nicht genug Zeit bleiben, und streckte sich auf dem Bett aus.

Doña Mercedes nahm eine kleine Flasche, ein weißes Taschentuch, zwei Kerzen und zwei Zigarren aus ihrer Tasche. Sorgfältig legte sie alles auf den Boden neben dem Bett. Dann zündete sie eine Kerze und eine Zigarre an und begann zu rauchen. In dichten Qualm gehüllt, murmelte sie einen Beschwörungsgesang. Mit einem schelmischen Lächeln griff sie nach dem Taschentuch und dem Fläschchen, das mit einer Mischung aus Rosenwasser und Ammoniak gefüllt war. Sie schüttete etwas von der Flüssigkeit auf das Taschentuch und faltete es sorgfältig zu einem Quadrat.

»Atme tief ein«, befahl sie Efrain und drückte ihm das Tuch mit einer schnellen Bewegung unter die Nase.

Unzusammenhängende Worte stammelnd, wälzte er sich auf dem Bett und versuchte sich aufzusetzen. Tränen liefen über seine Wangen, und verzweifelt versuchte er zu sprechen. Doña Mercedes hielt ihn mühelos fest, indem sie einfach mit der Hand den Druck auf seine Nase verstärkte. Langsam wurde er ruhig. Er verschränkte die Arme vor der Brust und lag still und sichtlich erschöpft da.

Doña Mercedes zündete die zweite Zigarre an. Sie betete leise und flehte zum Geist von Hans Herzog, er möge Efrain Sandoval beschützen. Schließlich blies sie den Rauch der Zigarre in ihre hohle Hand und fuhr mit den Fingern über Efrains Gesicht, über seine verschränkten Arme und seinen Körper, bis hinab zu seinen Füßen.

Von einem merkwürdigen Geräusch erschreckt, blickte ich mich um. Das Zimmer war voller Rauch, und nur ganz undeutlich konnte ich eine schemenhafte Gestalt erkennen, die wie ein Schatten neben dem Bett zu hocken schien.

Efrain Sandovals lautes Schnarchen bereitete dem Spuk ein Ende. Doña Mercedes erhob sich, packte ihre Sachen, einschließlich der Zigarrenstummel, und ging zum Fenster, um es zu öffnen. Dann deutete sie mit dem Kinn zur Tür, und ich folgte ihr.

»Ist alles in Ordnung mit ihm?« fragte ich, sobald wir draußen waren. Eine so kurze Behandlung hatte ich noch nie erlebt.

»Für ein weiteres Jahr wird es ihm gutgehen«, versicherte sie mir. »Einmal pro Jahr nimmt Efrain Sandoval an einer spiritistischen Sitzung teil, um sich zu erneuern.« Und mit einer weit ausholenden Geste fügte sie hinzu: »Frieda Herzogs Geist treibt sich immer noch auf diesem Hügel herum. Efrain glaubt, daß ihr Geist ihm Glück gebracht hat. Deshalb hat er die Hütte hier oben behalten, während seine Familie unten in der Stadt lebt. Sein Glaube schadet niemandem. Und er erleichtert ihm vieles.«

»Aber wer ist Frieda Herzog?« fragte ich. »Und wer ist Hans Herzog? Du hast seinen Geist gebeten, Efrain zu beschützen.«

Doña Mercedes legte einen Finger auf meine Lippen. »Geduld, Musiúa«, sagte sie amüsiert. »Efrain wird dir schon alles erzählen. Ich kann dir nur sagen, daß es nicht Frieda Herzog war, die das Rad des Schicksals in Bewegung gesetzt hat. Dazu hatte sie gar keinen Grund. In Wahrheit war es ein Geist, der es getan hat. Hans Herzogs Geist.«

Doña Mercedes stützte sich auf mich, als wir den Hügel hinabstiegen. »Ich kann es kaum erwarten, mich in meine Hängematte zu legen«, murmelte sie. »Ich bin todmüde.«

Da er fürchtete, jemand könnte an seinem Moped herumbasteln oder es gar stehlen, schob Efrain es über den Gehsteig in die Eingangshalle des neuen zweistöckigen Gebäudes, das seiner Chefin Frieda Herzog gehörte.

Die Finnin, die mit ihren Kindern im Erdgeschoß wohnte, beobachtete ihn argwöhnisch. Sie betrachtete die Eingangshalle als ihre Veranda. Efrain zuckte entschuldigend die Achseln und stieg dann die Treppe zu Frieda Herzogs Wohnung hinauf.

Schon als Halbwüchsiger hatte er für die Herzogs gearbeitet. Es war Hans Herzog gewesen, der ihm das Moped gekauft hatte. Die Jahre, die er für ihn gearbeitet hatte, waren so schnell vergangen, daß Efrain es kaum gemerkt hatte. Er hatte die Arbeit als Mädchen für alles und Lieferant in Hans Herzogs Geflügelhandel immer gerne verrichtet, aber was ihm am besten gefallen hatte, war die Freundlichkeit seines Chefs und dessen Sinn für Humor. Deshalb war es ihm auch gar nicht so vorgekommen, als ginge er jeden Tag zur Arbeit – für ihn war es, als käme er täglich ins Büro, um in der Kunst des angenehmen Lebens unterrichtet zu werden.

Im Laufe der Jahre war er mehr und mehr zum Adoptivsohn und Schüler Hans Herzogs geworden. »Ich danke dir, Efrain«, hatte Hans Herzog oft zu ihm gesagt, »ein Mann wie ich braucht, wenn er älter wird, einen unbefangenen Zuhörer mit einem offenen Ohr.«

Hans Herzog war vor dem Krieg als Emigrant aus Deutschland nach Curmina gekommen, nicht, um ein Vermögen zu machen, sondern auf der Suche nach Erfüllung. Er hatte spät geheiratet, denn er hielt Ehe und Vaterschaft für eine moralische Verpflichtung. Er bezeichnete sie gern als »bescheidenen Vorgeschmack auf das Paradies«.

Nach Hans Herzogs Schlaganfall hatte Efrain sich Tag und Nacht um ihn gekümmert. Sein Chef konnte zwar nicht mehr sprechen, aber die beiden verständigten sich mit ihren Augen. In seinen letzten Momenten machte Hans Herzog noch einmal den verzweifelten Versuch, Efrain etwas zu sagen. Es gelang ihm nicht. Er zuckte nur die Achseln, lächelte – und starb.

Jetzt arbeitete Efrain für Hans Herzogs Witwe, aber nicht in derselben Position und sicherlich nicht mit demselben Vergnügen. Sie hatte den Geflügelhandel aufgegeben – er erinnere sie zu sehr an ihren verstorbenen Gatten, hatte sie erklärt. Efrain hatte sie übernommen, da er der einzige war, der das Moped fahren konnte.

Da die Tür zu Frieda Herzogs Wohnung offenstand, trat Efrain ohne zu klopfen ein und ging durch den kleinen Korridor, der ins Wohnzimmer führte. Der Wohnbereich, vollgestellt mit beigefarbenen Polstermöbeln, wurde durch ein Klavier vom Eßbereich abgetrennt. Neben dem riesigen Kamin, in dem Frieda Herzog nur zu Weihnachten Feuer machte, standen hohe, verglaste Bücherregale.

Efrain trat einen Schritt zurück, um sich in dem großen goldgerahmten Spiegel, der über dem Kaminsims hing, von Kopf bis Fuß zu betrachten. Er war Mitte zwanzig, aber seine drahtige, kleine Gestalt und sein jungenhaftes, bartloses Gesicht ließen ihn aussehen wie einen Sechzehnjährigen. Mit äußerster Sorgfalt fuhr er sich mit dem Kamm durchs krause Haar, zog die Krawatte zurecht und rückte das parfümierte Taschentuch in der Brusttasche gerade. Armut ist kein Grund, unordentlich auszusehen, dachte er und warf einen Blick über die Schulter, um sicherzugehen, daß sein Mantel nicht zerknittert war.

Pfeifend durchquerte er das Zimmer und trat auf den großen Balkon hinaus. Zwischen den Gummibäumen, Orchideen, Farnen und den überall herumstehenden Vogelkäfigen hielt er Ausschau nach Frieda Herzog. Er fand die stämmige Frau hinter ihrem Schreibtisch sitzend, einem weißlackierten, schmiedeeisernen Gestell, das mit einer schweren Glasplatte bedeckt war.

»Seit neun Uhr warte ich auf dich«, empfing sie ihn. Der ärgerliche Ausdruck ihrer blauen Augen traf Efrain gebündelt durch die dicken Gläser ihrer Hornbrille.

»Welch eine Ruhe! Was für eine herrlich kühle Luft atmet man in diesem Paradies!« rief Efrain in übertriebenem Ton aus. Er wußte genau, wie leicht man Frieda Herzog durch ein Kompliment über ihren Balkon milde stimmen konnte. »Sogar in der Mittagshitze singen die Kanarienvögel wie ein Engelschor!« Er ahmte das Zwitschern der Vögel nach und hängte seinen Mantel sorgfältig über die Rückenlehne des Stuhles.

»Die Vögel können dir gleichgültig sein«, antwortete Frieda mißmutig und bat ihn, Platz zu nehmen. »Ich zahle dir ein Gehalt, und du hast pünktlich hier zu sein.«

»Ich wurde von potentiellen Kunden aufgehalten«, sagte Efrain wichtigtuerisch.

Sie blickte ihn mißtrauisch an, während sie sich mit einem Spitzentaschentuch die winzigen Schweißtropfen von Oberlippe und Stirn abtupfte. »Hast du einen Auftrag erhalten?« Sie ließ ihm keine Zeit zu antworten, sondern schob ihm einige der schlanken weißen Etuis über den Tisch. »Kümmere dich darum«, brummte sie.

Unbeeindruckt von ihrer griesgrämigen Laune erzählte Efrain seiner Chefin, daß die Aufträge so gut wie sicher seien. Dann öffnete er mit einer gewissen Ehrfurcht die vor ihm liegenden Etuis und betrachtete liebevoll die silbernen Füller, die in ihren luxuriösen, mit dunkelblauem Samt ausgeschlagenen Behältern ruhten. Er nahm die Verschlußkappe des ersten Füllers herunter, schraubte die Kappe ab und untersuchte sorgfältig ein kleines rechteckiges Metallplättchen mit Gummibesatz, das auf einem winzigen Stempelkissen lag. Es war ein Stempel. Um es herauszulösen, stülpte er die Verschlußkappe auf den exakt dazu passenden Plastikzapfen des Metallplättchens. Er drückte den Stempel auf das Etui, schraubte den Füller wieder zusammen und legte ihn in das Etui zurück. Mit den anderen verfuhr er ebenso. Er überprüfte auf diese Weise, ob die Namen und Adressen der Kunden korrekt geschrieben waren.

»Wie oft muß ich dir noch sagen, daß du keine Fingerabdrücke auf den Füllern hinterlassen sollst?« schimpfte Frieda Herzog und entriß ihm den Füller. Sie polierte ihn mit einem Taschentuch und legte ihn in das Etui zurück. »Pack sie jetzt ein!«

Efrain blickte sie feindselig an, tat aber, was sie gesagt hatte. »Soll ich die Adressen aufkleben?« fragte er, nachdem er den letzten verpackt hatte.

»Ja. Tu das.« Sie gab ihm sechs sorgfältig beschriftete Etiketten, die sie aus einem kleinen stählernen Aktenschrank genommen hatte. »Aber trag den Klebstoff gleichmäßig auf!«

»Was?« Efrain war verwirrt. Er hatte kein Wort verstanden. Friedas Akzent, normalerweise kaum hörbar, brach immer dann durch, wenn sie ärgerlich oder ängstlich war, was dazu führte, daß man sie nur schwer verstand.

Sie wiederholte langsam und mit sorgfältiger Betonung das zuvor Gesagte. »Du sollst den Klebstoff gleichmäßig auftragen und die Ecken nicht vergessen.« Sie blickte ihn streng an und fügte hinzu: »Damit sich die Etiketten nicht lösen.«

»Wenn Blicke töten könnten...«, murmelte Efrain leise und legte in einer Geste gespielten Schmerzes beide Hände an den Kopf. Dann lächelte er charmant, während er sie leise verfluchte.

»Was hast du gesagt?« fragte Frieda mit einem Akzent, der die Worte in einem Nuscheln erstickte.

»Ich sagte gerade, daß ich selbstverständlich alles genauso ausführen werde, wie Sie es wünschen, Frau Herzog.« Er lockerte die blaugestreifte Krawatte und öffnete den Kragen seines gestärkten Hemdes. Dann nahm er die kürbisförmige Klebstoffflasche und tropfte auf jedes der Etiketten ein wenig Klebstoff. Sorgfältig verteilte er die Flüssigkeit und achtete darauf, auch die Ecken zu bestreichen. Und dann klebte er sie auf die eingepackten Etuis.

»Das hast du sehr gut gemacht, Efrain.« Auf Friedas rosigem Gesicht erschien einen Augenblick lang so etwas wie ein anerkennendes Lächeln. Sie war immer wieder überrascht, wie sicher Efrain die Etiketten genau auf die Mitte der Etuis plazierte. Sie hätte es selbst nicht besser machen können!

Durch ihr Lob ermutigt, fragte Efrain sie nach dem Füller, den sie ihm versprochen hatte. Obwohl er schon nicht mehr daran glaubte, einen zu bekommen, erinnerte er sie dennoch bei jeder Gelegenheit an ihr Versprechen. Und sie hatte jedesmal eine andere Ausrede parat. »Wann bekomme ich meinen Füller?« wiederholte er mit eindringlicher, hoher Stimme.

Frieda Herzog blickte ihn stumm an, rückte auf ihrem Stuhl weit nach vorne und stützte die Ellbogen auf den Tisch. »Ich habe dir doch schon einmal erklärt, wie schwierig es war, vom Hersteller die Lizenz für dieses Gebiet zu bekommen. Begreifst du nicht, daß es in meinem Alter« – sie sagte nie, wie alt sie war – »und noch dazu als Frau äußerst schwierig ist, im Geschäft zu bleiben?« Sie stockte für einen Augenblick, fügte aber dann mit einem Anflug von Stolz in der Stimme hinzu: »Nur weil ich die Füller so gut verkaufe, kann ich es mir noch lange nicht leisten, sie zu verschenken.«

»Ein Füller wird Sie schon nicht in den Ruin treiben«, erwiderte Efrain.

»Dein Füller! Dein Füller! Kannst du an nichts anderes denken?« Ihre Stimme zitterte vor Entrüstung. Sie brachte ihr Gesicht ganz dicht an das seine. Sie zuckte kein einziges Mal mit der Wimper, als sie seinen Blick erwiderte.

Wie hypnotisiert starrte Efrain in ihre blauen Augen, in denen kaum merklich ein Funken von Wahnsinn glimmte.

Als sie bemerkte, daß sie zu weit gegangen war, wandte sie den Blick ab. Langsam entspannten sich ihre Züge. In einem versöhnlichen Tonfall erklärte sie ihm, daß sie beide zusammen Tausende von Füllern verkaufen könnten. Nicht nur in der Stadt und den umliegenden Dörfern, sondern im ganzen Land würden sie erfolgreich sein. »Du mußt Geduld haben, Efrain.« Sie beugte sich noch näher zu ihm. »Wenn wir expandieren, werden wir reich.« Dann lehnte sie sich wieder in ihrem Stuhl zurück und fuhr mit der Hand liebevoll über den kleinen Stahlschrank.

»Ich will doch nur einen Füller, du blöde Kuh«, murmelte Efrain verzweifelt.

Frieda Herzog hörte ihn nicht. Ihr Blick ruhte abwesend und traurig auf den großen Vogelkäfigen.

»Ich arbeite sehr hart«, sagte Efrain laut und deutlich. »Ich liefere nicht nur die Füller für Sie aus, sondern ich habe auch beinahe alle Kunden geworben.« Er achtete nicht auf ihre Versuche, ihn zu unterbrechen. »Und Sie wollen mir dafür nicht einmal einen Füller geben!«

»Ich leugne ja gar nicht, daß du sehr gute Arbeit geleistet hast«, sagte sie mürrisch. »Ich möchte dir nur begreiflich machen, daß beim Aufbau eines Unternehmens Opfer gebracht werden müssen.« Sie ging auf dem Balkon auf und ab. Ihre Stimme wurde schriller, als sie fortfuhr: »Schon bald werde ich dir nicht nur einen Füller und eine fette Provision geben, sondern dich obendrein zu meinem Teilhaber machen.« Sie blieb vor ihm stehen. »Ich bin Geschäftsfrau. In jedem Haushalt dieses Landes könnte bald ein solcher Füller sein. Efrain, wir werden an jeden Bürger des Landes, der Lesen und Schreiben kann, einen Füller verkaufen!«

Sie drehte sich um und lehnte sich über die Balkonbrüstung. »Schau auf diese Hügel!« rief sie aus. »Siehst du die Hütten?« Mit einer Armbewegung, die die weiten Ärmel ihres Morgenrockes flattern ließ, wies sie auf das Panorama vor ihr. Mit einem strahlenden Lächeln drehte sie sich wieder zu ihm um. »Denk an all die Hütten auf den Hügeln! Welche Möglichkeiten! Wir verkaufen selbst den Analphabeten unsere Füller! Sie müssen dann nicht mehr jedes Dokument mit einem Kreuz unterzeichnen, sondern können ihren Namen darunterstempeln.« Wie ein Kind klatschte sie vor Freude in die Hände, setzte sich dann neben ihn und griff in ihre Tasche.

»Das hier«, erklärte sie und hielt ihren eigenen goldenen Füller in die Luft, »ist die Lösung für jedermanns Probleme!« Behutsam schraubte sie den Füller auf und befestigte den winzigen Stempel auf der Verschlußkappe. Dann drückte sie ihn auf die Rückseite der Etuis. Stolz las sie ihren Namen und ihre Adresse in winzigen, violetten Buchstaben. »In diesen Hütten leben Hunderte von Menschen. Ich weiß genau, daß sie alle einen Füller wollen.« Sie berührte Efrains Arm. »Efrain, von heute an zahle ich dir für jeden Füller, den du in den Hügeln verkaufst, eine Provision.«

»Die Leute dort können sich gar keinen Füller leisten«, bemerkte Efrain sarkastisch.

»Ich werde etwas tun, was ich noch nie getan habe«, erklärte sie großspurig. »Ich werde die Füller auf Ratenzahlung verkaufen!« In heftiger Erregung packte sie hastig die kleinen Etuis zusammen und warf sie zusammen mit ihrem eigenen Füller in Efrains abgewetzte Ledermappe. »Du mußt jetzt gehen.«

Efrain war mehr als überrascht. Er sah sie an und fragte sich, ob sie denn ihren Fehler nicht bemerkt hatte. Dann nahm er gelassen seine Tasche. »Bis morgen dann«, sagte er.

»Du hast nur sechs Füller auszuliefern«, erinnerte sie ihn. »Ich erwarte dich bis spätestens fünf Uhr zurück. Die Kunden haben bereits bezahlt. Du brauchst die Füller also nur abzugeben.«

Efrain protestierte. »Es ist jetzt Mittag. Sie können nicht verlangen, daß ich in dieser Hitze ausliefere. Außerdem muß ich erst einmal etwas essen. Und dann brauche ich noch Geld für die Fahrten.« Als sie ihn erstaunt ansah, fügte er erklärend hinzu: »Ich muß noch tanken.«

Sie gab ihm ein wenig Kleingeld. »Und laß dir eine Quittung geben«, sagte sie und blickte ihn über den Rand ihrer Brille hinweg an. Er zuckte verärgert die Schultern. »Alter Geizkragen«, sagte er und wollte verschwinden.

»Wie hast du mich gerade genannt?« schnappte sie.

Er verkniff sich die Beleidigung, die ihm auf der Zunge lag. »Das Geld reicht nicht, um vollzutanken«, sagte er und steckte die Münzen ein. Dann zog er den Kamm aus der Tasche und fuhr sich, unbeeindruckt von Friedas mißbilligenden Blicken, durch sein widerspenstiges schwarzes Haar.

»Vier der Aufträge kannst du zu Fuß erledigen. Du brauchst also nicht mit dem Moped zu fahren. Solche Strecken bin ich selbst schon zu Fuß gegangen. Und wenn ich das schaffe, sollte das für einen jungen Mann wie dich kein Problem sein.«

Leise pfeifend rückte Efrain die Krawatte zurecht und zog den Mantel an. Mit einer lässigen Handbewegung verließ er den Balkon und ging ins Wohnzimmer. Ein lauter Seufzer entfuhr ihm. Seine Augen weiteten sich und spiegelten Überraschung und Bewunderung.

In einem der tiefen Polstersessel saß, die nackten Beine über die Armlehne geworfen, Antonia, Frieda Herzogs einzige Tochter. Sie gab sich keine Mühe, ihre Beine vor Efrains Blicken zu verbergen, sondern schaute ihn zärtlich und auch ein wenig besorgt an. Dann lächelte sie herausfordernd.

Sie war Mitte zwanzig und ausgesprochen hübsch, doch ihr erschöpft wirkendes Gesicht und der Ausdruck der Verzweiflung, der sich darin spiegelte, ließen sie älter aussehen. Sie war nur selten zu Hause. Zum großen Verdruß ihrer Mutter zog sie mit jedem Mann, den sie haben konnte, davon und kam nur gelegentlich zu Besuch. Kein Wunder also, daß die Alte so schlecht gelaunt war, dachte Efrain. Er fühlte sich leidenschaftlich zu Antonia hingezogen und wäre gerne geblieben, um mit ihr zu plaudern. Aber da er genau wußte, daß Frieda Herzog vom Balkon aus alles mithören würde, warf er Antonia schnell einen Kuß zu und verschwand.

Frieda Herzog stand regungslos an der Balkonbrüstung. Sie blinzelte wiederholt. Die grelle Sonne und die flirrende Luft ließen ihre Augen tränen. Die heiße Luft lag schwer auf den nahen Vorhügeln und verwandelte das bunte Hüttenmeer in ein verschwommenes Farbmuster.

Vor nicht allzu langer Zeit waren die Hügel grün gewesen. Aber über Nacht hatten sich dort die Armen niedergelassen und Hütten waren wie Pilze aus dem Boden geschossen. Niemand wagte, sie von dort zu vertreiben.

Frieda Herzogs Blick folgte Efrains ratterndem Moped, das auf der Straße unter ihr vorbeibrauste. Hoffentlich fuhr er zuerst zu den Sekretärinnen im pharmazeutischen Labor. Die beiden Frauen waren von den Füllern ganz begeistert gewesen. Frieda war sicher, wenn sie ihre Füller erst einmal den Kolleginnen gezeigt hatten, würden schnell neue Aufträge hereinkommen.

Leise in sich hineinlachend, drehte sie sich um und blickte ins Wohnzimmer, wo ihre Tochter saß. Sie seufzte tief und schüttelte enttäuscht den Kopf. Es war hoffnungslos, Antonia zu erklären, daß sie nicht mit nackten Beinen auf den mit beiger Seide bezogenen Armsesseln herumrutschen sollte. Sie hatte so große Pläne mit ihrer schönen Tochter gehabt. Antonia hätte einen reichen Mann heiraten können. Frieda hatte bis heute nicht verstanden, warum Antonia ausgerechnet diesen völlig mittellosen und wenig ehrgeizigen Verkäufer geheiratet hatte, der sie eines Tages einfach hatte sitzenlassen. Sie wußte nicht mehr genau, ob es beim Mittag- oder Abendessen gewesen war, als er den Tisch verließ, um nie zurückzukehren.

Mit einem Ausdruck der Resignation trat Frieda ins Wohnzimmer und zwang sich zu einem freundlichen Lächeln.

»Also wirklich! Efrain wird von Tag zu Tag unverschämter!« Sie ließ sich in einen Sessel fallen. »Ich fürchte, wenn ich ihm keinen Füller schenke, kündigt er. Er interessiert sich für nichts anderes.«

»Du weißt doch, wie er ist«, antwortete Antonia. Sie schaute nicht auf, sondern fuhr ungeniert fort, ihre langen, gepflegten Nägel zu polieren. »Also, Efrain will einen Füller. Was ist daran so verwerflich?«

»Er soll sich einen kaufen«, bemerkte Frieda gehässig.

»Aber Mutter«, schimpfte ihre Tochter. »Diese schwachsinnigen Dinger sind doch viel zu teuer. Er wird sich keinen Füller leisten können.«

»Daß ich nicht lache!« schnaubte Frieda. »Ich bezahle ihn gut. Wenn er sein Geld nicht für Kleider verschwenden würde, könnte er...«

Antonia ließ sie den Satz nicht vollenden. »Diese Stempelfüller sind eine kurzlebige Mode. Efrain weiß das sehr gut. In ein paar Monaten will sie keiner mehr.«

Frieda Herzog setzte sich kerzengerade in ihrem Sessel auf, als hätte man ihr Rückgrat gestreckt. Ihr Gesicht war rot vor Zorn. »Was redest du da! Diese Füller werden immer ein Erfolg sein!«

»Aber Mutter! Beruhige dich doch. Das kannst du doch nicht im Ernst glauben«, sagte Antonia versöhnlich. »Warum meinst du, daß du in dieser gottverlassenen Gegend Füller verkaufen sollst? Weil sie in Caracas längst keiner mehr will.«

»Das ist nicht wahr!« schrie Frieda Herzog. »Eines Tages werde ich die Kommission für ganz Miranda haben. Vielleicht sogar für ganz Venezuela. Wenn ich der Hersteller dieser Füller wäre, ich würde auf dem internationalen Markt expandieren. Das würde ich tun! Ein Handelsimperium aufbauen!«

Antonia lachte, dann wandte sie sich zum Spiegel über dem Kamin. Einige graue Strähnen hatten sich frühzeitig unter ihr dunkelblondes Haar gemischt. Um die Mundwinkel herum hatte sie Falten. Ihre großen blauen Augen wären schön gewesen, läge nicht dieser harte, verbitterte Ausdruck in ihnen. Nicht die Jahre, sondern Erschöpfung und Verzweiflung raubten ihrem Gesicht und ihrem Körper allmählich die Jugend.

»Efrain hat Fähigkeiten, die du bisher übersehen hast«, sagte sie zu Frieda. »Wenn es darum geht, Möglichkeiten zu finden, wie man Geld verdienen kann, dann ist er unschlagbar. Aber mit diesen Füllern reich werden! Das ist ein schlechter Scherz. Warum läßt du ihn nicht das machen, was er am besten kann?«

Frieda lachte verächtlich. »Was er am besten kann! Du glaubst wohl, ich hätte nicht bemerkt, was du in den letzten Monaten getrieben hast? Ich bin vielleicht ein wenig schwerhörig, aber nicht blöd!« Als sie sah, daß Antonia aufstand, fügte sie noch hastig hinzu: »Du hast nie Stil gehabt. Sich mit Efrain einzulassen! Du solltest dich schämen. Er ist ein Mulatte oder was auch immer. Ein Farbiger!«

Nun, da sie ihrem Ärger Luft gemacht hatte, lehnte sie sich zurück und schloß die Augen. Sie hätte ihre Worte gern zurückgenommen, aber als sie weitersprach, lag immer noch ein nörgelnder Unterton in ihrer Stimme: »Erwartest du denn nichts vom Leben?«

»Ich will Efrain heiraten«, antwortete Antonia leise.

»Nur über meine Leiche!« kreischte Frieda. »Ich werde dich enterben! Ich werfe dich aus meinem Haus!« Sie schnappte nach Luft. »Und was Efrain angeht: Ich nehme ihm das Moped weg und entlasse ihn!«

Aber Antonia hörte sie nicht mehr. Sie war hinausgegangen und hatte die Tür hinter sich zugeschlagen.

Einige Sekunden lang starrte Frieda auf die Tür, als erwartete sie, daß Antonia zurückkäme. Ihre Augen füllten sich mit Tränen, die nicht fließen wollten.

Leise verzog sie sich in ihr Schlafzimmer, setzte sich an den nierenförmigen Schminktisch und nahm mit zitternden Händen die Brille ab. Sie betrachtete sich im Spiegel. Eine neue Dauerwelle wäre nötig, dachte sie und fuhr mit den Fingern durch ihr dünnes graues Haar. Ihre Augen, von dunklen Schatten umgeben, lagen tief in den Höhlen. Ihre Haut, einst so weiß und glatt wie feinstes Porzellan, war unerbittlich gealtert, ausgetrocknet von der unbarmherzigen Tropensonne.

Sie brach in Tränen aus. »Oh Gott!« sagte sie leise. »Laß mich nicht krank werden. Laß mich in diesem verfluchten Land nicht sterben.«

Draußen waren leise Schritte zu hören. Kein Zweifel, Antonia hatte an der Tür gelauscht. Frieda war zu erschöpft, um sich aufzuregen. Sie legte sich aufs Bett und verfiel, eingelullt von den Klängen einer Mozart-Sonate, in einen unruhigen Halbschlaf. Die Vorstellung, Antonia säße am Flügel und spielte, erfüllte sie mit unbändiger Freude. Das Mädchen hatte früher so wunderbar Klavier gespielt.

Es war beinahe vier Uhr, als Frieda Herzog erwachte. Wie immer nach einem solchen Nickerchen fühlte sie sich frisch und war guter Dinge. Sie beschloß, das rotgepunktete Seidenkleid und die dazu passenden Schuhe zu tragen, die Antonia ihr zu Weihnachten geschenkt hatte.

Die Sonne, die schon tief am Himmel stand, ließ überall im Wohnzimmer Schatten entstehen. Frieda blickte zu den bunten Hütten auf dem fernen Hügel hinüber. Im Nachmittagslicht schienen sie wesentlich näher zu sein. Sie ging in die Küche und bereitete ihren nachmittäglichen Imbiß vor: Kaffee, Zucker, Sahne und einen Teller voller Mohngebäck.

»Antonia!« rief sie liebevoll, als sie sich in einem der Sessel niederließ. Sie wartete auf das vertraute Klappern von Antonias Absätzen auf dem Fußboden im Flur, bevor sie den Kaffee einschenkte. Sie rief nochmals, erhielt aber keine Antwort. Sie muß ausgegangen sein, dachte sie, und legte die auseinandergefaltete Stoffserviette auf ihren Schoß.

Kurz vor fünf Uhr blickte sie auf ihre goldene Armbanduhr. Efrain mußte jeden Augenblick zurückkommen. Vielleicht hatte er ja die Wahrheit gesagt und tatsächlich neue Kunden geworben. Obwohl sie es nie ausgesprochen hatte, war ihr seit langem klar, daß Efrain hervorragend mit Menschen umgehen konnte. Zu schade, daß sie ihn entlassen mußte. Es würde nicht leicht sein, Ersatz für ihn zu finden, aber sie konnte es schließlich nicht dulden, ihn zu behalten, jetzt, da sie Antonias Absichten kannte. Vielleicht, dachte sie, hatte ihre Tochter sie ja auch nur ärgern wollen. Sie konnte unmöglich glauben, daß Antonia diesen Jungen allen Ernstes heiraten wollte.

Um sechs Uhr war Frieda so nervös, daß sie die beiden Sekretärinnen und den Besitzer des Textilgeschäftes an der Plaza anrief. Sie hatten ihre Füller noch nicht erhalten.

Sprachlos starrte sie das Telefon an, trat dann auf den Balkon hinaus und suchte mit zitternden Händen ihren Schreibtisch ab. »Er hat den Füller gestohlen!« kreischte sie. Sie rannte aus der Wohnung, die Treppe hinab und auf die Straße. Die erstaunten Mienen ihrer Nachbarn, die auf dem Gehsteig miteinander plauderten, nahm sie ebensowenig wahr wie deren Grüße. Sie rannte einfach an ihnen vorbei. Erst am Fuße des Hügels blieb sie stehen, um Atem zu holen. Als sie langsam den breiten Weg hinauf zu den Hütten erklomm, wünschte sie sich, sie hätte nicht die hochhackigen Schuhe angezogen, die ihr Antonia geschenkt hatte.

Sie war noch nie in Efrains Haus gewesen, aber sie wußte ungefähr, wo es sich befand. Sie hatte davon gehört, wie gefährlich diese Hüttendörfer waren, die kein Fremder zu betreten wagte. Selbst die Polizei weigerte sich, einen Verbrecher zu verfolgen, der dorthin geflohen war. Aber sie hatte keine Angst. Wer sollte einer alten Frau etwas tun wollen? Sie stellte erleichtert fest, daß es hier oben nicht nur Hütten, sondern auch richtige Häuser gab.

Einige Male mußte sie anhalten, um Atem zu schöpfen und ihr heftig schlagendes Herz zu beruhigen. Die Leute starrten sie neugierig an. Barfüßige, halbnackte Kinder unterbrachen ihr Spiel und kicherten, als sie an ihnen vorbeiging. Kurz bevor sie den Gipfel des Hügels erreicht hatte, blieb sie stehen und schaute auf die Stadt hinunter. Ein sanfter Wind kühlte ihr erhitztes Gesicht. Nie hatte die Stadt schöner ausgesehen als jetzt im Zwielicht der Dämmerung. Von einer plötzlichen düsteren Vorahnung ergriffen, suchte Frieda nach ihrem eigenen Haus.

Eine freundliche Mädchenstimme riß sie aus ihrer Betrachtung. »Brauchst du Hilfe?« fragte sie. »Hast du dich verlaufen?«

»Ich suche Efrain Sandovals Haus«, antwortete Frieda. Sie war so sehr damit beschäftigt gewesen, ihr Haus zu suchen, daß sie gar nicht bemerkt hatte, wie dunkel es inzwischen geworden war. »Weißt du, wo Efrain wohnt?« wiederholte sie die Frage, aber das Mädchen stand einfach nur da und starrte sie mit leerem Blick an. Es hatte offensichtlich kein Wort verstanden.

»Sie sind zu weit gegangen«, erklärte ihr ein alter Mann, der in der Nähe am Boden saß. Im trüben Licht, das aus den Ritzen einer Wellblechhütte drang, war er nur schemenhaft zu erkennen. »Sie müssen ein Stück zurückgehen und dann links abbiegen, auf einen kleinen Fußweg. Es ist das gelbe Haus. Sie können es nicht verfehlen. Es leuchtet wie ein Kanarienvogel.« Er schaute ihr besorgt nach, als sie mit unsicheren Schritten zurückging. »Aber Sie sollten besser nach Hause gehen«, rief er ihr nach. »Es sind viele Betrunkene unterwegs, die Streit suchen.«

Frieda Herzog hörte seine warnenden Worte nicht mehr. Sie wurden vom aufgeregten Geschrei einiger Männer übertönt, dem das Geräusch von schnellen, polternden Schritten folgte. Bevor sie sich umdrehen konnte, um zu sehen, was geschah, spürte sie einen harten Schlag. Der Boden unter ihren Füßen schien zu wanken, und sie stürzte über das provisorische Geländer, das eher vor dem Sturz in die Tiefe warnen als ihn verhindern sollte. Einen Augenblick sah sie entsetzt, wie der felsige Abgrund auf sie zuraste. Dann waren Stimmen zu hören, laute und leise. Und dann war nur noch Schweigen und Nacht.

Efrain schreckte aus einem unheimlichen Traum hoch. Wie schon so oft, hatte er im Schlaf mit Hans Herzog gesprochen. Sein Freund hatte ihn gedrängt, die Dinge endlich selbst in die Hand zu nehmen und Antonia zu heiraten. Danach sollten sie eine Weltreise machen. Efrain hatte gelacht und ihm geantwortet, daß er viel lieber eine von seinen Geschichten über ferne Länder hören würde. Hans Herzog hatte das abgelehnt – es wäre endlich an der Zeit, so sagte er, daß Efrain diese Länder mit eigenen Augen zu sehen bekäme.

Obwohl Efrain sich an die Lebhaftigkeit seiner Träume gewöhnt hatte, war dieser von besonderer Intensität. Er hatte ein so nachhaltiges Gefühl von Wirklichkeit hinterlassen, das Efrain nicht vergessen konnte. Bis auf den heutigen Tag hatte er sich hartnäckig geweigert, sich selbst einzugestehen, daß sein Freund und Arbeitgeber tot war. Er sah ihn doch jede Nacht und sprach im Traum mit ihm.

Er zündete die Kerosinlampe neben dem Bett an und öffnete die Bierflasche, die er auf den Stuhl gestellt hatte. Er schenkte sich ein Glas ein, pustete die Schaumkrone weg und nahm einen großen Schluck. Dabei kümmerte es ihn wenig, daß das Bier warm war.

»Darauf, daß ich die Dinge selbst in die Hand genommen habe!« prostete er sich selbst zu und zog Frieda Herzogs Füller aus der Tasche. Zufrieden lachend schraubte er ihn auseinander, nahm den Stempel heraus und drückte ihn mehrmals auf seinen Arm.

Vor einer Woche hatte er sich bereits entschlossen, die Dinge selbst in die Hand zu nehmen, und einen befreundeten Goldschmied gebeten, ihm einen Stempel mit seinem Namenszug anzufertigen. Efrain bezweifelte nicht, daß das Glück auf seiner Seite gewesen war. Wie sonst sollte er dieses seltsame Zusammentreffen deuten: Am selben Tag, als er den Stempel abholen sollte, hatte Frieda Herzog aus Versehen ihren eigenen goldenen Füller in seine Tasche gesteckt.

Er schüttete den Rest des Bieres ins Glas und trank. Vielleicht hatte Frieda Herzog ihm unbewußt den Füller doch geben wollen? Efrain war nur zu geneigt, die Sache so zu interpretieren.

Ein lautes Klopfen an der Tür unterbrach seine Gedanken.

»Efrain!« rief jemand aufgeregt. »Eine alte Dame, die nach dir gesucht hat, ist von einem Betrunkenen niedergeschlagen worden.«

»Frieda Herzog!« Efrain nahm seine Tasche und rannte hinaus. Eine Menge Neugieriger hatte sich am Fuße des Hügels versammelt.

»Das kann nicht sein«, wiederholte er immer wieder und drängte die Leute zur Seite. Sie lag ausgestreckt am Boden. Er kniete sich neben sie hin. Das schwache Licht einer Kerosinlampe warf einen gelblichen Schein auf ihr Gesicht. Er versuchte etwas zu sagen, brachte aber kein Wort heraus. Er konnte seinen Blick nicht von ihren blauen Augen lösen. Ohne die Brille, die zerbrochen neben ihr lag, wirkten sie groß und wachsam, wie die Augen eines Kindes. Ihre Lippen waren leicht geöffnet, so daß ihre weißen Zähne zum Vorschein kamen. Er spürte, daß sie etwas sagen wollte.

»Ich habe die Füller«, beruhigte er sie und zog die Etuis aus der Tasche. Er hielt sie ganz nahe an ihr Gesicht. »Ich konnte sie heute nicht mehr ausliefern«, log er. »Ich mußte Bestellungen aufnehmen. Wir haben vier neue Kunden.«

Der abfällige Zug um ihren Mund verstärkte sich. Ihre Lippen bewegten sich, und sie murmelte etwas von Antonia und daß er entlassen sei. Dann weiteten sich ihre Augen, ihre Pupillen vergrößerten sich und ihr Leben erlosch.

»Ich arbeite für sie«, erklärte Efrain den Umstehenden. »Das Leben ist seltsam. Erst heute morgen hat sie mir diesen wunderschönen Füller geschenkt«, sagte er und zog ihn aus der Tasche. Mit geschickten Handgriffen schraubte er die Verschlußkappe ab, befestigte den Stempel und drückte ihn auf seinen Unterarm. »Efrain Sandoval. Kanarienvilla. Curmina«, las er mit lauter und klarer Stimme vor. »Diesen einzigartigen Füller könnt ihr bei mir bestellen und auf Wunsch auch in Raten bezahlen!«

20

Es war Sonntagmorgen, und ich saß mit Doña Mercedes auf der Plaza. Wir warteten auf Candelaria, die in die Messe gegangen war. Eine Stunde zuvor hatte ich Efrain Sandoval zuletzt gesprochen.

Auf einer Bank in der Nähe saß ein gutgekleideter, würdevoller alter Mann, der laut aus einer Zeitung vorlas. Er sprach mit feierlicher Stimme und schien von dem, was er da las, völlig in Anspruch genommen. Das Lächeln der Menschen um ihn herum bemerkte er gar nicht.

Auf der anderen Straßenseite stolperte ein verwahrloster Mann aus einer Bar, die schon vormittags geöffnet hatte. Unter seinem Arm trug er eine Plastiktüte, in der eine Flasche steckte. Er setzte seinen Hut auf und verschwand dann keuchend und hustend um die nächste Ecke.

Mit einem Gefühl unerklärlicher Traurigkeit blickte ich zu Doña Mercedes hinüber. Sie trug eine Sonnenbrille, und so konnte ich den Ausdruck ihrer Augen nicht erkennen. Sie verschränkte die Arme eng vor der Brust, als hätte sie plötzlich ein kalter Windhauch angeweht. Aufmerksam hörte sie mir zu, als ich ihr zu erklären versuchte, wie ich die bisherigen Geschichten verstanden hatte.

»Du willst mir die verschiedenen Wege zeigen, die Kraft zu manipulieren, die Florinda *Absicht* nennt«, sagte ich.

»Etwas in Bewegung zu bringen ist nicht unbedingt gleich ein Akt der Manipulation«, verbesserte sie mich. »Und ich will viel mehr als das. Ich habe dir bereits gesagt, daß ich dich zeitweilig in den Schatten der Menschen bringe, die dir ihre Geschichten erzählen, damit du fühlen kannst, wie das Rad des Schicksals sich dreht. Ohne dieses Gefühl wird all dein Tun bedeutungslos sein. Du mußt dem Auf und Ab im Leben desjenigen folgen, der dir seine Geschichte erzählt. Einen Augenblick lang mußt du in seinem Schatten sein.«

»Was ist mit Efrain Sandoval? Er hatte mit Sicherheit keinen Einfluß auf das, was mit ihm geschah. Warum sollte ich in seinem Schatten sein?«

»Weil sich das Rad für ihn gedreht hat. Er hat es nicht selbst in Bewegung gebracht, aber dennoch hat sich sein Leben verändert. Ich will, daß du diese Veränderung, die Bewegung des Rades fühlst. Ich habe dir ebenfalls schon gesagt, daß Hans Herzogs Geist das Rad für ihn bewegt hat. So wie Victor Julio im Augenblick seines Todes das Rad bewegt und Octavio Cantús Leben zerstört hat, hat Hans Herzog es nach seinem Tod bewegt und Efrains Leben bereichert.«

Doña Mercedes nahm die Sonnenbrille ab und schaute mir direkt in die Augen. Sie öffnete den Mund, um noch etwas zu sagen, aber statt dessen lächelte sie und erhob sich. »Die Messe ist gleich zu Ende«, sagte sie. »Laß uns vor der Kirche auf Candelaria warten.«

Sechster Teil

21

»Musiúa, bist du da?« flüsterte Mercedes Peralta, öffnete lautlos die Tür und trat in mein Zimmer. Im schwachen Lichtschein meiner Leselampe wirkte sie mit ihrem langen schwarzen Kleid und dem breitkrempigen Filzhut wie der Inbegriff einer Hexe.

»Nein, mach das Licht nicht an«, sagte sie, als ich nach dem Schalter tastete. »Ich kann die Helligkeit einer Glühbirne jetzt nicht ertragen.« Sie setzte sich neben mich auf das Bett und strich gedankenversunken die Falten meiner Bettdecke glatt. Dann schaute sie auf und blickte mir starr ins Gesicht.

Verunsichert fuhr ich mir mit den Fingern über Wangen und Kinn und fragte mich, ob irgend etwas nicht in Ordnung sei. Sie kicherte und fing an, die Notizblöcke auf meinem Nachttisch sorgfältig übereinander zu stapeln. »Ich muß sofort nach Chuao«, sagte sie schließlich mit tiefer und ernster Stimme.

»Nach Chuao? Um diese Zeit?« Da sie nachdrücklich nickte, fügte ich hinzu: »Wir werden im Schlamm steckenbleiben, wenn es anfängt zu regnen.« Chuao war ein kleines Dorf an der Küste, mehr als eine Stunde von Curmina entfernt.

»Es wird regnen«, bekräftigte sie ungerührt. »Aber mit deinem Jeep werden wir schon nicht steckenbleiben.« Sie saß über den Nachttisch gebeugt, biß sich auf die Unterlippe und überlegte offenbar, ob sie noch etwas hinzufügen sollte. »Ich muß bis Mitternacht dort sein«, murmelte sie. Ihr Tonfall verriet, wie dringlich es war. »Ich muß dort bestimmte Pflanzen holen, die ich nur heute nacht bekommen kann.«

»Es ist schon nach elf«, sagte ich mit einem Blick auf die Leuchtziffern meiner Armbanduhr. »Bis Mitternacht werden wir es nie schaffen.«

Mit einem breiten Grinsen griff Doña Mercedes nach meiner Jeans und dem T-Shirt, die über dem Bettpfosten hingen. »Wir werden deine Uhr dazu bringen, die Stunden nicht mehr zu zählen.« Ihr freundlicher Blick, vertraulich und erwartungsvoll, erwiderte den meinen. »Du wirst mich doch hinbringen, oder?«

Als wir die Stadt verließen, ging ein heftiger Schauer auf den Jeep nieder. Innerhalb von Sekunden bildete der Regen einen Vorhang um uns. Sofort verlangsamte ich die Fahrt, da ich fast nichts mehr sehen konnte und vom Quietschen der Scheibenwischer irritiert wurde, die nur kurz einen Halbkreis auf der Windschutzscheibe freiwischten, der sich sofort wieder eintrübte. Die Bäume zu beiden Seiten der Straße waren zu einer dunklen Masse verschmolzen, was den Eindruck erzeugte, daß wir wie durch einen Tunnel fuhren. Nur das vereinzelte Bellen eines einsamen Hundes gab einen Hinweis darauf, daß wir wieder an einer Hütte vorbeigefahren waren.

Der Regen hörte so plötzlich auf, wie er begonnen hatte; der Himmel blieb jedoch bedeckt. Die tiefhängenden Wolken wirkten bedrückend. Ich wandte meine Augen nicht von der Windschutzscheibe, denn ich wollte den Fröschen ausweichen, die vom Scheinwerferlicht geblendet auf der Straße herumhüpften.

Als wir in die Straße einbogen, die zur Küste führte, waren die Wolken so plötzlich verschwunden, als hätte sie eine unsichtbare Kraft vom Himmel gefegt. Der Mond schien hell auf die Küstenebene, auf der sich nur hier und da ein Baum mit silbrig schimmernden Blättern sanft im unwirklichen Licht wiegte.

Mitten auf einer Kreuzung hielt ich an und sprang aus dem Jeep. Die Luft, warm und feucht, roch nach dem Meer und den Bergen.

»Warum hast du hier angehalten, Musiúa?« fragte Doña Mercedes erstaunt, während sie ebenfalls aus dem Wagen stieg.

»Ich bin eine Hexe«, sagte ich und blickte ihr tief in die Augen. Wenn ich ihr einfach erzählt hätte, daß ich meine

Beine ausstrecken wollte, hätte sie mir sowieso nicht geglaubt. »Ich wurde in einer ähnlichen Gegend geboren«, fuhr ich fort. »Irgendwo zwischen den Bergen und dem Meer.«

Mercedes Peralta sah mich zunächst stirnrunzelnd an, dann blitzte ein amüsiertes Funkeln in ihren Augen auf. Hemmungslos kichernd ließ sie sich auf dem nassen Boden nieder und zog mich zu sich hinab. »Vielleicht bist du gar nicht wie ein normaler Mensch auf die Welt gekommen. Vielleicht hat dich eine *Curiosa* auf ihrem Flug verloren«, sagte sie.

»Was ist eine *Curiosa?«* fragte ich.

Sie sah mich vergnügt an und erklärte mir, daß *Curiosas* Hexen seien, die sich nicht mehr mit konkreter Zauberei – magischen Zeichen, Ritualen und Beschwörungsgesängen – befaßten. *»Curiosas«,* flüsterte sie, »sind Wesen, die sich mit der Ewigkeit beschäftigen. Sie sind wie Spinnen, die feine unsichtbare Fäden zwischen dem Bekannten und dem Unbekannten weben.« Dann nahm sie ihren Hut ab und legte sich genau in der Mitte der Kreuzung flach auf den Boden, den Kopf in Richtung Norden weisend. »Leg dich hin, Musiúa«, drängte sie und streckte ihre Arme nach Osten und Westen aus. »Achte darauf, daß dein Kopf den meinen berührt und daß deine Arme und Beine in der gleichen Stellung sind wie meine.«

Es war ein angenehmes Gefühl, so Kopf an Kopf auf der Straße zu liegen. Ich hatte den Eindruck, als seien unsere Köpfe miteinander verschmolzen, obwohl ja noch die Haare dazwischen waren. Ich blickte zur Seite und stellte amüsiert fest, daß sie viel längere Arme hatte als ich. Sie schob sie noch dichter an meine heran.

»Wenn uns hier jemand liegen sieht, hält er uns für vollkommen verrückt«, bemerkte ich.

»Vielleicht«, stimmte sie zu. »Aber wenn es Leute sind, die öfter um diese Zeit hier vorbeikommen, werden sie vor Angst davonrennen. Sie würden glauben, zwei *Curiosas* zu sehen, die sich aufs Fliegen vorbereiten.«

Wir blieben einen Augenblick lang still liegen, aber bevor ich sie nach dem Flug der *Curiosas* fragen konnte, sprach sie weiter.

»Ich habe dich gefragt, warum du gerade an dieser Stelle angehalten hast«, sagte sie. »Und zwar, weil viele schwören, genau hier eine *Curiosa* gesehen zu haben, die splitternackt auf dem Boden gelegen hat. Angeblich sind aus ihrem Rücken Flügel gewachsen, und die Leute haben gesehen, wie ihr Körper durchscheinend weiß wurde, als sie sich in die Luft erhob.«

»Bei der Séance für Efrain Sandoval habe ich gesehen, wie dein Körper durchsichtig wurde«, sagte ich.

»Natürlich«, erwiderte Doña Mercedes mit amüsierter Gelassenheit. »Das habe ich nur für dich getan, weil ich genau weiß, daß du nie eine Heilerin werden wirst. Du bist ein Medium, vielleicht sogar eine Hexe, aber keine Heilerin. Ich muß es wissen, denn ich bin selbst eine Hexe.«

»Was macht einen zur Hexe?« fragte ich kichernd, da ich das, was sie gesagt hatte, unmöglich ernst nehmen konnte.

»Hexen sind Wesen, die nicht nur in der Lage sind, das Rad des Schicksals in Bewegung zu setzen«, antwortete sie, »sondern auch eine Verbindung für sich selbst herzustellen. Was würdest du sagen, wenn wir in diesem Augenblick zum Flug abheben würden, an den Köpfen miteinander verbunden?«

Einen Moment lang überkam mich eine schreckliche Ahnung, auf die ein Gefühl völliger Gleichgültigkeit folgte.

»Wiederhole jetzt einen der Gesänge, die dir meine Ahnin beigebracht hat«, befahl sie. »Wir werden gemeinsam singen.«

Unsere Stimmen verschmolzen zu einem einzigen Klang, der alles um uns herum erfüllte und uns in einen riesigen Kokon einhüllte. Die Worte stiegen unablässig aus der Tiefe empor und trugen uns höher und höher. Wir begannen, uns wie ein Rad zu drehen, bis alles um uns in Schwärze versank.

Jemand schüttelte mich heftig. Schlagartig wurde ich wach. Ich saß hinter dem Steuer des Jeeps – und fuhr! Wie ich in den Wagen zurückgekommen war, wußte ich nicht.

»Schlaf nicht ein«, sagte Doña Mercedes. »Sonst bauen wir noch einen Unfall und verrecken wie zwei Idioten.«

Ich trat auf die Bremse und schaltete die Zündung aus. Der Gedanke, daß ich schlafend den Wagen gesteuert hatte, ließ mich vor Angst zittern.

»Wohin fahren wir eigentlich?« fragte ich. Meine Stimme klang eine Oktave tiefer.

Doña Mercedes lächelte und zog dann in gespieltem Ärger die Augenbrauen hoch. »Du wirst viel zu schnell müde«, sagte sie. »Du bist einfach zu klein und zu zierlich. Aber ich denke, das ist eine deiner besten Eigenschaften. Denn würdest du größer sein, wärst du bestimmt unerträglich!«

Ich bestand darauf, unser Ziel zu erfahren. Ich meinte damit irgendeine konkrete Ortsangabe, die mir beim Fahren als Orientierung dienen konnte.

»Wir werden Leon Chirino und einen anderen Freund treffen«, informierte sie mich. »Nun los. Ich sage dir, wie du fahren sollst.«

Ich startete den Jeep und fuhr schweigend weiter. Noch immer fühlte ich mich ein wenig benommen.

»Ist Leon ein Medium und ein Heiler?« fragte ich sie.

Doña Mercedes lachte sanft, gab aber keine Antwort. »Wie kommst du darauf?« fragte sie schließlich.

»Er hat etwas sehr Rätselhaftes«, sagte ich. »Er erinnert mich an dich.«

»Auch jetzt?« fragte sie spöttisch. Dann erklärte sie mir in ernstem Ton, daß Leon Chirino ein Medium und ein Hellseher sei.

Gedankenverloren überhörte ich ihre Anweisungen und erschrak, als sie mich plötzlich anschrie: »Du mußt zurück! Du bist vorbeigefahren!« Sie deutete auf eine große Schattenpalme. »Halt dort an!« Sie lächelte und fügte hinzu: »Von hier aus werden wir zu Fuß gehen.«

Neben der Palme begann ein schmaler Pfad. Der Boden war von ihren Blüten bedeckt, von denen ich wußte, daß sie bei Tageslicht rot waren, während sie im Mondlicht schwarz zu sein schienen. Schattenpalmen stehen nur selten allein; normalerweise werden sie auf Plantagen angepflanzt, um Kaffee- oder Kakaosträucher vor der gleißenden Sonne zu schützen.

Wir folgten dem verwachsenen Pfad, der sich zwischen den hohen Schattenpalmen wand, und näherten uns einer Hügelgruppe, die vor uns im Dunkel lag. Es waren keine anderen Geräusche zu hören als Mercedes Peraltas beschleunigter Atem und das Knacken kleiner Zweige unter unseren Füßen. Der Pfad endete bei einem niedrigen Gebäude, an dem sich eine weite Lichtung anschloß. Die Lehmwände des Hauses waren vom Regen stark beschädigt. Das Dach war nur noch teilweise mit Blech und Palmwedeln bedeckt, die vorne weit überhingen und so eine Art Veranda bildeten. An der Vorderfront gab es keine Fenster, nur eine schmale Tür, durch die schwaches Licht nach außen drang.

Doña Mercedes stieß die Tür auf. Flackernde Kerzen warfen in dem nur spärlich möblierten Raum mehr Schatten als sie Licht spendeten. In einem Lehnstuhl saß Leon Chirino und starrte uns überrascht und zugleich erfreut an. Zögernd erhob er sich, umarmte die Heilerin herzlich und bat sie, auf seinem Lehnstuhl Platz zu nehmen.

Dann begrüßte er mich und schüttelte mir die Hand. »Darf ich dir einen der bedeutendsten Heiler dieser Region vorstellen?« fragte er und fügte lächelnd hinzu: »Nach Doña Mercedes, versteht sich.«

Bevor er weitersprechen konnte, rief jemand dazwischen: »Ich bin Agustín.«

Da erst bemerkte ich die Hängematte in der Ecke des Zimmers und den kleinen Mann, der darin saß. Einen Fuß hatte er auf den Boden gestützt und schaukelte so vor und zurück. Er sah nicht gerade jung aus, wirkte aber auch nicht sonderlich alt. Er mochte Mitte Dreißig sein. Seine hohlen Wangen und die hervortretenden Backenknochen verliehen ihm das Aussehen eines untererernährten Kindes. Aber das Auffallendste an ihm waren seine Augen. Sie waren strahlend blau und stachen in seinem dunklen Gesicht mit verblüffender Intensität hervor.

Etwas unbeholfen stand ich mitten im Zimmer. Das flackernde Licht der Kerzen, das spielerisch unsere Schatten an den spinnwebenverhangenen Wänden bewegte, verbreitete eine unheimliche Stimmung. Die karge Möblierung – ein Tisch mit drei Stühlen, zwei Hocker und ein Feldbett, alles sorgfältig an der Wand aufgestellt – verlieh dem Raum eine merkwürdige Atmosphäre.

»Wohnst du hier?« fragte ich Agustín.

»Nein«, antwortete er und schritt auf mich zu. »Diese Hütte ist meine Sommerresidenz.« Er warf den Kopf zurück und lachte schallend über seinen Witz.

Verlegen ging ich auf einen der Hocker zu und schrie auf, als etwas mein Fußgelenk kratzte. Eine ausgesprochen häßliche, verwahrloste Katze starrte mich an.

»Kein Grund, so zu brüllen«, sagte Agustín und nahm die magere Katze auf den Arm. Sie begann sofort zu schnurren, als er ihr über den Kopf strich. »Sie mag dich. Willst du sie streicheln?«

Ich schüttelte energisch den Kopf. Was mich davon abhielt, waren weniger die Flöhe oder die ekligen kahlen Stellen auf dem gelblichen Fell als vielmehr die durchdringenden, gelbgrünen Schlitzaugen, mit denen sie mich unverwandt anstarrte.

»Wir sollten besser gehen, wenn wir die Pflanzen noch rechtzeitig bekommen wollen«, sagte Leon Chirino und half Doña Mercedes auf. Er nahm die Öllampe vom Haken, zündete sie an und winkte uns, ihm zu folgen.

Ein niedriger Durchgang, der mit einer Plastikfolie verhängt war, führte in ein Hinterzimmer, das offenbar als Küche und Lagerraum benutzt wurde. An einer Seite war der Raum offen und gab den Blick auf ein Stück Land frei, das mit dickstämmigen Bäumen und hohem Buschwerk bewachsen war. Im schwachen Licht der Lampe wirkte das Ganze wie ein verlassener Obstgarten.

Wir zwängten uns durch eine schmale Öffnung in der scheinbar undurchdringlichen Mauer aus Büschen und Sträuchern und standen vor einer öden Landschaft. Der Abhang mit dem niedergebrannten Strauchwerk und den verkohlten Baumstümpfen wirkte im weißen Mondlicht unheimlich und grotesk.

Leon Chirino und Agustín verschwanden geräuschlos.

»Wohin gehen sie?« flüsterte ich Doña Mercedes zu.

»Sie gehen voraus«, antwortete sie unbestimmt und wies in die Dunkelheit vor uns.

Sie trug jetzt die Öllampe, die bizarre Schatten warf, und beleuchtete den schmalen Pfad, der ins Dickicht führte. In der Ferne sah ich ein Licht durch die Büsche schimmern. Wie ein Glühwürmchen leuchtete es sporadisch auf, um gleich wieder zu verlöschen.

Als wir uns dem Licht näherten, glaubte ich einen monotonen Gesang zu hören, der sich mit dem fernen Summen der Insekten und dem Rascheln der Blätter vermischte.

Mercedes Peralta löschte die Lampe. Doch bevor der letzte Schein verglommen war, sah ich gerade noch ihren gebauschten Rock in der Nähe einer halbverfallenen, niedrigen Mauer, ungefähr vier Meter von mir entfernt. Ihre Gestalt war von der Glut einer Zigarre beleuchtet, und von ihrem Kopf ging ein schimmernder Lichtstrahl aus. Ich rief ihren Namen, doch sie antwortete nicht.

Fasziniert beobachtete ich, wie eine Rauchwolke über meinem Kopf Kreise zog. Der Rauch verflüchtigte sich nicht wie gewöhnlich, sondern verharrte längere Zeit in der Luft. Irgend etwas streifte meine Wange. Mechanisch fuhr ich mit den Fingern über mein Gesicht. Erstaunt sah ich auf meine Fingerspitzen: Sie leuchteten phosphoreszierend. Erschrocken wollte ich zu der Mauer laufen, auf der ich Doña Mercedes hatte sitzen sehen. Aber schon nach wenigen Schritten wurde ich von Leon Chirino und Agustín aufgehalten.

»Wo willst du hin, Musiúa?« fragte mich Leon scherzend.

»Ich muß Doña Mercedes helfen, ihre Pflanzen einzusammeln.«

Meine Antwort schien die beiden zu amüsieren. Sie kicherten. Leon tätschelte mir den Kopf, und Agustín griff dreist nach meinem Daumen und drückte ihn, als wäre er aus Gummi.

»Wir müssen hier geduldig warten«, sagte er. »Ich habe gerade durch deinen Daumen Geduld in dich hineingepumpt.«

»Sie hat mich mitgenommen, damit ich ihr helfe«, beharrte ich.

»Sicher«, sagte er besänftigend. »Du mußt ihr helfen – aber nicht beim Sammeln dieser Pflanzen.« Er führte mich zu einem umgestürzten Baum. »Laß uns hier auf Doña Mercedes warten.«

In Mercedes Peraltas Haaren hatten sich Blätter verfangen, die silbrig und grün schimmerten. Geräuschlos befestigte sie die Öllampe an einem Ast, hockte sich auf den Boden und sortierte die Pflanzen, die sie gesammelt hatte. Eisenkrautwurzeln verabreichte sie bei Regelschmerzen. Baldrianwurzeln, in Rum getränkt, waren ein ideales Hilfsmittel gegen Nervosität, Reizbarkeit, Depressionen und Alpträume. *Torco*-Wurzeln, ebenfalls in Rum getränkt, halfen gegen Blutarmut und gelbes Fieber. *Guaritoto*-Wurzeln wurden von Doña Mercedes vor allem bei Nieren- und Blasenerkrankungen verschrieben. Rosmarin und Raute verwendete sie als Desinfektionsmittel. Malvenblätter halfen gegen Hautausschlag und in Zuckerrohrsaft gekochter Beifuß gegen Regelschmerzen, Würmer und hohes Fieber. *Zabila* heilte Asthma.

»Aber all diese Pflanzen wachsen doch in deinem Garten!« sagte ich verwirrt. »Warum bist du extra hierher gefahren?«

Agustín grinste. »Ich werde dir etwas verraten, Musiúa«, flüsterte er und rückte an mich heran. »Diese Pflanzen sind aus Leichen gewachsen.« Und mit einer ausladenden Geste fügte er hinzu: »Wir befinden uns hier auf einem Friedhof.«

Erschrocken blickte ich mich um. Es waren weder Grabsteine noch Erdhügel zu sehen, die auf einen Friedhof hätten schließen lassen, aber auf dem anderen Friedhof hatte es ja auch keine Grabsteine gegeben.

»Unsere Vorfahren liegen hier«, erzählte Agustín und bekreuzigte sich. »In einer Nacht wie dieser, wenn der Vollmond auf die Gräber scheint und den Bäumen silberne Schatten zaubert, kann man klagende Schreie und das Rasseln von Ketten hören. Leute gehen um, die ihre abgeschlagenen Köpfe unterm Arm tragen. Es sind die Geister der

Sklaven, die – nachdem sie tiefe Gruben für die Schätze ihrer Herren ausgehoben hatten – geköpft und mit all dem Gold begraben wurden. Aber es besteht kein Grund, sich zu fürchten«, fügte er rasch hinzu. »Alles, was sie verlangen, ist ein Schluck Rum. Gibt man ihnen welchen, verraten sie, wo die Schätze liegen. Und dann gibt es noch die Geister von Mönchen, die man wegen Gotteslästerung hingerichtet hat und die jetzt ihre Sünden beichten wollen, aber niemanden finden, der ihnen zuhört. Außerdem gehen Piraten um, die einst nach Chuao kamen, um das Gold der Spanier zu suchen.« Er lachte und fuhr in vertraulichem Ton fort: »Und dann sind da noch die einsamen Geister, die den Vorbeigehenden nachpfeifen. Das sind die unkompliziertesten. Sie wollen nur, daß jemand ein Vaterunser für sie spricht.«

Mercedes Peralta hob langsam ihren Kopf. Sie hielt eine Wurzel in der Hand und sah mich an. »Agustín hat einen unerschöpflichen Vorrat an solchen Geschichten«, sagte sie. »Und jede einzelne schmückt er bis zum Letzten aus.«

Agustín erhob sich. Die Art, wie er sich streckte und dehnte, erweckte den Eindruck, als habe er gar keine Knochen. Er fiel vor Doña Mercedes zu Boden und barg seinen Kopf in ihrem Schoß.

»Wir machen uns besser auf den Weg«, sagte sie, während sie ihm zärtlich den Kopf streichelte. »Ich schicke die Musiúa in ein paar Tagen bei dir vorbei.«

»Aber ich behandle nur Kinder«, stammelte Agustín und blickte mit einem traurigen und Nachsicht heischenden Gesichtsausdruck zu mir hinüber.

»Sie ist nicht krank«, lachte Doña Mercedes. »Sie will dir nur ein wenig zuschauen und deine Geschichten hören.«

22

Erschrocken fuhr ich hoch. Irgend etwas war mit einem dumpfen Schlag auf das Fußende meines Bettes geplumpst. Der Hund, der in der Nähe schlief, hob den Kopf und spitzte die Ohren, aber da er nichts als mein leises Fluchen zu hören schien, legte er die Schnauze wieder auf die Pfoten. Für einen Augenblick wußte ich nicht, wo ich mich befand, aber als ich Doña Mercedes' leisen und anhaltenden Gesang hörte, wurde mir wieder bewußt, daß ich im Haus von Leon Chirinos Bruder war, in einer kleinen Stadt, ungefähr eine Stunde von Curmina entfernt. Ich lag in einem Feldbett, das sie für mich in der Küche aufgestellt hatten. In der Nacht zuvor hatte ich Leon Chirino und Doña Mercedes hierher gefahren, weil sie eine Séance für Leons Bruder abhalten wollten.

Ich ließ mich in die Kissen zurückfallen, schloß die Augen und gab mich ganz dem beruhigenden Klang von Doña Mercedes' Stimme hin. Fast wäre ich eingeschlafen, da hörte ich wieder ein dumpfes Geräusch.

Die muffige Bettdecke hatte sich um meinen Hals verfangen. Ich setzte mich auf, um sie abzuschütteln, und schrie auf, als ich Agustíns Katze auf meinen Knien sah.

»Warum schreist du jedesmal, wenn du meinen kleinen Liebling siehst?« Agustíns Stimme, die von irgendwoher aus der Dunkelheit kam, klang spöttisch. Er saß mit gekreuzten Beinen am Fußende des Bettes und griff jetzt nach der Katze. »Ich bin gekommen, um dich vor dem Hund zu warnen«, erklärte er, seine leuchtend blauen Augen auf mich gerichtet. »Hunde schlafen nachts nicht. Wenn du im Dunkeln die Augen aufmachst, kannst du sehen, wie der Hund dich beobachtet. Sie sind immer wach. Deshalb heißen sie ja auch Wachhunde.« Er lachte lauthals über seinen eigenen Witz.

Ich wollte etwas sagen, brachte aber kein Wort heraus. Dann streckte ich meinen Arm aus, aber Agustín und die Katze begannen vor meinen Augen zu verschwimmen und verschwanden schließlich ganz. Vielleicht sind ja alle draußen, dachte ich und ging in den Hof hinaus, der noch immer im Zwielicht der Dämmerung lag. Es war niemand zu sehen. Ich blickte auf meine Armbanduhr. Es waren erst zwei Stunden vergangen, seit Doña Mercedes, Leon und ich hier angekommen waren. Ich stellte fest, daß ich viel zu wenig geschlafen hatte, legte mich wieder in das Feldbett, zog die Decke über und schlief ein.

Als ich erwachte, hörte ich Stimmen und Musik, und der Duft frischen Kaffees erfüllte den Raum. Leon Chirino, über die Kochstelle gebeugt, streute Kaffeepulver in ein Stoffsieb, während er Radio hörte.

»Hast du gut geschlafen?« fragte er und bedeutete mir, mich neben ihn zu setzen.

Ich nahm neben ihm an einem großen quadratischen Tisch Platz, der mit einem nagelneuen Wachstuch bedeckt war. Leon füllte zwei Tassen zur Hälfte mit Kaffee und goß dann großzügig Zuckerrohrschnaps nach. »Zur Stärkung«, sagte er und schob mir die dampfende Tasse zu.

Da ich Angst hatte, betrunken zu werden, nahm ich nur wenige kleine Schlucke. Die Tasse war mit einem Goldrand und einem Rosenmuster verziert. Leon goß sich Kaffee und Schnaps nach.

»Doña Mercedes hat mir erzählt, du seist ein Hellseher«, sagte ich zu ihm. »Kannst du mir sagen, was das Schicksal mir bringen wird?« Ich hatte gehofft, ihn mit meiner Frage zu überraschen und ihm eine offene Antwort zu entlocken.

»Meine Liebe«, sagte er in dem freundlichen Tonfall, den ältere Leute oft gegenüber jüngeren anschlagen. »Ich bin ein alter Freund von Doña Mercedes. Ich lebe mit ihren Geistern und ihren Erinnerungen. Ich teile ihre Einsamkeit.« Er spuckte aus, nahm zwei Zigaretten aus der Schachtel, die auf dem Tisch lag, und steckte sich dann je eine hinter jedes Ohr. »Du gehst jetzt besser zu Agustín«, schlug er vor. »Er fängt früh an. Ich werde dir den Weg in die Stadt zeigen.«

»Du hast meine Frage noch nicht beantwortet«, sagte ich, unbeirrt durch diesen offenkundigen Versuch, mich loszuwerden.

Auf seinem Gesicht erschien ein boshaftes Lächeln. »Ich kann dir nicht sagen, was dir die Zukunft bringen wird«, erklärte er. »Hellseher sehen Dinge, die sie nicht verstehen, und den Rest reimen sie sich dann zusammen.«

Er nahm meinen Arm und zog mich förmlich aus dem Haus. »Ich zeige dir den Weg zu Agustíns Haus«, wiederholte er. Er deutete auf einen kleinen Pfad, der den Hügel hinabführte. »Wenn du auf diesem Weg bleibst, kommst du direkt in die Stadt. Jeder dort kann dir sagen, wo Agustín wohnt.«

»Was ist mit Doña Mercedes?« fragte ich.

»Wir holen dich heute abend ab«, erwiderte er und beugte sich vor, um mir mit verschwörerischer Miene zuzuflüstern: »Doña Mercedes und ich werden uns den ganzen Tag um die Angelegenheiten meines Bruders kümmern.«

Die Luft war erfüllt vom Zwitschern der Drosseln und dem Duft der reifen Mangofrüchte, die golden zwischen dem dunklen Laubwerk schimmerten. Der ausgetretene Pfad den Hügel hinab mündete in eine breite, staubige Landstraße und zweigte dann auf der anderen Seite der sonnendurchfluteten Stadt wieder in Richtung der Berge ab.

Die Frauen, die die Gehsteige vor ihren hellgestrichenen Häusern kehrten, hielten in der Arbeit inne, um meinen Gruß zu erwidern.

»Können Sie mir sagen, wo Agustín, der Heiler, wohnt?« fragte ich eine von ihnen.

»Aber natürlich.« Die Frau hatte das Kinn auf die Hände gestützt, die das Ende des Besenstiels umklammerten. Mit lauter Stimme – wohl, damit die neugierigen Nachbarn mithören konnten – wies sie mich zu dem grünverputzten Haus am Ende der Straße. »Es ist das Haus mit der großen Antenne auf dem Dach. Sie können es nicht verfehlen.« Dann senkte sie die Stimme und erklärte mir vertrauensvoll, daß Agustín von Schlaflosigkeit bis hin zu Schlangenbissen einfach alles heilen könnte. Sogar Krebs und Lepra seien für ihn kein Problem. Seine jungen Patienten würden alle wieder gesund.

Ich klopfte mehrmals an Agustíns Haustür, aber nichts rührte sich.

»Gehen Sie einfach rein«, rief ein junges Mädchen, das sich aus einem Fenster auf der gegenüberliegenden Straßenseite lehnte. »Agustín kann Sie nicht hören. Er ist hinten.«

Ich folgte ihrem Ratschlag und trat durch die Tür, die sich zu einem Patio öffnete. Ich schaute in jedes der drei Zimmer, die von hier aus zugänglich waren. Die ersten beiden waren, abgesehen von einer Hängematte, leer. Das dritte war offensichtlich das Wohnzimmer. Kalenderblätter und Bilder aus Zeitschriften bedeckten die Wände. Vor einem riesigen Fernsehgerät standen mehrere Lehnstühle und ein plastiküberzogenes Sofa.

Weiter hinten befand sich die Küche, die durch einen kleinen Nebenraum mit einem weiteren Zimmer verbunden war. Dort entdeckte ich Agustín, der an einem großen Tisch saß. Als ich näher kam, erhob er sich lächelnd. Mit der einen Hand kratzte er sich den Kopf, die andere war in den Taschen seiner khakifarbenen, abgetragenen Hose vergraben. Er trug ein weißes Hemd mit zerfransten, abgeschnittenen Ärmeln, das wohl schon unzählige Male geflickt worden war.

»Das ist mein Behandlungszimmer«, rief er stolz und breitete die Arme aus. »Hier habe ich alles, was ich brauche. Und ich werde gleich öffnen. Meine Patienten kommen durch die Seitentür. Diese Tür bringt ihnen und mir Glück.«

Im Zimmer roch es nach Desinfektionsmitteln. An den Wänden reihten sich große Regale aus einfachem, unbehandeltem Holz, auf denen – sorgfältig geordnet und entsprechend beschriftet – Kolben, Flaschen, Töpfe und Schachteln standen, die mit getrockneten Wurzeln, Rinden, Blättern und Blüten gefüllt waren. Auf den Etiketten war nicht nur der gebräuchliche Name, sondern auch die korrekte wissenschaftliche Bezeichnung der einzelnen Heilmittel vermerkt.

Der Tisch war handgearbeitet und stand direkt unter dem offenen Fenster. Auf seiner glattpolierten Platte standen Flaschen, Schalen, Mörser, Bücher und zwei Waagen. Ein Feldbett und das über einen Meter große Kruzifix, das in der Zimmerecke über dem Sims hing, ließen keinen Zweifel daran, daß ich mich nicht in einer altmodischen Apotheke, sondern im Zimmer eines Heilers befand.

Ohne große Umstände holte Agustín einen weiteren Stuhl aus der Küche und lud mich ein, ihm bei der Arbeit zuzusehen. Dann öffnete er die glückbringende Seitentür, von der er gesprochen hatte. Im Nebenraum saßen bereits drei Frauen und vier Kinder.

Die Zeit verging wie im Fluge. Agustín untersuchte immer zuerst die Urinprobe des Kindes, die von der Mutter mitgebracht worden war. Ausgehend von den Schilderungen der Symptome, die ihm die Mütter lieferten, machte er sich dann daran, »das Wasser zu lesen«. Geruch, Farbe und die Art der Mikroben, die er lieber Fäden nannte und mit bloßem Auge zu erkennen behauptete, mußten einer sorgfältigen Prüfung unterzogen werden, bevor Agustín die Diagnose stellte. Fieber, Erkältungen, Verdauungsstörungen, Parasiten, Asthma, Ausschläge, Allergien, Anämie und sogar Masern und Windpocken gehörten zu den Krankheiten, die Agustín »aus dem Wasser lesen« konnte.

Respektvoll schweigend warteten die Frauen schließlich, bis Agustín Jesus Christus um Hilfe angefleht und die entsprechende Medizin verschrieben hatte. Die Heilkräutermischungen stellte er selbst zusammen. Da er sich außerdem sehr gut mit den modernen pharmazeutischen Produkten auskannte und auch an deren Wirksamkeit glaubte, hatte er seine eigene Apotheke um Magnesiapulver, Antibiotika, Aspirin und Vitamintabletten erweitert, die er jedoch in seine eigenen Behälter umgefüllt hatte. Genau wie Mercedes Peralta berechnete er kein festes Honorar, sondern überließ die Bezahlung dem Gutdünken seiner Patienten. Das hieß, sie bezahlten, was sie sich leisten konnten.

Unser verspätetes Mittagessen – Huhn und Schweinefleischempanadas, die eine Frau aus der Nachbarschaft gebracht hatte – fand ein jähes Ende, als ein alter Mann in die Küche trat, der einen kleinen Jungen auf dem Arm trug. Der etwa sieben Jahre alte Junge hatte auf den Feldern mit der Machete seines Vaters gespielt und sich damit in die Wade geschnitten.

In seiner ruhigen, besonnenen Art trug Agustín den Jungen in das Behandlungszimmer, legte ihn dort auf das Feldbett und löste den provisorischen, blutdurchtränkten Verband. Dann badete er die tiefe Schnittwunde in Rosmarinwasser und Wasserstoffperoxyd.

Es war schwer zu sagen, ob der Junge allein durch Agustíns sanfte Stimme, die einen Beschwörungsgesang murmelte, betäubt wurde. Aber innerhalb weniger Sekunden war er fest eingeschlafen. Erst jetzt konnte Agustín mit dem wichtigsten Teil der Behandlung beginnen: Um die Blutung zu stoppen, legte er mit purem Zuckerrohrschnaps getränkte Blätter auf die Wunde. Dann rührte er eine Salbe an, die, wie er sagte, die Wunde in weniger als zehn Tagen so gründlich würde verheilen lassen, daß nicht einmal eine Narbe zurückbliebe.

Zu Jesus Christus betend, träufelte Agustín einige Tropfen einer milchigen Flüssigkeit in eine große Muschelschale. Mit langsamen, rhythmischen Bewegungen begann er, die Schale mit einem Stößel zu bearbeiten, und es verging eine halbe Stunde, bis sich etwa ein halber Teelöffel einer grünlichen, nach Moschus riechenden Paste angesammelt hatte.

Er untersuchte die Wunde noch einmal genau, preßte die Wundränder mit den Fingern zusammen und verteilte die Paste vorsichtig über dem Schnitt. Mit einem zufriedenen Lächeln übergab er den schlafenden Knaben seinem Vater und bat diesen, jeden Tag mit seinem Sohn vorbeizuschauen, um den Verband wechseln zu lassen.

Als am späten Nachmittag mit keinen weiteren Patienten zu rechnen war, führte Agustín mich im Garten herum. Seine Heilpflanzen wuchsen in sauberen Zeilen und Beeten, ebenso sorgfältig angeordnet wie die Töpfe und Flaschen im Behandlungszimmer. Am hinteren Ende des Gartens lehnte an einem Werkzeugschuppen ein uralter Kerosin-Kühlschrank.

»Nicht öffnen!« schrie Agustín und hielt meinen Arm fest.

»Wie könnte ich das?« protestierte ich. »Er ist mit einem Vorhängeschloß verriegelt. Welche Geheimnisse hältst du dort versteckt?«

»Die Geheimnisse meiner Zauberkraft«, flüsterte er. »Du weißt doch, daß ich Hexerei betreibe?« Er sprach in scherzhaftem Ton, sah mich dabei aber ganz ernst an. »Ich bin ein

Experte im Heilen von Kindern und im Verhexen von Erwachsenen.«

»Du betreibst tatsächlich Hexerei?« fragte ich ungläubig.

»Sei doch nicht so begriffsstutzig, Musiúa«, schimpfte er. Nach einem kurzen Augenblick des Nachdenkens setzte er hinzu: »Doña Mercedes muß dir doch erklärt haben, daß die andere Seite des Heilens das Hexen ist. Beides gehört zusammen – ohne das eine wirkt das andere nicht. Ich heile Kinder und verhexe Erwachsene«, wiederholte er und klopfte auf den Kühlschrank. »Ich beherrsche beides perfekt. Doña Mercedes meint, daß ich eines Tages diejenigen verhexen werde, die ich als Kinder geheilt habe.« Er lachte über meine besorgte Miene. »Ich selbst glaube das nicht. Aber die Zukunft wird es zeigen.«

Ich nutzte seine gesprächige Laune und erzählte ihm, was mir schon den ganzen Tag im Kopf herumgegangen war. Daß ich ihn in einem traumähnlichen Zustand gesehen und mit ihm gesprochen hatte. Agustín hörte mir aufmerksam zu, aber seine Miene verriet nichts.

»Ich kann nicht genau sagen, was es eigentlich war«, sagte ich, »aber es war kein Traum.« Verärgert durch sein hartnäckiges Schweigen, forderte ich ihn auf, etwas dazu zu sagen.

»Ich mag dich, und daher wollte ich herausfinden, ob du wirklich ein Medium bist«, sagte er lächelnd. »Nun weiß ich es.«

»Du machst dich über mich lustig«, warf ich zurück. Jetzt war ich erst recht verärgert.

Agustín zog erstaunt die Augenbrauen hoch. »Es muß schrecklich sein, so große Füße zu haben.«

»Große Füße?« stammelte ich verständnislos und schaute auf meine Sandalen hinab. »Sie entsprechen durchaus meiner Körpergröße.«

»Sie sollten kleiner sein«, beharrte Agustín und legte die Finger auf die Lippen, wie um ein Lächeln zu unterdrücken. »Deine Füße sind einfach zu groß. Deshalb bleibst du ständig mit beiden Beinen auf dem Boden der Tatsachen. Und deshalb verlangst du für alles eine Erklärung.« In seiner Stimme lag ein spöttischer Unterton und eine Spur von Mitgefühl, was mich noch mehr verunsicherte. »Die Hexerei folgt bestimmten Regeln, die sich anders als die Naturgesetze nicht empirisch beweisen oder wiederholen lassen. Hexerei bedeutet geradezu, daß man die Vernunft dazu bringt, über sich selbst hinauszugehen, oder, wenn du so willst, hinter sich selbst zurückzubleiben.« Er kicherte und versetzte mir einen Rippenstoß.

Ich stolperte über meine eigenen Füße, aber Agustín packte schnell meinen Arm, so daß ich nicht stürzte.

»Siehst du, deine Füße sind zu groß.« Er schüttelte sich vor Lachen. Dann blickte er mich starr an, als wolle er mich hypnotisieren. Seine Augen fesselten mich. Wie zwei Wassertropfen schienen sie sich auszudehnen und ließen alles um mich herum verschwimmen. Nur seine Stimme nahm ich noch bewußt wahr.

»Ein Zauberer faßt den Entschluß, etwas anderes zu sein als das, wozu er erzogen worden ist«, sagte er. »Er muß erkennen, daß die Hexerei eine Aufgabe für das ganze Leben ist. Mit seiner Zauberkraft webt er Muster wie feine Netze. Muster, die bestimmte Kräfte auf ein höheres Mysterium übertragen. Alles menschliche Handeln erzeugt ein endloses, sich immer weiter ausbreitendes Netz von Folgen; ein Zauberer akzeptiert diese Folgen und deutet sie auf magische Weise neu.« Er brachte sein Gesicht ganz dicht an meines und senkte die Stimme zu einem Flüstern. »Ein Zauberer hat absoluten Zugang zur Realität. Sein Einfluß darauf ist so stark, daß er die Realität beliebig verändern kann. Aber er vergißt nie, wie die Realität ausgesehen hat oder aussieht.« Ohne ein weiteres Wort drehte er sich um und ging ins Haus zurück.

Ich rannte hinterher. Im Wohnzimmer ließ er sich aufs Sofa fallen und kreuzte seine Beine, genau so, wie ich es im Traum gesehen hatte. Er lächelte mich an und klopfte auf den Platz neben sich. »Gönnen wir uns einen wirklichen Zauber«, sagte er und schaltete mit der Fernbedienung den Fernseher ein.

Für weitere Fragen blieb keine Zeit mehr, denn im nächsten Augenblick waren wir von kichernden Nachbarskindern umringt.

»Sie kommen jeden Abend, um ein paar Stunden mit mir fernzusehen«, erklärte Agustín. »Wir werden später noch Zeit finden, uns zu unterhalten.«

Nach diesem ersten Treffen wurde ich zu Agustíns glühendster Bewunderin. Ich war nicht nur von seinen Fähigkeiten als Heiler, sondern auch von seiner schillernden Persönlichkeit fasziniert. Für eine kurze Zeit zog ich sogar zu ihm und bewohnte eines der leeren Zimmer in seinem Haus. Er hat mir unzählige Geschichten erzählt – darunter auch die, welche Mercedes Peralta für mich bestimmt hatte.

Agustíns Geschichte

Erschreckt durch ein leises Stöhnen, schlug Agustín die Augen auf. Vom Boden aus, wo er zusammengerollt wie eine Katze lag, sah er, wie in einem Lichtstrahl eine Spinne an einem unsichtbaren Faden von der Decke hing. Er griff nach ihr, zerquetschte sie zwischen den Fingern und verspeiste sie. Mit einem Seufzer zog er die Knie noch dichter an die Brust, da die Kälte des frühen Morgens durch die Ritzen der verwitterten Lehmwände hereindrang.

Agustín konnte sich nicht erinnern, ob Tage oder Wochen vergangen waren, seit ihn seine Mutter in diese verlassene, halbverfallene Hütte gebracht hatte. An der Decke hingen schlafende Fledermäuse, und Küchenschaben schwärmten herum. Er wußte nur, daß er seit seiner Ankunft hungrig war, daß die Schnecken, Spinnen und Heuschrecken nie ausgereicht hatten, um den nagenden Schmerz in seinem geschwollenen Bauch zu vertreiben.

Wieder hörte er ein leises Stöhnen. Es kam aus dem dämmrigen Winkel auf der anderen Seite des Zimmers. Er glaubte, seine Mutter auf der Matratze sitzen zu sehen, den Mund leicht geöffnet, während sie sich den nackten Bauch rieb. Sie schien auf der Matratze wie auf einem Esel zu reiten; ihr nackter Körper warf einen Schatten auf die rußgeschwärzte Wand und bewegte sich rhythmisch auf und ab.

Nur wenige Stunden zuvor hatte er gesehen, wie seine Mutter mit einem Mann gekämpft hatte. Ihre dünnen Beine hatten sich wie schwarze Schlangen um den Körper des Mannes geschlungen. Sie schienen ihn zu ersticken. Und als Agustín den durchdringenden Schrei seiner Mutter gehört hatte, dem nur noch Schweigen folgte, hatte er gewußt, daß der Mann den Kampf gewonnen hatte. Er hatte sie getötet.

Agustín schloß die müden Augen und freute sich bei dem Gedanken, nun eine Waise zu sein. Er war in Sicherheit. Man würde ihn zur Missionsstation bringen. Mit der Erinnerung an seine stöhnende und schreiende Mutter schlief er ein.

Ein lautes Gähnen durchbrach die morgendliche Stille. Agustín schlug die Augen auf und preßte sofort die Faust auf den Mund, um einen Schrei zu unterdrücken. Der Mann, den er in der letzten Nacht gesehen hatte, saß aufrecht auf der Matratze.

Er kannte ihn nicht. Aber er war ganz sicher, daß er aus Ipairí stammte, denn er hatte ihn dort einmal auf der Plaza im Gespräch mit seiner Mutter gesehen. Hatten die Frauen aus dem kleinen Bergdorf den Mann geschickt, um ihn abzuholen? Vielleicht um ihn zu töten? Das konnte nicht sein. Das war ein schrecklicher Traum.

Der Mann räusperte sich und spuckte auf den Boden. Seine Stimme erfüllte den ganzen Raum. »Ich werde dich heute von hier wegbringen. Aber den Jungen kann ich nicht mitnehmen. Warum hast du ihn nicht bei den Protestanten gelassen? Du weißt, sie kümmern sich um Kinder. Und selbst, wenn sie ihn nicht aufnehmen, würden sie ihm zu essen geben.«

Als Agustín die barsche Antwort seiner Mutter hörte, wußte er, daß er wach war. Es war nicht die Stimme eines Geistes, die er da hörte.

»Die Protestanten nehmen nur Waisen auf«, hörte er seine Mutter sagen. »Was hätte ich tun sollen? Ich mußte ihn hierher bringen. Ich werde warten, bis er stirbt.«

»Ich kenne eine Frau, die ihn nehmen wird«, sagte der Mann. »Sie weiß, was sie mit ihm anfangen soll. Sie ist eine Hexe.«

»Das ist jetzt zu spät«, antwortete die Mutter. »Ich hätte ihn gleich nach seiner Geburt einer Hexe geben sollen. In Ipairí gab es eine, die ihn schon als Baby haben wollte. Sie hat ihm seltsame Tränke gegeben und ihm Amulette umgehängt, angeblich um ihn vor Unglück und Krankheit zu schützen. Aber in Wahrheit hat sie ihn verhext. Sie ist schuld an meinem Unglück.« Agustíns Mutter schwieg einen Augenblick, dann fügte sie flüsternd hinzu: »Ich habe Angst vor Hexen. Wenn ich ihn jetzt zu einer Hexe bringe, weiß sie sofort, daß ich ihm nichts zu essen gegeben habe. Sie würde mich umbringen.«

Tränen rannen über Agustíns Wangen, als er an die Tage in Ipairí zurückdachte, wo seine Mutter ihn noch in ihren Armen gehalten hatte. Mit Küssen hatte sie ihn überhäuft und ihm immer wieder gesagt, daß seine Augen himmlisch seien. Aber als die Frauen aus der Nachbarschaft ihren Kindern verboten, mit ihm zu spielen, war seine Mutter plötzlich ein anderer Mensch geworden. Sie streichelte und küßte ihn nicht mehr. Schließlich sprach sie gar nicht mehr mit ihm.

Eines Nachmittags stürzte eine Frau mit einem toten Kind in den Armen in die Hütte. »Blaue Augen in einem dunklen Gesicht«, hatte sie Agustíns Mutter angeschrien, »das ist das Werk des Teufels. Er ist der Teufel selbst. Mit seinem bösen Blick hat er mein Kind umgebracht. Wenn du den Jungen nicht wegschaffst, werde ich es tun!«

Noch in derselben Nacht war seine Mutter mit ihm in die Berge geflohen. Agustín war sicher, daß diese Frau seine Mutter verhext hatte, so daß sie ihn nun haßte.

Die laute Stimme des Mannes unterbrach seine Gedanken. »Du brauchst ihn nicht selbst zu der Hexe zu bringen. Ich kann der Frau Bescheid geben, damit sie ihn heute abend hier abholt. Wir beide werden dann schon fort sein. Ich werde dich von hier wegbringen. So weit weg, daß keine Hexe dich je finden wird.«

Agustíns Mutter schwieg lange, warf dann den Kopf zurück und lachte hysterisch. Sie erhob sich von der Matratze und wickelte sich das schmutzige Laken um den Körper. Sie ging um den kaputten Tisch herum und bahnte sich ihren Weg zwischen den herumliegenden Kisten quer durchs Zimmer. »Schau ihn dir an«, zischte sie und deutete mit dem Kinn in die Ecke, wo Agustín noch immer zusammengerollt lag und sich schlafend stellte. »Er ist erst sechs Jahre alt, sieht aber aus wie ein böser alter Mann. Die Haare fallen ihm aus, sein Körper ist mit Krätze übersät und sein Bauch von Parasiten geschwollen. Aber er stirbt nicht. Er hat keine Kleider und schläft ohne Decke. Aber er erkältet sich nicht einmal.« Sie drehte sich zu dem Mann um. »Siehst du nicht, daß er der Teufel selber ist? Der Teufel wird mich überall finden.« Ihre Augen glänzten fiebrig unter dem wirr herabhängenden Haar. »Bei dem Gedanken, daß ich den Teufel an meiner Brust gesäugt habe, wird mir vor Angst und Ekel schlecht.«

Aus einer Nische in der Wand holte sie die Maiskuchen hervor, die der Mann in der vergangenen Nacht mitgebracht und die sie dort versteckt hatte. Mit einem Kuchen in der Hand setzte sie sich neben ihn.

Mit monotoner Stimme jammerte sie, Agustín sei ein Wechselbalg. »Eine der Schwestern im Hospital hat mein Kind gegen den Teufel ausgetauscht.« Plötzlich wurde ihre Stimme aufgeregter. »Jeder hat gewußt, daß ich ein Mädchen bekommen würde. Ich hatte einen abgeflachten und keinen spitzen Bauch. Mir fielen die Haare aus, meine Haut wurde fleckig und meine Beine schwollen an. Alles Zeichen, daß es ein Mädchen werden würde.«

In einem Schwall redete sie weiter: »Am Anfang habe ich ihn geliebt – obwohl ich wußte, daß er ein Wechselbalg war. Doch er war so hübsch und so klug. Und er hat nie geschrien. Noch bevor er laufen gelernt hat, konnte er sprechen, und er konnte wie ein Engel singen. Ich weigerte mich zu glauben, daß er den bösen Blick hätte, wie die Frauen in Ipairí behaupteten. Selbst nach meiner Fehlgeburt habe ich nicht auf die Reden der Nachbarn gehört. Ich dachte, sie hätten keine Ahnung und, noch schlimmer, sie wären neidisch auf die schönen Augen des Jungen. Denn wer hat schon einmal von einem Kind gehört, das den bösen Blick hat?« Sie löste das weiche Innere des Maiskuchens heraus und warf die harte Kruste achtlos auf den Boden. »Doch als mein Mann bei dem Unfall in der Mühle ums Leben kam, mußte ich den Frauen recht geben.« Sie bedeckte ihr Gesicht mit den Händen und sprach leise weiter: »Agustín war noch nie krank. Ich hätte ihn in Ipairí seinem Schicksal überlassen sollen. Dann müßte ich heute nicht die Verantwortung für seinen Tod übernehmen.«

»Laß mich der alten Frau Bescheid sagen, von der ich dir erzählt habe«, sagte der Mann sanft, aber bestimmt. »Sie wird ihn zu sich nehmen.«

Dann erzählte er ausführlich von seiner Arbeit in der pharmazeutischen Fabrik. Er arbeitete im Magazin und stand mit seinem Chef auf gutem Fuß. Er sah kein Problem darin, den Mann zu überzeugen, daß er einen Vorschuß brauchte. »Mit dem Geld können wir nach Caracas gehen«, sagte er schließlich. Er stand auf und zog sich an. »Warte auf mich vor der Fabrik. Um fünf Uhr habe ich Feierabend. Bis dahin werde ich alles erledigt haben.«

Agustín hob die trockene Kruste vom Boden auf. Mit zitternden Knien ging er durch den engen Hintereingang in den verwahrlosten Garten hinaus. Er wollte zu seinem Lieblingsplatz, zu dem knorrigen, alten Akazienbaum, dessen Äste über die tiefe Schlucht hingen. Er setzte sich auf den Boden, die Beine ausgestreckt und den Rücken gegen die Überreste der verfallenen Mauer gelehnt, die das Grundstück einst umgeben hatte.

Die dürre, kränklich aussehende Katze, die ihm von Ipairí bis hierher gefolgt war, rieb ihr struppiges Fell an seinem Bein. Agustín überließ ihr ein kleines Stück von der Kruste und schubste sie dann auf die Mauer zu, wo Eidechsen zwischen den Ritzen umherhuschten. Er würde ihr nichts mehr von der Kruste abgeben. Er konnte nicht einmal seinen eigenen Hunger stillen; einen Hunger, der ihn

Tag und Nacht vom Essen träumen ließ. Mit einem Seufzer schlief er ein.

Ein heftiger Windstoß weckte ihn. Welke Blätter wirbelten vor ihm im Kreis. Sie trieben hoch in die Luft und fielen dann in braunen, raschelnden Wirbeln in die Schlucht hinab. Agustín konnte das Rauschen des Flusses auf dem Grund der Schlucht deutlich hören. Wenn es stark regnete, schwoll der seichte Wasserlauf zu einem reißenden Strom an, in dem entwurzelte Bäume und tote Tiere aus den Dörfern weiter oben in den Bergen trieben.

Agustín drehte den Kopf und schaute zu den stillen Hügeln hinauf. Irgendwo stieg eine schlanke Rauchsäule empor und vermischte sich mit den tiefhängenden Wolken. War die Missionsstation so nahe? Vielleicht kam der Rauch ja auch aus dem Haus der Frau, die ihn aufnehmen sollte. Er legte die Wange auf seine knochige Hand. Fliegen umschwirrten seinen offenen Mund. Er preßte die ausgedörrten Lippen aufeinander, spreizte die Beine und urinierte. Er hatte Hunger. Mit einem ziehenden Schmerz in der Magengegend schlief er erneut ein.

Die Sonne stand bereits hoch am Himmel, als er wieder erwachte. Die Katze lag neben ihm und war damit beschäftigt, eine große Eidechse zu verspeisen. Agustín kroch zu ihr hinüber. Sie fauchte zornig und hielt das zur Hälfte gefressene Reptil fest in ihren Klauen. Er versetzte ihr einen Tritt in den Magen, nahm ihr die glitschigen Reste der Eidechse weg und schluckte sie hinunter. Als er aufschaute, sah er, daß seine Mutter ihn vom Hütteneingang aus beobachtete.

»Heilige Jungfrau!« schrie sie. »Er ist kein Mensch!« Sie bekreuzigte sich. »Irgendwann wird er sich vergiften!« Sie schlug erneut ein Kreuz, faltete die Hände und betete leise: »Heiliger Vater. Schaff' ihn mir vom Hals. Laß ihn eines natürlichen Todes sterben, damit ich ihn nicht auf dem Gewissen habe.« Sie ging hinein, hob die Matratze hoch und holte ihr einziges Kleid hervor. Zärtlich hielt sie das zerknitterte Kleid an ihren Körper, schüttelte es aus und legte es mit großer Sorgfalt auf die Matratze.

Neugierig beobachtete Agustín, wie sie ein Feuer in der Kochstelle entzündete. Ein Lied summend, nahm sie Kaffee und Zucker aus einem Weidenkorb, der hoch oben an der Wand an einem Nagel hing. Agustín wollte ein Stück Zucker. Er versuchte aufzustehen, aber Übelkeit erfaßte ihn und, mit den Ellbogen auf den Boden gestützt, erbrach er unzerkaute Stücke der Eidechse. Salzige Tränen rollten über seine eingefallenen Wangen. Er würgte ein paarmal, Schaum und Galle tropfte von seinen Lippen. Schließlich wischte er sich Mund und Kinn an der Schulter ab. Erneut versuchte er sich aufzurichten, aber er stürzte vornüber zu Boden.

Das Rauschen des Flusses in der Schlucht umhüllte ihn wie ein weiches Tuch. Als er den Duft von frisch gebrautem Kaffee bemerkte und die Stimme seiner Mutter hörte, die ihm zurief, sie habe süßen Kaffee für ihn gekocht, wußte er, daß es ein Traum war. Seine trockenen Lippen verzerrten sich. Er versuchte zu lächeln, als er ihr Lachen hörte, dieses hohe, fröhliche Lachen, das er so gut kannte. Er fragte sich, ob sie wohl das rote Kleid anziehen und den Mann von der pharmazeutischen Fabrik abholen würde.

Agustín schlug die Augen auf. Neben ihm auf dem Boden stand eine Blechdose, die mit heißem Kaffee gefüllt war. Aus Angst, die Vision wäre im nächsten Moment verschwunden, nahm er die Dose und führte sie an die Lippen. Ohne auf den brennenden Schmerz auf Lippen und Zunge zu achten, stürzte er das starke und sehr süße Gebräu hinunter. Es würde ihm Kraft geben und die Übelkeit vertreiben.

Traumverloren starrte er in die Ferne, wo ein Regenschauer niederging. Innerhalb von Sekunden überzogen nun auch schwere Regenwolken, an den Rändern golden aufgehellt, den Himmel über ihm. Die Wolken warfen dunkle Schatten auf die Hügel und verwandelten das Blau des Himmels in ein rauchiges Schwarz. Ein kalter Windstoß und ein dumpfes Grollen drangen aus der Schlucht herauf. Mit gewaltiger Kraft stürzte das Regenwasser aus den fernen Bergen durch die Schlucht. Dann fiel der Regen in schweren Tropfen.

Agustín erhob sich, blickte zum Himmel und genoß mit ausgebreiteten Armen die willkommene Abkühlung, die ihn reinwusch. Einem spontanen Impuls folgend ging er in die Hütte und nahm das Kleid seiner Mutter von der Matratze. Er packte es mit seinen zitternden Händen und lief aus der Hütte hinaus bis an den Rand der Schlucht. Dort warf er das Kleid in die Luft. Wie ein Drachen flog es davon und landete auf einem der verdorrten Äste des Akazienbaumes, die über die Schlucht ragten.

»Du Teufel! Du Bestie!« Schreiend kam seine Mutter zu ihm herübergelaufen, mit wild flatternden Haaren und ausgebreiteten Armen. Wie hypnotisiert vom Rauschen des Wassers in der Tiefe blieb sie zwischen Agustín und dem im Wind flatternden Kleid stehen, die Augen voller Haß und unfähig, etwas zu sagen. Dann streckte sie die Arme aus und beugte sich zu dem Ast vor, auf dem das Kleid hing, wobei sie versuchte, mit den Füßen Halt auf den bloßliegenden Wurzeln des Baumes zu finden.

Agustín sah ihr fasziniert zu. Ihre Füße bewegten sich mit scheinbar unfehlbarer Behendigkeit auf dem rutschigen Untergrund. Sie wird das Kleid zurückbekommen, dachte er. Dieser Gedanke erfüllte ihn mit Wut und Angst. Noch wenige Zentimeter, dann hatte sie es geschafft. Sie streckte ihren Arm so weit wie möglich aus und berührte das Kleid schon mit den Fingerspitzen, als sie plötzlich den Halt verlor und in den Abgrund stürzte. Ihr entsetzter Schrei, der sich mit dem Donnern des Flusses mischte, wurde vom Wind davongetragen.

Agustín trat ganz dicht an den Rand der Schlucht heran. Seine Augen leuchteten, als er den leblosen Körper seiner Mutter in den braunen Fluten treiben sah, die sie aufs Meer hinaustragen würden. Der Sturm legte sich; der Regen hörte auf. Alles wurde still wie eh und je, nur der aufgewühlte Fluß in der Tiefe rauschte mit unverminderter Kraft.

Agustín ging in die Hütte zurück, legte sich auf die Matratze und deckte sich mit dem dünnen, schmutzigen Laken zu. Er spürte das nasse Fell der Katze, die die Wärme seines Körpers suchte. Dann zog er das Laken über den Kopf und fiel in einen tiefen, traumlosen Schlaf.

Als er erwachte, war es Nacht. Durch den Eingang der Hütte sah er den Mond zwischen den Zweigen des Akazienbaumes schimmern. »Wir gehen jetzt«, murmelte er und streichelte die Katze. Er fühlte sich stark. Es würde leicht sein, durch die Berge zu gehen, sagte er sich. Gemeinsam würden er und die Katze es schaffen, bis zur protestantischen Mission oder zum Haus der alten Frau zu kommen, die keine Angst davor haben würde, ihn aufzunehmen.

23

Mercedes Peralta stürzte ins Zimmer, ließ sich auf meinem Bett nieder und rutschte unruhig darauf herum, bis sie bequem saß.

»Pack deine Sachen wieder aus«, sagte sie. »Du kannst nicht mehr zu Agustín fahren. Er ist zu seiner alljährlichen Reise ins Landesinnere aufgebrochen.«

Sie sagte dies mit einer Überzeugung, als hätte sie gerade mit Agustín telefoniert. Aber ich wußte, daß es weder hier noch in der Nachbarschaft ein Telefon gab.

Kurz darauf kam Candelaria herein und brachte mir auf einem Tablett mein Lieblingsdessert: Guavenpudding und Käsescheiben.

»Ich weiß, das ist nur halb so gut wie eine spiritistische Sitzung bei Agustín vor dem Fernseher«, bemerkte sie. »Aber mit mehr kann ich im Augenblick nicht aufwarten.« Sie stellte das Tablett auf den Nachttisch und setzte sich ebenfalls aufs Bett.

Doña Mercedes lachte und drängte mich, meinen Pudding zu essen. Sie erzählte, daß Agustín in den entlegensten Dörfern bekannt sei und sie jedes Jahr besuche. Ausführlich sprach sie von seiner Gabe, Kinder zu heilen.

»Wann wird er zurückkommen?« fragte ich. Der Gedanke, ihn vielleicht nie wiederzusehen, erfüllte mich mit unendlicher Traurigkeit.

»Das weiß man nie«, antwortete Doña Mercedes. »Vielleicht in sechs Monaten, vielleicht auch später. Er macht diese Reisen, weil er glaubt, eine große Schuld begleichen zu müssen.«

»Wem schuldet er etwas?«

Doña Mercedes sah zu Candelaria hinüber, dann blickten beide mich an, als müßte ich das eigentlich wissen.

»Hexen und Zauberer haben ein sehr eigentümliches Verständnis einer solchen Schuld«, sagte Doña Mercedes endlich. »Heiler beten zur Jungfrau Maria, zu den Heiligen und zu unserem Herrn Jesus Christus. Hexen und Zauberer beten zu einer Macht, die sie mit ihren Beschwörungsgesängen anrufen.« Sie erhob sich und schritt im Zimmer auf und ab. Ganz leise, als spreche sie nur zu sich selbst, erklärte sie, daß Agustín, obwohl er zu den Heiligen betete, einer höheren Ordnung etwas schuldig geblieben sei, einer Ordnung, die nicht menschlich sei.

Sie schwieg und starrte mich ausdruckslos an.

»Agustín hatte schon als Kind Kontakt zu jener höheren Ordnung«, fuhr sie fort. »Hat er dir jemals erzählt, daß derselbe Mann, der mit seiner Mutter davongehen wollte, ihn in einer stockfinsteren Nacht im strömenden Regen gefunden hat, halbtot? Und daß er ihn zu mir gebracht hat?«

Sie wartete meine Antwort gar nicht ab, sondern fügte hinzu: »Agustíns Geheimnis besteht darin, immer im Einklang mit jener höheren Ordnung zu sein. Nur so kann er Erfolg haben. Diesen Einklang stellt er durch seine Heilkunst und seine Hexenpraxis her.«

Wieder schwieg sie und starrte an die Decke. »Jene höhere Ordnung hat Candelaria und Agustín ein Geschenk gemacht«, sagte sie und senkte ihren Blick, bis er den meinen traf. »Von Geburt an hat diese Ordnung den beiden geholfen. Candelaria begleicht ihre Schuld, indem sie mir hilft. Sie ist die beste Hilfe, die man sich nur wünschen kann.«

Doña Mercedes ging auf die Tür zu, doch bevor sie das Zimmer verließ, drehte sie sich mit einem strahlenden Lächeln zu Candelaria und mir um. »In gewissem Sinne hast auch du der höheren Ordnung einiges zu verdanken«, sagte sie. »Also versuche mit allen Mitteln, diese Schuld zu begleichen.«

Lange Zeit fiel kein einziges Wort. Die beiden Frauen sahen mich erwartungsvoll an. Sie schienen von mir zu erwarten, daß ich selber den Schluß daraus ziehen würde.

»So wie Candelaria als Hexe zur Welt gekommen ist, wurde Agustín als Zauberer geboren«, sagte ich schließlich.

Die beiden Frauen hörten mir mit einem strahlenden Lächeln zu.

»Agustín ist in der Lage, seine eigenen Verbindungen herzustellen«, erklärte Doña Mercedes. »Er steht in direktem Kontakt mit jener höheren Ordnung, die das Rad des Schicksals selbst und zugleich der Hexenschatten ist. Oder was immer es auch sein mag, das dieses Rad in Bewegung setzt.«

Siebter Teil

24

Candelaria und ich saßen einander beim trüben Schein der nackten Glühbirne am Küchentisch gegenüber. Sie betrachtete die Hochglanzfotos in der Zeitschrift, die ich für sie mitgebracht hatte, und ich transkribierte meine Tonbandaufnahmen.

»Hast du das Klopfen an der Tür gehört?« fragte ich und nahm den Kopfhörer ab.

Candelaria reagierte gar nicht auf meine Frage, sondern zeigte mir das Bild eines blonden Fotomodells. »Ich kann mich nicht entscheiden, welches der Mädchen ich schöner finden soll«, überlegte sie laut. »Wenn ich dieses Bild ausschneide, geht mir das auf der anderen Seite verloren – die Brünette, die mit dem Tiger an der Leine durch die Straßen spaziert.«

»Ich würde die mit dem Tiger nehmen«, schlug ich vor. »Es gibt bestimmt noch mehr blonde Mädchen in der Zeitschrift.« Ich berührte ihren Arm. »Hör mal, da ist jemand an der Tür.«

Es dauerte eine Weile, bis Candelaria sich von den Fotos losreißen konnte, und wieder eine Weile, bis sie bemerkte, daß tatsächlich jemand klopfte. »Wer könnte das bloß sein – um diese Zeit?« murmelte sie gleichgültig und wandte sich wieder ihrer Zeitschrift zu.

»Vielleicht ein Patient.« Ich schaute auf meine Armbanduhr. Es war fast Mitternacht.

»Oh nein, mein Schatz«, sagte Candelaria völlig unbeeindruckt und schaute auf. »Um diese Zeit kommt kein Patient mehr. Die Leute wissen, daß Doña Mercedes so spät niemanden mehr behandelt, es sei denn, es ist ein Notfall.«

Bevor ich ihr erklären konnte, daß es wahrscheinlich ein Notfall war, klopfte es erneut, diesmal lauter und dringlicher.

Ich eilte durchs Haus in Richtung Tür. Einen Augenblick lang blieb ich vor dem Behandlungszimmer stehen und überlegte, ob ich Doña Mercedes informieren sollte.

Drei Tage hatte sie den Raum jetzt nicht mehr verlassen. Tag und Nacht brannten Kerzen auf dem Altar. Sie rauchte eine Zigarre nach der anderen und sang mit verzückter Miene unverständliche Beschwörungsgesänge, die im ganzen Haus widerhallten. Auf keine meiner Fragen hatte sie geantwortet. Dennoch schien sie sich jedesmal zu freuen, wenn ich sie in ihrer Zurückgezogenheit störte und ihr das Essen brachte oder sie dazu überredete, ein paar Stunden auszuruhen.

Ein neuerliches Klopfen ließ mich weiter zur Tür eilen, die Candelaria wie üblich bei Einbruch der Dunkelheit verriegelt hatte. Eine unnötige Vorsichtsmaßnahme, da man jederzeit durch die offene Küche ins Haus gelangen konnte.

»Wer ist da?« fragte ich, bevor ich den Riegel zurückschob. »*Gente de Paz*, friedliches Volk«, antwortete eine Männerstimme. Erstaunt, daß jemand mit leichtem Akzent in der altmodischen Sprache der spanischen Kolonialzeit redete, antwortete ich mit dem entsprechenden »Gebenedeit sei die Jungfrau Maria!« und öffnete die Tür.

Der hochgewachsene Mann mit schlohweißem Haar, der gegen die Wand gelehnt stand, starrte mich derart verblüfft an, daß ich lachen mußte.

»Wohnt hier Mercedes Peralta?« fragte er mit unsicherer Stimme.

Ich nickte und betrachtete sein Gesicht. Es war eher zerfurcht als faltig, wie von Leid oder Schmerz gezeichnet. Seine wäßrigen blauen Augen lagen tief in ihren Höhlen und sahen sehr müde aus.

»Ist Mercedes Peralta da?« fragte er und versuchte an mir vorbei in den halbdunklen Korridor zu spähen.

»Ja, sie ist da«, antwortete ich. »Aber um diese Zeit empfängt sie eigentlich niemanden mehr.«

»Ich bin stundenlang in der Stadt herumgelaufen und habe überlegt, ob ich kommen soll oder nicht«, sagte der Mann. »Ich muß sie sprechen. Ich bin ein alter Freund oder – wenn man so will – ein alter Feind.«

Von der Qual und Verzweiflung in seiner Stimme betroffen, bat ich ihn herein. »Sie ist in ihrem Arbeitszimmer«, sagte ich. »Ich werde ihr sagen, daß Sie da sind.« Ich ging voran und lächelte ihn aufmunternd an. »Wie heißen Sie?«

»Melden Sie mich nicht an«, sagte er und hielt meinen Arm fest. »Lassen Sie mich so hineingehen. Ich kenne den Weg.« Humpelnd durchquerte er den Patio und ging dann durch den Flur. Vor dem Behandlungszimmer angekommen, zögerte er einen Moment, stieg dann entschlossen die Stufen hinauf und trat bei ihr ein.

Ich war ihm dicht gefolgt und hatte mich bereits darauf vorbereitet, die Schuld auf mich zu nehmen, falls Doña Mercedes sich durch sein Eindringen belästigt fühlen sollte. Einen Augenblick lang dachte ich, sie wäre schon zu Bett gegangen. Aber nachdem sich meine Augen an das Halbdunkel im Zimmer gewöhnt hatten, sah ich sie in ihrem Lehnstuhl sitzen, schwach beleuchtet vom Schein einer brennenden Kerze auf dem Altar.

»Federico Müller!« stieß sie hervor und starrte ihn entsetzt an. Sie schien nicht zu glauben, was sie sah, und rieb sich mehrmals die Augen. »Wie ist das möglich? Ich habe all die Jahre gedacht, du seist tot!«

Verlegen kniete der Mann sich vor ihr nieder, barg seinen Kopf in ihrem Schoß und weinte wie ein Kind. »Hilf mir, bitte hilf mir«, wiederholte er schluchzend.

Peinlich berührt ging ich zur Tür, hielt aber inne, als ich hörte, wie Federico Müller mit einem dumpfen Schlag zu Boden fiel.

Ich wollte Candelaria rufen, aber Doña Mercedes hielt mich zurück. »Wie erstaunlich!« rief sie mit zitternder Stimme. »Alles paßt zusammen – wie bei einem magischen Puzzle. Das ist die Person, an die du mich von Anfang an erinnert hast. Du hast ihn mir zurückgebracht.«

Ich wollte ihr erklären, daß ich zwischen ihm und mir keinerlei Ähnlichkeiten erkennen konnte, aber sie schickte mich in ihr Schlafzimmer, um ihr den Korb mit den Heilpflanzen zu holen. Als ich zurückkam, lag Federico Müller immer noch zusammengekrümmt am Boden. Doña Mercedes versuchte, ihn wieder zu Bewußtsein zu bringen.

»Hol Candelaria«, sagte sie zu mir. »Ich schaffe es nicht allein.«

Candelaria hatte den Tumult gehört und eilte herein. Ihr Blick spiegelte Fassungslosigkeit und Entsetzen wider. »Er ist zurückgekommen«, stammelte sie und trat näher. Sie bekreuzigte sich und fragte dann Doña Mercedes, was sie tun solle.

»Seine Seele verläßt den Körper«, antwortete die Heilerin. »Und ich bin zu schwach, um sie zurückzuhalten.«

Candelaria kauerte sich neben Federico Müller und brachte seinen leblosen Körper schnell in eine sitzende Position. In einer kraftvollen Umarmung packte sie ihn von hinten. Seine Wirbelsäule krachte, als würde sie in tausend Stücke zerspringen.

Dann lehnte sie ihn an die Wand. »Er ist sehr krank«, sagte sie zu mir. »Ich glaube, er ist zurückgekommen, um zu sterben.« Sie bekreuzigte sich und verließ das Zimmer.

Federico Müller schlug die Augen auf, blickte sich um und heftete dann seinen Blick auf mich, als bitte er mich stumm, ihn und Doña Mercedes allein zu lassen.

»Musiúa«, sagte die Heilerin leise, als ich mich anschickte, das Zimmer zu verlassen. »Da du ihn in mein Leben zurückgebracht hast, mußt du auch bleiben.«

Verlegen setzte ich mich auf einen Stuhl. Federico Müller begann vor sich hin zu sprechen. Stundenlang redete er unzusammenhängend weiter. Mercedes Peralta hörte ihm aufmerksam zu. Was immer er auch sagte, sie schien es vollkommen zu verstehen.

Nachdem er aufgehört hatte, folgte ein langes Schweigen. Langsam stand Doña Mercedes auf und zündete eine Kerze vor der Statue der Heiligen Jungfrau an. Als sie so unbeweglich vor dem Altar stand, wirkte sie selbst wie eine hölzerne Statue, ihr Gesicht wie eine ausdruckslose Maske. Nur ihre Augen schienen lebendig zu sein, als sie sich mit Tränen füllten. Sie zündete eine Zigarre an und nahm einige tiefe Züge, als müßte sie eine Kraft in ihrer Brust wiederbeleben.

Die Flamme leuchtete immer heller, je weiter die Kerze hinunterbrannte. Sie warf ein eigenartiges Licht auf Doña Mercedes, als diese sich umdrehte und Federico Müller ansah. Zu einem leisen Beschwörungsgesang begann sie seinen Kopf und seine Schultern zu massieren.

»Du kannst mit mir machen, was du willst«, sagte er und preßte ihre Handflächen an seine Schläfen.

»Geh ins Wohnzimmer«, sagte Doña Mercedes mit leiser, zitternder Stimme zu ihm. »Ich komme gleich nach und bringe dir einen Beruhigungstrank. Du mußt jetzt schlafen.« Lächelnd strich sie ihm die Haare glatt.

Zögernd humpelte Federico durch den Patio und verschwand im Flur. Der Klang seiner Schritte hallte durchs Haus.

Doña Mercedes wollte wieder zum Altar gehen, aber sie kam nicht so weit. Ich konnte sie gerade noch auffangen, als sie ohnmächtig wurde. Das heftige Zittern ihres Körpers verriet, wie sehr sie dies alles mitgenommen hatte. Sie hatte sich stundenlang um Federico Müller gekümmert. Ich hatte nur seine Not gesehen – die ihre hatte sie mit keiner Andeutung gezeigt.

»Musiúa, sag Candelaria, sie soll sich fertig machen.« Doña Mercedes betrat die Küche, wo ich an meinen Aufzeichnungen arbeitete. »Du wirst uns mit deinem Jeep fahren.«

In der Überzeugung, daß Candelaria schlief, ging ich in ihr Zimmer, um sie zu wecken. Sie war nicht dort. Die Tür des Kleiderschrankes stand weit offen und gab den Blick auf den riesigen Spiegel an der Innenseite und auf ihre Kleider frei. Sie waren nicht nur nach der Farbe sondern auch nach der Länge des Rocksaumes geordnet. Ein schmales Bett – eine Roßhaarmatratze auf einem zusammengenagelten Lattengestell – stand zwischen Bücherregalen, die mit Groschenromanen und Fotoalben mit Bildern aus Zeitschriften vollgestopft waren. Alles war in vorbildlicher Ordnung, nichts durcheinandergewühlt.

»Ich bin fertig«, hörte ich plötzlich Candelarias Stimme hinter mir.

Erschrocken drehte ich mich um. »Doña Mercedes möchte, daß du...« Sie ließ mich gar nicht ausreden, sondern zog mich zu meinem Zimmer am anderen Ende des Flurs.

»Ich habe an alles gedacht«, versicherte sie mir. »Beeile dich mit dem Umziehen. Wir haben wenig Zeit.«

Auf meinem Weg nach draußen warf ich einen Blick ins Wohnzimmer. Federico Müller lag friedlich schlafend auf dem Sofa. Doña Mercedes und Candelaria warteten bereits im Wagen auf mich. Weder Mond noch Sterne waren zu sehen, und doch war es eine schöne milde Nacht, die durch eine kühle Brise von den Bergen erfrischt wurde.

Candelarias Anweisungen folgend besuchten wir nach und nach jeden, der normalerweise an den Séancen teilnahm. Wie üblich wartete ich draußen, während die beiden Frauen hineingingen. Bis auf Leon Chirino war ich keinem von ihnen je persönlich begegnet, aber natürlich wußte ich, wo sie wohnten. Die beiden Frauen hielten sich bei keinem länger auf, und so vermutete ich, daß sie nur den Termin für die nächste Séance absprachen.

»Und jetzt zu Leon Chirino.« Candelaria half Doña Mercedes, es sich auf dem Rücksitz bequem zu machen.

Candelaria schien verärgert. Fortwährend schimpfte sie auf Federico Müller. Doch obschon ich vor Neugier fast platzte, konnte ich mich nicht auf ihr unzusammenhängendes Gerede konzentrieren. Ich war zu sehr damit beschäftigt, im Rückspiegel Doña Mercedes' gequälten Gesichtsausdruck zu beobachten. Sie setzte mehrmals zu sprechen an, schüttelte aber statt dessen den Kopf und starrte dann hilfesuchend aus dem Wagenfenster in die Nacht.

Leon Chirino brauchte lange, bis er an die Tür kam. Er mußte schon tief geschlafen haben und hatte Candelarias lautes und ungeduldiges Klopfen offensichtlich nicht gleich gehört. Mit vor der Brust verschränkten Armen, wohl um sich vor dem kalten, feuchten Wind zu schützen, öffnete er schließlich die Tür. In seinem Blick lag eine böse Vorahnung.

»Federico Müller ist bei mir zu Hause«, sagte Doña Mercedes, bevor Leon Gelegenheit hatte, sie zu begrüßen.

Leon sagte kein Wort. Und doch konnte ich deutlich spüren, daß er sich in einem Zustand höchster Erregung befand. Seine Lippen zitterten, und bald sprühten seine Augen vor Zorn, bald füllten sie sich mit Tränen. Er bat uns, ihm in die Küche zu folgen. Nachdem er dafür gesorgt hatte, daß Doña Mercedes es sich in der Hängematte bequem gemacht hatte, bereitete er frischen Kaffee. Wir saßen währenddessen schweigend da.

Nachdem er Candelaria und mir Kaffee eingeschenkt hatte, half er Doña Mercedes, sich aufzusetzen, und begann ihren Hinterkopf zu massieren. Dann arbeitete er sich langsam über Schultern und Arme bis zu den Füßen hinunter. Sein melodiöser Gesang erfüllte die Küche, klar wie der Sonnenaufgang, friedlich und zugleich unendlich einsam.

»Nur du weißt, was zu tun ist«, sagte er und half Doña Mercedes aufzustehen. »Soll ich mitkommen?«

Sie nickte, umarmte ihn und dankte ihm dafür, daß er ihr wieder Kraft gegeben hatte. Mit einem geheimnisvollen Lächeln ging sie zum Tisch und trank gemächlich ihren Kaffee.

»Jetzt werden wir meinen alten *compadre* aufsuchen«, sagte sie und nahm meinen Arm. »Fahr uns zu El Mochos Haus.«

»Zu Lucas Nuñez?« fragte ich und schaute von einem zum andren. Alle drei nickten, aber keiner sagte etwas. Ich erinnerte mich noch ganz genau daran, was Candelaria über den Patenonkel von Doña Mercedes' Adoptivsohn gesagt hatte. Sie hatte mir erzählt, daß der alte Mann sich für Elios Tod verantwortlich fühlte.

Die Sonne stand bereits über den Berggipfeln, als wir den kleinen Küstenort erreichten, in dem Lucas Nuñez lebte. Es war heiß, und der Salzgeruch des nahen Meeres lag in der Luft. Die Hauptstraße führte an leuchtend weißen Kolonialhäusern, einer kleinen Kirche und einer Plaza vorbei, bis sie vor einer Kokosnußplantage endete. Dahinter lag das Meer. Es war nicht zu sehen, aber der Wind trug das Rauschen der Wellen herüber.

Lucas Nuñez' Haus lag an einer der Seitenstraßen, die eigentlich nur breite, gepflasterte Wege waren. Doña Mercedes klopfte leise an die Tür und trat dann, ohne eine Antwort abzuwarten, in einen dunklen und feuchten Raum.

Noch geblendet vom hellen Sonnenlicht, konnte ich nur undeutlich die Silhouette eines Mannes erkennen, der lesend an einem Holztisch saß. Er warf uns einen so trostlosen Blick zu, daß ich am liebsten sofort davongerannt wäre. Zögernd erhob er sich und umarmte wortlos Doña Mercedes, Candelaria und Leon Chirino. Er war groß und hager. Sein weißes Haar trug er so kurz, daß man die dunkle Kopfhaut durchschimmern sah.

Beim Anblick seiner Hände wurde mir klar, warum man ihn »El Mocho«, den Krüppel, nannte. An jedem Finger fehlte das oberste Glied.

»Federico Müller ist bei mir zu Hause«, sagte Doña Mercedes leise. »Diese Musiúa hat ihn zu mir geführt.«

Langsam schritt Lucas Nuñez auf mich zu. Etwas ungeheuer Eindringliches lag in diesem schmalen Gesicht, in diesen glänzenden Augen, so daß ich unwillkürlich zurückschreckte.

»Ist sie mit ihm verwandt?« fragte er barsch und schien mich gar nicht mehr wahrzunehmen.

»Sie hat Federico Müller noch nie zuvor gesehen«, erklärte Doña Mercedes. »Aber sie hat ihn zu mir geführt.«

Lucas Nuñez lehnte sich gegen die Wand. »Wenn er tatsächlich in deinem Haus ist, bringe ich ihn um«, sagte er in einem gepreßten Flüstern.

Doña Mercedes und Leon Chirino nahmen ihn zwischen sich und brachten ihn in ein anderes Zimmer.

»Wer ist dieser Federico Müller?« fragte ich Candelaria. »Was hat er getan?«

»Aber Musiúa«, antwortete sie ungehalten. »Ich habe dir doch während der ganzen Hinfahrt davon erzählt, was für furchtbare Dinge er getan hat.« Sie schaute mich verwirrt an und schüttelte dann ungläubig den Kopf. Meine Bitte, alles zu wiederholen, ignorierte sie und erklärte, ab sofort kein weiteres Wort mehr über Federico Müller verlieren zu wollen.

Wieder zu Hause angelangt, legte sich Doña Mercedes nicht sofort in ihre Hängematte, um auszuruhen, sondern bat Candelaria und mich, ihr in den Arbeitsraum zu folgen.

Dort zündete sie sieben Altarkerzen an und zog aus den Falten des blauen Umhangs der Madonna einen Revolver hervor.

Erschreckt und fasziniert zugleich betrachtete ich sie, während sie die Waffe streichelte. Sie lächelte mir zu und drückte mir den Revolver in die Hand.

»Er ist nicht geladen«, sagte sie. »Am selben Tag, an dem du hier ankamst, habe ich die Patronen herausgenommen. Ich dachte damals, daß ich ihn nicht mehr brauchen würde, aber wie konnte ich ahnen, daß du Federico zu mir zurückbringen würdest?« Sie ging zu ihrem Sessel hinüber und ließ sich mit einem tiefen Seufzer hineinfallen. »Ich habe den Revolver seit dreißig Jahren«, fuhr sie fort. »Ich habe ihn mir besorgt, um Federico Müller umzubringen.«

»Und genau das solltest du jetzt auch tun!« zischte Candelaria mit zusammengebissenen Zähnen.

»Ich weiß, was ich tun werde.« Doña Mercedes ließ sich durch Candelarias Bemerkung nicht irritieren. »Ich werde für Federico sorgen, solange er lebt.«

»Großer Gott!« schrie Candelaria. »Hast du den Verstand verloren?«

Ein kindlicher Ausdruck unschuldiger Hoffnung und wärmster Zuneigung lag in Doña Mercedes' Augen, als sie uns eindringlich ansah. Sie hob die Hand, als müßte sie um Ruhe bitten. »Du hast Federico Müller an meine Tür geführt«, sagte sie zu mir. »Und ich weiß jetzt, daß es nichts zu verzeihen gibt. Nichts zu verstehen. Und er ist zu mir zurückgekommen, um mir genau das begreiflich zu machen. Ich werde deshalb nie mehr davon sprechen, was er getan hat. Er war tot, aber jetzt lebt er.«

25

Im Haus gab es einige leerstehende Zimmer, aber Federico Müller bestand darauf, in der winzigen Kammer neben der Küche zu schlafen, die gerade mal groß genug war, um einem Feldbett und einem Nachttisch Platz zu bieten.

Mein Angebot, ihn nach Caracas zu fahren, um seine Sachen abzuholen, lehnte er ab. Er sagte, daß nichts von dem, was er dort noch besaß, irgendeinen Wert für ihn habe. Er war aber dankbar, als ich auf Doña Mercedes' Bitte hin einige Hemden und Hosen sowie Toilettenartikel für ihn einkaufte.

Und so wurde Federico Müller in den Haushalt aufgenommen. Doña Mercedes umsorgte ihn – ja, sie verwöhnte ihn geradezu. Jeden Morgen und jeden Nachmittag wurde er von ihr behandelt, und jeden Abend brachte sie ihm einen Baldriantrank mit einem Schuß Rum.

Federico Müller verließ niemals das Haus. Er verbrachte den Tag damit, im Garten in einer Hängematte zu dämmern oder sich mit Doña Mercedes zu unterhalten. Candelaria ignorierte ihn völlig. Er ignorierte sie seinerseits, und mich ignorierte er auch.

Eines Tages jedoch sprach Federico mich plötzlich auf deutsch an, zunächst stockend, denn es schien ihm ungeheure Mühe zu bereiten, die Worte zu formen. Aber schon bald sprach er flüssiges Deutsch und sagte fortan nie mehr ein Wort auf spanisch zu mir. Das veränderte ihn vollkommen. Es schien, als wären all seine Schwierigkeiten – worin diese auch immer bestehen mochten – mit dem Klang spanischer Worte verknüpft.

Candelaria war sehr neugierig, was es mit dieser neuen Sprache auf sich hatte. Sie versuchte Federico auszufragen, erlag aber schließlich seinem natürlichen Charme. Er brachte ihr deutsche Kinderlieder bei, die Candelaria den ganzen Tag lang mit tadelloser Aussprache vor sich hinsang. Und mir erzählte er immer und immer wieder vollkommen zusammenhängend, was er schon Doña Mercedes an jenem Abend erzählt hatte, als er zu uns gekommen war.

Federicos Geschichte

Wie jede Nacht wachte Federico Müller schreiend auf. Er fuhr hoch und sein Rücken stieß gegen die Wand, als er versuchte, dem Gesicht zu entkommen. Es kam ihm jedesmal so nahe, daß er das grausame Glimmen in den Augen des Mannes sehen konnte und seine Goldzähne, wenn er schallend lachte. Hinter ihm lauerten all die anderen Gesichter, die Federicos Alpträume bevölkerten. Gesichter, die von Schmerz und Angst verzerrt waren. Sie schrien verzweifelt und flehten um Gnade. Alle, nur sie nicht. Sie schrie niemals, wandte nie ihren Blick ab. Es war ein Blick, den er nicht ertragen konnte.

Stöhnend preßte er die Fäuste auf die Augen, als könnte er mit dieser Geste seine Vergangenheit zurückdrängen. Seit dreißig Jahren wurde er nun von diesen Alpträumen gequält, von den Erinnerungen und Bildern, die ihm in erschreckender Deutlichkeit folgten.

Erschöpft ließ er sich in die Kissen fallen und deckte sich zu. Etwas greifbar Reales und doch Unsichtbares war im Raum. Es ließ ihn nicht schlafen. Er schlug die Bettdecke zur Seite, humpelte zum Fenster und zog die Vorhänge auf.

Gebannt stand er da und beobachtete, wie der Morgennebel ins Zimmer kroch. Er riß die Augen weit auf, um ganz sicher zu sein, daß er nicht träumte. Wie schon so oft nahm sie in dem formlosen Nebel Gestalt an und setzte sich an seinen Arbeitstisch, zwischen die ausgestopften Vögel, die ihn teilnahmslos aus ihren leeren, toten Augen anstarrten. Vorsichtig näherte er sich der Gestalt. Doch sie verschwand wie ein Schatten, der keine Spuren hinterläßt.

Das Läuten der Kirchenglocken und die eiligen Schritte der Frauen, die auf dem Weg zur Frühmesse waren, hallten durch die stillen Straßen. Die vertrauten Geräusche bestätigten ihm, daß dieser Tag wie alle anderen sein würde. Er wusch und rasierte sich, kochte Kaffee und aß rasch etwas im Stehen. Jetzt fühlte er sich um einiges besser und ließ sich am Tisch nieder, um mit der Arbeit zu beginnen. Aber eine seltsame Unruhe, ein vages Gefühl der Bedrohung, hinderte ihn daran, die Eule fertig auszustopfen, die er einem Kunden für den Nachmittag versprochen hatte. Federico zog seinen guten Anzug an und verließ das Haus, um einen kleinen Spaziergang zu machen.

Um diese frühe Stunde lag eine Atmosphäre friedlicher Klarheit über der Stadt. Langsam humpelte Federico durch die enge Straße. Das Viertel von Caracas, in dem er lebte, war von der Hektik verschont geblieben, die der Modernisierungsprozeß in die Stadt gebracht hatte. Während er durch die Straßen ging, sprach er mit niemanden, nur ab und zu grüßte er einzelne Passanten. In den alten Gassen mit ihren einstöckigen Kolonialhäusern, die vom hellen Lachen der Kinder und den Stimmen der Frauen belebt wurden, die vor ihren Haustüren miteinander schwatzten, fühlte er sich merkwürdig sicher.

Zuerst hatten die Leute viel über ihn geredet, doch Federico hatte es nie für nötig befunden, seine Anwesenheit zu erklären oder gar zu rechtfertigen. Er wußte wohl, daß die Nachbarn wegen seiner Verschlossenheit allerlei Vermutungen über ihn anstellten und er ihnen verdächtig erschien.

Doch im Laufe der Jahre hatten die Leute schließlich jedes Interesse an ihm verloren. Nun sahen sie in ihm nur noch einen exzentrischen alten Mann, der sein Geld als Vogelpräparator verdiente und ansonsten in Ruhe gelassen werden wollte.

Federicos Blick fiel auf sein Spiegelbild in einer Schaufensterscheibe. Wie immer, wenn er sein eigenes Gesicht sah, erschrak er darüber, daß er wesentlich älter aussah, als er in Wirklichkeit war. Nichts erinnerte mehr an den hochgewachsenen, gutaussehenden Mann mit den blonden Locken und dem sonnengebräunten Gesicht von einst. Obwohl er erst dreißig Jahre alt gewesen war, als er in diesen Teil von Caracas gekommen war, hatte er schon damals ausgesehen wie jetzt mit sechzig: vorzeitig gealtert, mit einem verkrüppelten Bein, schlohweißem Haar und tiefen Falten im Gesicht, das auch durch die Sonne seine leichenhafte Blässe nicht verlor.

Er schüttelte den Kopf und lenkte seinen Schritt in Richtung der Plaza, wo er sich auf eine Bank setzte. Alte Männer saßen um ihn herum, ein jeder in seinen eigenen Erinnerungen versunken. Die Einsamkeit, die sie umgab, schreckte Federico auf. Er humpelte weiter durch die Straßen, die sich inzwischen mit Menschen gefüllt hatten.

Die Sonne brannte. Die Umrisse der Gebäude hatten ihre morgendliche Klarheit verloren, und der Lärm in den Straßen ließ das schwindelerregende Flimmern des Dunstes, der über der Stadt lag, noch intensiver erscheinen. Und wie schon so oft stand er plötzlich vor demselben Busbahnhof. Sein Blick fiel auf ein dunkles Gesicht in der Menge.

»Mercedes«, flüsterte er, obwohl er wußte, daß sie es nicht sein konnte. Hatte die Frau ihn gehört? Denn sie blickte plötzlich zu ihm herüber. Mit einem schnellen, aber beachtenswerten Blick, der ihn mit Zuneigung und Hoffnung erfüllte. Dann verschwand sie in der Menge.

»Haben Sie eine große, dunkelhaarige Frau vorbeigehen sehen?« fragte er einen der Händler, die mit ihren Bauchläden voller Süßigkeiten und Tabak auf dem Bahnhofsgelände umherstreiften.

»Ich habe Hunderte von Frauen gesehen«, antwortete der Mann und beschrieb mit den Händen einen großen Kreis. »Überall hier sind Frauen.« Er zog Federico zu sich herüber. »Sehen Sie die Busse dort? Sie sind voller Frauen. Alte, junge, dunkelhaarige, große, kleine, wie man sie sich nur wünscht. Sie fahren alle an die Küste.« Lachend ging der Händler weiter und verschwand in einem der Busse, um seine Waren anzubieten.

In der irrationalen Gewißheit, das Gesicht wiederzufinden, bestieg Federico einen Bus, ging langsam durch den Mittelgang und blickte jeden Fahrgast prüfend an. Die Leute starrten schweigend zurück. Einen Augenblick lang schienen alle Gesichter dem ihren zu gleichen. Ich muß mich ausruhen, dachte er und setzte sich auf einen der hinteren Plätze.

Eine höfliche Stimme, die nach seinen Fahrschein verlangte, weckte ihn. Die Worte wirbelten in seinem Kopf herum. Ein Schwindelgefühl drückte auf seine Stirn, und er hatte Mühe, die Augen zu öffnen. Er warf einen Blick aus dem Fenster. Die Stadt lag weit hinter ihm. Verstört und verlegen schaute er zum Schaffner auf. »Ich wollte eigentlich nirgendwohin«, murmelte er entschuldigend. »Ich habe nur jemanden gesucht.« Einen Moment lang stockte er und murmelte dann: »Jemanden, den ich hier zu finden hoffte und zugleich zu finden fürchtete.«

»Das kann passieren«, antwortete der Schaffner verständnisvoll. »Da Sie sowieso den vollen Fahrpreis zahlen müssen, können Sie ja auch bis nach Curmina mitfahren und den Tag genießen.« Er lachte und schlug Federico auf die Schulter. »Von da können Sie dann einen Bus zurück in die Hauptstadt nehmen.«

Federico bezahlte. »Und wann fährt dieser Bus nach Caracas zurück?« fragte er.

»Gegen Mitternacht«, sagte der Mann. »Falls sich bis dahin genug Leute finden, die mitfahren wollen. Die Fahrt muß sich schließlich lohnen.« Er gab ihm das Wechselgeld zurück und ging zum nächsten Fahrgast.

Es war Schicksal, daß ich diesen Bus genommen habe, ohne es zu wollen, dachte Federico. Der Ansatz eines Lächelns huschte über sein Gesicht. Er schloß die müden Augen mit einem Gefühl tiefer Hoffnung. Das Schicksal hatte ihn schließlich gezwungen, sich seiner Vergangenheit zu ergeben. Eine nie gekannte Ruhe überkam ihn, als er sich an diese Vergangenheit erinnerte.

Alles begann auf einer Party in Caracas. Ein hoher General der Militärregierung hatte ihn angesprochen und ihn geradeheraus gefragt, ob er für die Geheimpolizei arbeiten wolle. Federico hielt ihn für betrunken und nahm sein Angebot nicht ernst. Als einige Tage später ein Offizier an seiner Tür klopfte, war er mehr als erstaunt.

»Ich bin Hauptmann Sergio Medina«, stellte dieser sich vor. Der kleine, untersetzte, aber kräftige Mann, dessen breites Grinsen blitzende Goldzähne enthüllte, hatte eigentlich nichts Unheilverheißendes an sich. Überzeugend sprach er von dem aufregenden Auftrag, den die Armee Federico zu bieten hatte, von der guten Bezahlung und den hervorragenden Aufstiegschancen. Federico fühlte sich geschmeichelt und war neugierig geworden. Also folgte er Medina in das Haus des Generals.

Dieser klopfte ihm freundschaftlich auf die Schulter und bat ihn in sein Arbeitszimmer. »Diese Aufgabe wird Ihnen den Respekt und den Dank unseres Landes einbringen«, sagte er. »Den Respekt und den Dank des Landes, das schließlich auch Ihr Land ist – und doch nicht ganz. Sie haben die Chance, wirklich einer von uns zu werden.«

Federico nickte. Er mußte dem General recht geben. Als Sechzehnjähriger war Federico mit seinen Eltern nach Venezuela gekommen. Im Rahmen eines Hilfsprogrammes für Einwanderer waren sie ins Landesinnere gezogen, um dort das Land zu bestellen, auf Feldern, die, wie sie hofften, eines Tages ihnen gehören würden. Nachdem seine Eltern bei einem Unfall ums Leben gekommen waren, hatte Federico jedes Interesse an der Landwirtschaft verloren und sich einem deutschen Zoologen angeschlossen, einem Fachmann für die Präparation von Vögeln, der ihm alles, was er wußte, beigebracht hatte.

»Ich kann mir nicht vorstellen, wie ich Ihnen nützen könnte«, sagte Federico zu dem General. »Ich kann nur Vögel fangen und sie ausstopfen.«

Der General lachte dröhnend. »Mein lieber Federico«, sagte er mit Nachdruck. »Ihre Arbeit als Präparator ist die beste Tarnung für den Auftrag, den wir Ihnen anvertrauen wollen.« Lächelnd beugte er sich zu Federico vor und schlug einen vertraulicheren Ton an. Halb flüsternd fügte er hinzu: »Wir haben Hinweise auf eine Widerstandsgruppe erhalten, die in der Gegend von Curmina operiert. Wir möchten, daß du alles über sie in Erfahrung bringst.«

Wieder lachte er fröhlich wie ein Kind. »Bis jetzt hatten die Männer, die wir dorthin geschickt haben, keinen Erfolg. Aber du, mein Freund, ein Musiú, der Vögel fängt, wirst keinen Verdacht erregen.«

Man hatte Federico keine Chance gelassen, das Angebot abzulehnen. Einige Tage nach der Unterredung mit dem

General stand ein nagelneuer Jeep, ausgerüstet mit den besten Instrumenten und Chemikalien, die er sich nie hätte leisten können, vor seiner Haustür.

Bei seinen Exkursionen in die Berge war Federico stets vorsichtig. Eines Morgens jedoch hatte er gesehen, wie ihm ein seltener Tukan in die Falle gegangen war, und er sprang aus der Hängematte, ohne zuvor seine Stiefel anzuziehen. Er spürte einen stechenden Schmerz zwischen den Zehen und fluchte. Zuerst glaubte er, in einen Dorn getreten zu sein, doch als sich der Schmerz immer weiter ausbreitete und er die beiden kleinen Einstiche bemerkte, aus denen Blut tropfte, wußte er, daß ihn eine Schlange gebissen hatte. Eine Schlange, die er weder gesehen noch gehört hatte.

Er rannte sofort zum Jeep und wühlte zwischen seinen Sachen, bis er den Verbandskasten gefunden hatte. Mit einem Tuch band er das Bein ab, schnitt geschickt die beiden Einstiche auf und ließ die Wunde ausbluten. Aber zu viel Gift war bereits in den Blutkreislauf eingedrungen. Bis zur Hüfte hinauf spürte er stechende Schmerzen, und der Fuß war dick angeschwollen. Bis nach Caracas würde er es nicht mehr schaffen, dachte er, während er sich hinter das Steuer des Jeeps setzte. Er mußte sein Glück in der nächsten Ortschaft versuchen.

Die Krankenschwester in der Unfallstation in der Nähe der Plaza erklärte ihm ruhig, daß sie kein Schlangengiftserum vorrätig hätten.

»Und was soll ich jetzt tun? Sterben?« schrie Federico sie an, das Gesicht vor Wut und Schmerz verzerrt.

»Das will ich nicht hoffen«, antwortete die Schwester unbeeindruckt. »Ich denke, Sie sind sich dessen bewußt, daß Sie es nicht mehr bis Caracas schaffen.« Sie blickte ihn prüfend an und wog ihre nächsten Worte sorgfältig ab. »Aber es gibt hier eine Heilerin. Sie hat die besten *Contras* – Geheimtränke gegen Schlangenbisse.« Sie lächelte entschuldigend. »Deshalb haben wir auch kein Serum auf Lager. Die meisten gehen lieber zu ihr.« Sie sah sich den geschwollenen Fuß noch einmal genau an. »Ich kann Ihnen nicht sagen, welche Schlange Sie gebissen hat, aber es sieht schlimm aus. Die Heilerin ist Ihre einzige Chance. Und die sollten Sie nutzen.«

Federico war noch nie in seinem Leben bei einem Hexendoktor gewesen, aber in diesem Augenblick war er bereit, alles zu versuchen. Er wollte nicht sterben – es war ihm gleich, wer ihm helfen würde.

Die Krankenschwester trug Federico mit Hilfe zweier Männer aus der benachbarten Bar zum Haus der Heilerin am Stadtrand. Sie legten Federico in einem raucherfüllten Raum, in dem es stark nach Ammoniak roch, auf ein Feldbett.

Als Federico hörte, wie jemand ein Streichholz anriß, schlug er die Augen auf. Durch einen Dunstschleier sah er eine großgewachsene Frau, die eine Altarkerze anzündete. Im flackernden Licht wirkte ihr Gesicht wie eine Maske; die dunkle Haut, die sich straff über die hervorstehenden Wangenknochen spannte, schimmerte wie poliertes Holz. Ihre Augen, von schweren Lidern halb verdeckt, verrieten nichts, als sie ihn ansah.

»Das war sicher der Biß einer *Macagua*«, stellte sie fest und betrachtete den Fuß. »Die Schlange hat dir alles gegeben, was sie hatte. Du kannst von Glück sagen, daß die Krankenschwester dich hat herbringen lassen. Gegen dieses Gift gibt es kein Serum.« Sie zog einen Stuhl heran, setzte sich und untersuchte sorgfältig den Fuß, indem sie mit ihren schlanken Fingern vorsichtig die Haut um die Wunde herum abtastete. »Du brauchst dir keine Sorgen zu machen«, sagte sie mit absoluter Überzeugung. »Du bist jung. Du wirst das Gift und auch meine Behandlung überleben.«

Sie drehte sich zu dem Tisch hinter ihr und nahm zwei Karaffen herunter, die mit einer grünlichbraunen, sirupartigen Flüssigkeit gefüllt waren, in der Wurzeln, Blätter und Schlangeneingeweide schwammen. Aus einer der Karaffen schüttete sie etwas in eine Metallschüssel, dann füllte sie eine Blechtasse zur Hälfte mit der Flüssigkeit aus der anderen Karaffe.

Sie zündete eine Zigarre an. Tief inhalierend schloß sie die Augen und wiegte den Kopf vor und zurück. Dann beugte sie sich ruckartig vor, und blies den Rauch in die offene Wunde, die Federicos Schnitt hinterlassen hatte. Dann saugte sie das Blut heraus, spuckte es aus und spülte sich den Mund mit einer klaren, stechend riechenden Flüssigkeit. Siebenmal wiederholte sie diese Prozedur.

Völlig erschöpft lehnte sie den Kopf gegen die Stuhllehne. Doch schon wenige Sekunden später murmelte sie einen Beschwörungsgesang und zog Federico das Hemd aus. Mit dem Mittelfinger, den sie zuvor in Zigarrenasche getaucht hatte, zog sie eine gerade Linie von Federicos Kinn bis hinunter zu den Genitalien. Mit erstaunlicher Leichtigkeit drehte sie ihn auf den Bauch und zeichnete eine zweite Linie auf den Rücken.

»Ich habe dich geteilt«, erklärte sie ihm. »Das Gift kann jetzt nicht auf die andere Seite gelangen.« Sie zog die Linien mit frischer Asche nach.

Trotz seiner Schmerzen mußte Federico lachen. »Ich bin sicher, das Gift hat sich schon längst im ganzen Körper verteilt«, sagte er.

Sie nahm seinen Kopf in ihre Hände und zwang ihn, ihr in die Augen zu sehen. »Musiú, wenn du mir nicht vertraust, wirst du sterben.« Dann machte sie sich daran, den Fuß mit der Flüssigkeit abzuwaschen, die sie in die Metallschüssel gegossen hatte. Schließlich nahm sie die Blechtasse und setzte sie ihm an die Lippen. »Trink das aus!« befahl sie. »Wenn du es ausspuckst, bist du erledigt.«

Unkontrollierbare Übelkeit ließ ihn die faulige Flüssigkeit beinahe erbrechen.

»Zwing dich, es unten zu behalten«, ermahnte sie ihn und schob ein kleines Kissen, das mit getrockneten Maiskörnern gefüllt war, unter seinen Kopf. Dann tränkte sie ein Taschentuch mit einer Mixtur aus Rosenwasser und Ammoniak, ohne ihn dabei aus den Augen zu lassen. »Tief einatmen«, befahl sie und preßte das Tuch auf seine Nase. »Atme ganz tief und langsam.« Federico wand sich unter dem zunehmenden Druck ihrer Hand, beruhigte sich aber, als die

Heilerin begann, sein Gesicht zu massieren. »Du darfst nicht mit schwangeren Frauen zusammenkommen«, ermahnte sie ihn. »Dann verliert das *Contra* seine Wirkung.«

Er sah verständnislos zu ihr auf und murmelte dann, er kenne keine schwangere Frau.

Offensichtlich zufrieden mit seiner Antwort, ging Mercedes Peralta zum Altar hinüber, stellte sieben Kerzen vor der Statue des heiligen Johannes auf und zündete sie an. Schweigend starrte sie in die Flammen, warf dann plötzlich den Kopf zurück und stimmte eine seltsam schrille Litanei an, die sich zu einem Kreischen steigerte, das im Rhythmus ihrer Atemzüge an- und abschwoll. Es war ein unmenschlicher Klagegesang, der die Wände erzittern und die Kerzen flackern ließ. Er erfüllte das Zimmer, das Haus und drang selbst darüber hinaus, als sei er bestimmt, von einer entfernten Macht gehört zu werden.

Federico nahm halbbewußt wahr, daß man ihn in ein anderes Zimmer trug. Die Tage und Nächte gingen nahtlos ineinander über, während er von Fieber und Kälteschauern geschüttelt auf seinem Feldbett lag. Wenn er die Augen aufschlug, sah er in der Dunkelheit das Gesicht der Heilerin. Die roten Steine ihrer Ohrringe glühten wie ein zweites Paar Augen. Mit ihrer sanften, melodiösen Stimme befahl sie den Schatten, den gräßlichen Phantomen seiner Fieberträume, zu verschwinden. Manchmal, als wäre sie selbst ein Teil seiner Halluzinationen, befahl sie Federico, mit den unbekannten Kräften zu kämpfen.

Danach badete sie seinen schweißüberströmten Körper und massierte ihn, bis seine Haut sich abgekühlt hatte. Einige Male hatte Federico das Gefühl, eine weitere Person im Zimmer zu spüren. Hände, die größer und kräftiger waren als die ihren, hielten seinen Kopf, während die Heilerin ihn zwang, die übelriechende Flüssigkeit zu trinken.

An dem Morgen, als sie ihm die erste feste Nahrung aus Reis und Gemüse brachte, kam sie in Begleitung eines jungen Mannes, der eine Gitarre unter dem Arm trug.

»Ich bin Elio«, stellte er sich vor. Dann spielte er Gitarre und sang ein lustiges Lied dazu, in dem er Federicos

Geschichte mit dem Schlangenbiß erzählte. Elio erzählte ihm auch, daß er noch am selben Tag, an dem die Krankenschwester Federico zu seiner Mutter gebracht hatte, in die Berge gegangen war und die *Macagua* mit seiner Machete getötet hatte. Wäre die Schlange am Leben geblieben, so hätten alle Heilmittel und Beschwörungsgesänge nichts genutzt.

Eines Morgens, als sein Fuß wieder völlig normal aussah, nahm Federico seine gewaschenen Kleider vom Bettgestell, zog sich an und ging in den Garten, um seine Kräfte zu prüfen. Dort fand er die Heilerin, die sich über eine mit Rosmarinwasser gefüllte Wanne beugte. Schweigend sah er zu, wie sie ihre Hände in das Wasser tauchte.

Lächelnd schaute sie zu ihm auf. »So bleibt mein Haar dunkel«, erklärte sie ihm und fuhr sich mit den nassen Händen mehrmals durch ihre Locken.

Verwirrt über die Leidenschaft, die er in sich aufkeimen spürte, trat er an sie heran. Gerne hätte er die Wassertropfen geküßt, die auf ihrem Gesicht und den Schultern perlten und in ihren Ausschnitt fielen. Es störte ihn nicht, daß sie wahrscheinlich alt genug war, um seine Mutter zu sein. Für ihn war sie alterslos und auf geheimnisvolle Weise begehrenswert.

»Du hast mir das Leben gerettet«, sagte er leise und berührte ihr Gesicht. Zärtlich streichelte er ihre Wangen, fuhr mit den Fingern über ihre vollen Lippen und den warmen, weichen Hals. »Und du hast einen Liebestrank in diese faulige Flüssigkeit gemischt, die ich jeden Tag trinken mußte.«

Sie blickte ihm herausfordernd in die Augen, gab aber keine Antwort.

Federico entschuldigte sich sofort, weil er fürchtete, sie beleidigt zu haben.

Sie schüttelte den Kopf, und ein rauhes Lachen drang aus ihrer Kehle. Noch nie hatte er so ein Lachen gehört – es kam aus tiefster Seele, als wäre sonst nichts in der Welt von Bedeutung. »Du kannst so lange hierbleiben, bis du wieder zu Kräften gekommen bist«, sagte sie und spielte mit seinen blonden Locken. In ihren verschleierten Augen lag ein Anflug von Spott, aber auch von tiefster Leidenschaft.

Monate vergingen. Federico wurde zum Geliebten der Heilerin. Aber nie ließ sie es zu, daß er eine ganze Nacht bei ihr verbrachte.

»Laß mich hierbleiben«, bat er jedesmal und liebkoste ihre samtene Haut, inständig hoffend, daß sie seine Bitte ein einziges Mal erhören würde. Aber sie stieß ihn hinaus in die Dunkelheit und schloß lachend die Tür hinter ihm. »Vielleicht, wenn wir drei Jahre zusammengeblieben sind«, vertröstete sie ihn.

Die Regenzeit war fast vorüber, als Federico seine Exkursionen in die Berge wieder aufnahm. Elio begleitete ihn anfangs, um ihn zu beschützen, aber schon bald begeisterte er sich für das Fangen und Ausstopfen der Vögel. Federico hatte noch nie jemanden mitgenommen. Trotz des Altersunterschiedes von zehn Jahren wurden die beiden die besten Freunde.

Federico war überrascht, mit welcher Geduld Elio das stundenlange Warten ertrug, bis ein Vogel in die Falle gegangen war; und wie sehr der Junge die langen Fußmärsche im Schatten der kühlen Berggipfel zu genießen schien, bei denen man leicht vom Nebel oder Sturm überrascht werden konnte. Federico war nahe daran, Elio von Hauptmann Medina zu erzählen, aber aus irgendeinem Grund hatte er es nie fertiggebracht, das vertrauliche, zarte Schweigen zwischen ihnen zu brechen.

Federico empfand ein unbestimmtes Schuldgefühl während der unbeschwerten Tage in den Bergen und der heimlichen Nächte mit der Heilerin. Er hatte nicht nur Elio und Mercedes davon überzeugt, daß Medina lediglich der Mittelsmann war, der die ausgestopften Tiere an Museen, Schulen und Kuriositätenläden weiterverkaufte, sondern er glaubte bereits selbst daran.

»Du mußt schon etwas mehr tun, als diese verdammten Vögel zu fangen«, sagte Medina eines Nachmittags, als sie zusammen in einer Bar ein Bier tranken. »Mische dich mehr unter die Patienten der Heilerin. Durch Klatsch und Tratsch erfährt man die erstaunlichsten Dinge. Du mußt jedenfalls dieses hervorragend begonnene Manöver ebenso zu Ende führen!«

Federico war überrascht und auch sehr verärgert gewesen, als Medina ihm zu seinem klugen Plan gratuliert hatte. Der Hauptmann glaubte tatsächlich, Federico hätte sich absichtlich von der Schlange beißen lassen!

»Es sind die Intellektuellen, die Gebildeten, die den Umsturz planen«, sagte Federico zu Medina. »Nicht die armen Bauern und Fischer. Sie sind viel zu sehr damit beschäftigt, ihren Lebensunterhalt zu verdienen, als daß sie sich um Politik kümmern könnten.«

»Musiú, wir bezahlen dich nicht, damit du uns gute Ratschläge gibst«, unterbrach ihn Medina. »Tue, was man von dir erwartet.« Er drehte sein leeres Bierglas in der Hand, schaute dann Federico an und fuhr im Flüsterton fort: »Vor kurzem ist der Anführer einer kleinen, aber gefährlichen Rebellengruppe aus dem Gefängnis ausgebrochen. Wir haben Anhaltspunkte, daß er sich in dieser Gegend versteckt hält.« Lachend schlug Medina mit der Hand auf den Tisch. »Er hat seine Fingerkuppen leider im Gefängnis zurücklassen müssen. Deshalb nennt man ihn jetzt *El Mocho*.«

Seit dem frühen Nachmittag hatte es nicht aufgehört zu regnen. Das unaufhörliche Plätschern des Wassers, das aus der defekten Dachrinne vor Federicos Fenster stürzte, ließ ihn keinen Schlaf finden. Er trat auf den Flur hinaus und wollte sich gerade eine Zigarette anzünden, als er leise Stimmen hörte, die aus dem Zimmer der Heilerin kamen.

Er wußte, daß es nicht Mercedes war, die da sprach. Er selbst hatte sie an diesem Morgen in ein Nachbardorf gefahren, wo eine Séance stattfinden sollte. Federico schlich den Flur entlang. In dem Stimmengewirr erkannte er deutlich Elios aufgeregte Stimme. Zuerst verstand er nicht, worüber gesprochen wurde – doch als die Worte »Dynamit«, »der geplante Staudamm« und »inoffizieller Besuch des Diktators« zu hören waren, wurde ihm schlagartig klar, daß er unversehens auf eine Verschwörung gestoßen war, die die Ermordung des Diktators vorbereitete. Er lehnte sich gegen die Wand und versuchte, seinen Herzschlag zu beruhigen. Dann trat er entschlossen in das dunkle Zimmer.

»Elio, bist du's?« fragte er. »Ich habe Stimmen gehört und mir Sorgen gemacht.«

Im Zimmer befanden sich mehrere Männer, die sich alle bei seinem Eintritt in den Schatten zurückzogen. Elio schien nicht im geringsten überrascht zu sein. Er nahm Federico beim Arm und ging mit ihm zu dem Mann hinüber, der im Lehnstuhl neben dem Altar saß.

»Patenonkel, das ist der Musiú, von dem ich dir erzählt habe. Er ist ein Freund der Familie. Man kann ihm vertrauen.«

Langsam stand der Mann auf. Sein knochiges Gesicht mit den hohen Wangenknochen, die sich auf der dunklen Haut scharf abzeichneten, und den vor Entschlossenheit glühenden Augen war das eines Heiligen. »Ich freue mich, dich kennenzulernen«, sagte er. »Ich bin Lucas Nuñez.«

Federico starrte auf die ihm hingestreckte Hand. An jedem Finger fehlte das oberste Glied.

»Ich spüre, daß wir dir vertrauen können«, sagte Lucas Nuñez zu ihm. »Elio sagt, du willst uns helfen?«

Federico nickte und schloß die Augen in der Furcht, sein Blick oder seine Stimme könnten verraten, wie aufgeregt er war.

Lucas Nuñez stellte ihn den anderen Männern vor. Jeder schüttelte ihm die Hand und setzte sich dann wieder in den Halbkreis auf dem Boden. Das flackernde Licht der Altarkerzen ließ ihre Gesichter nur undeutlich erkennen.

Aufmerksam hörte Federico zu, wie Lucas Nuñez mit präzisen, nüchternen Argumenten die politische Lage Venezuelas analysierte.

»Und wie kann ich euch helfen?« fragte Federico, als Lucas Nuñez geendet hatte.

Trauer und Nachdenklichkeit lagen in den Augen des Mannes; die unliebsamen Erinnerungen, die ihn plötzlich überkamen, verdüsterten sein Gesicht. Aber dann lächelte er und sagte: »Wenn die anderen einverstanden sind, kannst du den Sprengstoff in die Berge fahren.«

Alle waren einverstanden. Federico spürte, daß sie ihn nur deshalb so schnell und vorbehaltlos akzeptiert hatten, weil er Mercedes Peraltas Geliebter war.

Es war tiefe Nacht, als ihre Gespräche langsam verstummten – nach und nach, wie der Flügelschlag eines verwundeten Vogels. Die Männer sahen blaß und abgekämpft aus. Als sie Federico zum Abschied umarmten, lief ihm ein kalter Schauer über den Rücken. Geräuschlos verließen die Männer das Zimmer und verschwanden im dunklen Flur.

Die teuflische Ironie der Situation schockierte Federico. Lucas Nuñez' Worte klangen in seinen Ohren nach: »Du bist genau der richtige Mann für diese Aktion. Niemand wird einen Musiú verdächtigen, der in den Bergen Vögel fängt.«

Federico parkte den Jeep auf einer kleinen Lichtung neben der Straße. Die Berge wurden von feinem Nieselregen eingehüllt, und der Halbmond, der durch die Wolken schimmerte, verlieh der Landschaft einen geisterhaften Glanz.

Leise lud er zusammen mit Elio die sorgfältig verpackte Sprengstoffkiste aus.

»Ich bringe das Zeug runter zur Hütte«, sagte Elio und lächelte ermunternd. »Schau nicht so bekümmert drein, Federico. Sie werden die Brücke bis zum Sonnenaufgang vermint haben.«

Federico sah ihm nach, als er den steilen, zugewachsenen Pfad hinabstieg und in den Schatten verschwand. Sie waren schon oft hier gewesen, um wilde Pomarrosas zu pflücken, eine ausgesprochen süße Frucht, die wie Rosenblüten duftete. Es war Mercedes Peraltas Lieblingsfrucht.

Er setzte sich auf einen umgestürzten Baumstamm und barg das Gesicht in den Händen. Außer dem unbestimmten Schuldgefühl, das ihn manchmal überkommen hatte, wenn er die großzügige Bezahlung entgegennahm, die den Wert des Vogels, den er Medina übergeben hatte, weit überstieg, hatte er alle Gedanken an mögliche Folgen seiner Handlungen verdrängt. Bis jetzt war ihm das alles wie ein Abenteuerfilm oder ein Roman vorgekommen. Es schien nichts damit zu tun zu haben, Menschen zu verraten, die er kannte und liebte, Menschen, die ihm vertrauten. Hoffentlich beeilte sich Elio. Federico hatte Medinas Jeep bemerkt, der ihnen seit dem Verlassen der Stadt gefolgt war. Er hatte Medina alles erzählt, und jetzt war es zu spät für Reue.

Als ein greller Blitz den Himmel erhellte, sprang Federico auf. Ein grollender Donner folgte, der in der Schlucht nachhallte. Regen setzte ein, so dicht, daß alles um ihn herum verschwamm.

»Ich Idiot!« Er rannte den Pfad hinab. Schlagartig war Federico klar geworden, daß Medina sein Versprechen, die Heilerin und Elio zu schonen, keineswegs halten würde. Das war nur ein Trick, um alles aus Federico herauszubekommen.

»Elio!« Federicos Rufe wurden vom lauten Rattern einer Maschinengewehrsalve übertönt. Es folgte das Kreischen aufgescheuchter Vögel, die zu Hunderten in den dunklen Himmel aufstiegen.

Während der wenigen Minuten, die er brauchte, um zur Hütte zu gelangen, durchlebte Federico einen Alptraum. Mit erschütternder Klarheit erkannte er, daß sein Leben eine furchtbare Wendung genommen hatte. Wie in Trance ließ er sich schluchzend neben dem zerfetzten Körper des toten Jungen niederfallen, sah und hörte nichts von Medina und den beiden Soldaten, die die Hütte betraten.

Medina schrie einen der Männer an, aber für Federico war seine Stimme nur ein leises Murmeln. »Du verdammter Trottel! Ich habe gesagt: nicht schießen! Du hättest uns alle in die Luft jagen können!«

»Ich habe jemanden laufen hören«, verteidigte sich der Soldat. »Es hätte ein Hinterhalt sein können. Ich traue dem Musiú nicht über den Weg.«

Medina drehte sich von dem Soldaten weg und richtete seine Taschenlampe auf Federico. »Du bist dümmer, als ich dachte«, bellte er ihn an. »Was, hast du geglaubt, ist das hier? Ein Spiel?« Dann gab er den Befehl, die Sprengstoffkiste aus der Schlucht zu schaffen.

Federico brachte den Jeep vor Mercedes Peraltas Haus so abrupt zum Stehen, daß er mit dem Kopf gegen die Windschutzscheibe prallte. Einen Moment lang saß er benommen da und starrte auf die verschlossene Tür und die verhängten Fenster. Von innen drang kein Licht heraus, und doch war das laute Plärren des Radios zu hören.

Er ging in den Garten und sah den Armeejeep, der in einer Seitenstraße geparkt war. »Medina!« schrie er und rannte durch den Patio und die Küche in Mercedes Peraltas Arbeitsraum.

Völlig erschöpft fiel er zu Boden, nicht weit von der Stelle entfernt, wo die Heilerin stöhnend vor dem Altar kauerte.

»Sie weiß nichts«, stieß Federico hervor. »Sie hat mit der ganzen Sache nichts zu tun!«

Medina warf den Kopf zurück und lachte schallend. Auf seinen Goldzähnen spiegelte sich das Licht der Kerzen auf dem Altar. »Als Doppelagent mußt du schon etwas schlauer sein als ich«, sagte er. »Und ich habe Übung. Leute übers Ohr zu hauen ist mein Geschäft.« Er versetzte Federico einen Tritt in die Seite. »Wenn du sie warnen wolltest, hättest du sofort herkommen müssen und nicht deine Zeit damit vergeuden dürfen, den Jungen zu beweinen, den du selbst auf dem Gewissen hast.«

Die beiden Soldaten packten Mercedes Peralta und zwangen sie aufzustehen. Ihre Augen waren halb zugeschwollen, Lippen und Nase bluteten. Sie riß sich los, und ihr Blick suchte Federico.

»Wo ist Elio?« fragte sie.

»Sag es ihr, Federico.« Medina lachte erneut, und seine Augen funkelten hinterhältig. »Sag ihr, wie du ihn getötet hast.«

Mit der unbändigen Wut eines verwundeten Tieres stieß Mercedes Peralta Medina gegen den Altar und versuchte, einem der Soldaten das Gewehr zu entreißen.

Der Mann feuerte einen Schuß ab.

Sie stand ganz still, ihre Hände gegen die Brust gepreßt, wo Blut ihr Kleid durchtränkte. »Federico, ich verfluche dich bis ans Ende deiner Tage.« Ihre Worte wurden undeutlich. Sie schien einen Beschwörungsgesang zu murmeln. Dann fiel sie wie eine Marionette zu Boden.

Mit letzter Kraft traf Federico eine endgültige Entscheidung: im Tode würde er mit den Menschen vereint sein, die er verraten hatte. Es war alles so einfach. Er würde alles wieder gutmachen, indem er diejenigen umbrachte, die an allem schuld waren, sich selbst und seinen Komplizen Medina.

Er zog sein Jagdmesser und rammte es dem Hauptmann in die Brust. Er erwartete, auf der Stelle erschossen zu werden, aber der Soldat schoß ihm nur ins Bein.

Gefesselt und geknebelt, die Augen verbunden, schafften die Soldaten Federico ins Auto. Er fragte sich, ob es bereits Tag war, denn er hörte das höhnische Geplapper eines Papageienschwarmes über ihm.

Als der Wagen Stunden später anhielt, war Federico sicher, daß man ihn nach Caracas gebracht hatte. Er wurde in eine Zelle gesperrt. Er gab alles zu, was ihm seine Folterer vorwarfen; alles, was er sagte, war bedeutungslos. Sein Leben war bereits zu Ende.

Federico hatte keine Ahnung, wie lange man ihn schon festgehalten hatte. Er zählte nicht wie die anderen Gefangenen die Tage, Wochen, Monate und Jahre. Alle Tage waren für ihn gleich.

An einem dieser Tage ließ man ihn frei. Die Diktatur war beendet. In den Straßen jubelten und lachten die Menschen. Federico zog in die Altstadt und fing wieder an, Vögel zu präparieren. Aber er fuhr nie mehr in die Berge, um sie zu fangen.

26

»Die menschliche Natur ist äußerst seltsam«, sagte Doña Mercedes. »Ich habe die ganze Zeit gewußt, daß du etwas für mich tun würdest. Vom ersten Moment an, als ich dich sah. Und dennoch, als du getan hattest, wozu du hergekommen bist, konnte ich es nicht fassen. Du hast das Rad des Schicksals für mich gedreht. Du hast Federico Müller wieder in das Reich der Lebenden zurückgeholt. Mit der Macht deines Hexenschattens hast du ihn zu mir zurückgebracht.«

Sie ließ mir keine Gelegenheit, etwas einzuwenden.

»Während all dieser Monate warst du in meinem Haus«, sagte sie. »Du warst in meinem Schatten, wenn auch nur ein ganz klein wenig. Und es wäre normal gewesen, wenn ich für dich eine Verbindung hergestellt hätte, und nicht umgekehrt.«

Ich wollte die Dinge klarstellen. Ich bestand darauf, daß ich absolut nichts getan hatte. Aber Doña Mercedes wollte nichts davon wissen. Als mögliche Erklärung schlug ich schließlich folgendes vor: Sie hatte die Verbindung eigentlich doch selbst hergestellt, weil sie davon überzeugt war, daß ich es für sie tun würde.

»Nein«, sagte sie und sah mich mißmutig an. »Deine Schlüsse sind falsch. Ich finde es sehr traurig, daß du nach Erklärungen suchst, die alles zerstören.«

Sie stand auf und umarmte mich. »Du tust mir leid«, flüsterte sie mir ins Ohr. Plötzlich aber lachte sie, und ihr fröhliches Lachen zerstreute ihre Traurigkeit. »Es gibt keine Erklärung dafür, wie du es geschafft hast«, sagte sie. »Ich spreche nicht von menschlichem Tun oder geheimnisvollen Zaubertricks – ich meine etwas, das so unbegreiflich ist wie die Zeitlosigkeit selbst.« Sie geriet beinahe ins Stocken und suchte nach Worten. »Ich weiß und fühle nur, daß du eine Verbindung für mich hergestellt hast. Wie ungewöhnlich! Ich habe versucht, dir zu zeigen, wie Hexen das Rad des Schicksals in Bewegung setzen, und dann hast du es selbst für mich getan.«

»Ich habe dir doch gesagt, daß ich nichts getan habe«, erwiderte ich. Ihre Hartnäckigkeit ärgerte mich.

»Stell dich nicht so dumm an, Musiúa.« Ihr Tonfall erinnerte mich an Agustín. »Irgend etwas hilft dir, eine Wandlung für mich herbeizuführen. Man kann mit Recht von dir behaupten, daß du deinen Hexenschatten benutzt hast, ohne es auch nur zu ahnen.«

Achter Teil

27

Die Regenzeit war fast vorbei. Aber dennoch regnete es jeden Nachmittag. Es waren meist schwere Wolkenbrüche, die von Donner und Blitz begleitet waren.

Gewöhnlich verbrachte ich diese verregneten Nachmittage mit Doña Mercedes in ihrem Zimmer. Sie lag in ihrer Hängematte, wobei sie sich manchmal über meine Gesellschaft freute, während ich ihr andere Male völlig gleichgültig schien. Wenn ich sie dann etwas fragte, antwortete sie, und wenn ich nichts sagte, schwieg auch sie.

»Nach dem Regen kommt nie ein Patient«, sagte ich und blickte auf das Wasser, das vom Fenster hinabströmte.

Doch schon bald legte sich der Sturm, und überflutete Straßen blieben zurück. Auf dem Dach des Nachbarhauses ließen sich drei Bussarde nieder. Mit ausgebreiteten Flügeln hüpften sie bis zum First hinauf und sahen sich von dort das Spektakel an, wie die Sonne durch die Gewitterwolken brach. Halbnackte Kinder kamen aus den Häusern, scheuchten mit ihrem Geschrei die Bussarde auf und spielten zwischen den tiefen Pfützen Fangen.

»Nach dem Regen kommt nie jemand«, wiederholte ich und drehte mich zu Doña Mercedes, die still in ihrer Hängematte saß und ihre kaputten Schuhe anstarrte.

»Ich denke, ich werde Leon Chirino besuchen«, sagte ich und erhob mich.

»Das würde ich nicht tun«, murmelte sie, den Blick immer noch auf ihre Zehen gerichtet. Sie schaute hoch. Ihr Blick verriet, daß sie irgend etwas ausbrütete. Sie zögerte, runzelte die Stirn und biß sich auf die Lippen, als hätte sie etwas anderes sagen wollen. Schließlich stand sie auf, nahm meinen Arm und führte mich in ihren Arbeitsraum.

Sobald wir das Zimmer betreten hatten, begann sie fieberhaft in allen Ecken zu stöbern. Den Rocksaum geräuschvoll auf dem Boden nachschleifend, ging sie in alle Winkel, schaute immer wieder an denselben Stellen nach, drehte auf dem Schreibtisch alles um und durchsuchte die Vitrine und den Altar. »Ich finde sie nicht«, sagte sie schließlich.

»Was hast du verloren?« fragte ich. »Vielleicht weiß ich, wo es ist.«

Sie setzte zu einer Antwort an, ging aber statt dessen zum Altar hinüber und zündete eine Kerze an. Dann rauchte sie eine Zigarre und starrte in die Asche auf dem Metallteller. Plötzlich drehte sie sich um, sah mich an und ließ sich auf die Knie nieder. Sie kroch unter den Tisch und holte hinter den Flaschen eine lange Goldkette hervor, an der Münzen hingen.

»Was willst du damit...?« Ich brach mitten im Satz ab, da ich mich an die Nacht erinnerte, als Doña Mercedes die Kette in die Luft geworfen hatte. »Wenn du die Kette das nächste Mal siehst, mußt du nach Caracas zurück«, hatte sie damals gesagt. Ich habe nie herausbekommen können, ob irgendein Trick im Spiel war oder ob ich einfach vor lauter Müdigkeit die Kette nicht hatte zu Boden fallen sehen. Aber im Laufe der Zeit hatte ich auch gar nicht mehr an sie gedacht, da sie nie wieder aufgetaucht war.

Als Mercedes Peralta sich vom Boden erhob, grinste sie. Sie hängte mir die Kette um und sagte: »Fühle nur, wie schwer sie ist. Die Münzen sind aus purem Gold.«

»Sie ist wirklich schwer!« rief ich aus und wog die Münzen in meiner Hand. Sie waren von unterschiedlicher Größe, glatt und glänzend, mit einem Stich ins Orange, was für venezolanisches Gold charakteristisch ist. Auf vielen waren religiöse Motive zu sehen, aber einige zeigten auch Porträts von Indianerhäuptlingen aus der Zeit der spanischen Eroberung. »Wozu brauchst du sie?« fragte ich.

»Zur Diagnose«, antwortete sie. »Um zu heilen. Sie sind zu allem gut.« Laut seufzend ließ sie sich in ihren Sessel fallen.

Ich stand vor ihr, die Kette immer noch umgehängt. Ich wollte sie fragen, was ich damit machen sollte, aber ein Gefühl tiefer Traurigkeit ließ mich stumm bleiben. Auch in ihren Augen spiegelten sich Melancholie und Sehnsucht.

»Du bist jetzt ein erfahrenes Medium«, murmelte sie. »Aber deine Zeit hier ist um.«

Seit einer Woche hatte sie mir geholfen, den Geist ihrer Ahnin zu rufen. Aber es schien, als hätten meine Gesänge ihre Kraft verloren – nicht einmal zu zweit war es uns gelungen, den Geist anzulocken, obschon ich es doch monatelang mühelos allein geschafft hatte.

Doña Mercedes ließ ein helles Lachen hören, das mir merkwürdig unheilvoll vorkam. »Der Geist will uns sagen, daß die Zeit für dich gekommen ist, weiterzureisen. Du hast getan, wozu du hergekommen bist. Du bist gekommen, um das Rad des Schicksals für mich zu drehen. Ich habe es für dich bewegt – in der Nacht, als ich dich zum ersten Mal auf der Plaza sah. Damals habe ich mir gewünscht, daß du zu mir kommen würdest. Hätte ich es nicht gewünscht, hättest du nie zu mir gefunden, wer immer dir auch den Weg zu mir gezeigt hätte. Du siehst, auch ich habe meinen Hexenschatten benutzt, um für dich eine Verbindung herzustellen.«

Sie schob die Schachteln, Töpfe, Kerzen und Tücher zusammen, die auf dem Tisch herumlagen, nahm sie in den Arm und stand vorsichtig auf. »Hilf mir«, sagte sie und deutete mit dem Kinn auf die Vitrine.

Nachdem wir alles zurückgestellt hatten, ging ich zum Altar hinüber und stellte die Heiligenstatuen wieder auf, die Doña Mercedes bei ihrer Suche nach der Kette umgeworfen hatte.

»Ein Teil von mir wird immer bei dir sein, Musiúa«, sagte sie leise. »Wo immer du bist, was immer du tust – mein unsichtbarer Geist wird bei dir sein. Das Schicksal hat seine unsichtbaren Fäden geknüpft und uns für immer verbunden.«

Beim Gedanken, daß sie Abschied von mir nahm, stiegen mir Tränen in die Augen. Schlagartig wurde mir bewußt, daß ich sie wie selbstverständlich akzeptiert hatte, sie einfach liebgewonnen hatte, wie ein junger Mensch eben einen älteren liebt. Aber ich hatte keine Gelegenheit mehr, diese Gefühle auszudrücken, da im nächsten Moment eine alte Frau ins Zimmer stürzte.

»Doña Mercedes!« schrie sie, ihre gefalteten Hände vor die flache Brust gepreßt. »Du mußt Clara helfen! Sie hatte einen ihrer Anfälle, und ich kann sie nicht herbringen. Sie liegt auf ihrem Bett, als wäre sie tot.« Ihre Stimme überschlug sich fast, als sie auf die Heilerin zuging. »Ich weiß nicht, was ich tun soll! Es hat keinen Zweck, einen Arzt zu holen, denn ich weiß, daß sie einen ihrer Anfälle hat.« Sie brach ab, bekreuzigte sich und schien mich jetzt erst zu bemerken. »Ich habe nicht gesehen, daß du einen Patienten hast«, murmelte sie entschuldigend.

Doña Mercedes bat sie, sich zu setzen und beruhigte sie: »Keine Sorge, Emilia. Die Musiúa ist keine Patientin. Sie ist meine Gehilfin.« Dann schickte sie mich los, um ihren Korb aus der Küche zu holen. Beim Hinausgehen hörte ich, wie Doña Mercedes Emilia fragte, ob die Tanten Clara besucht hätten. Ich ließ mir Zeit, den Vorhang hinter mir zu schließen, um Emilias Antwort noch mitzubekommen.

»Heute sind sie endlich abgereist«, sagte sie. »Sie waren fast eine Woche lang da. Sie haben vor, wieder hierher zurückzukehren. Luisito war auch dabei. Wie immer wollte er Clara unbedingt mit nach Caracas nehmen.«

Obwohl mir die Bedeutung dieser Information für Doña Mercedes nicht klar war, wußte ich, daß sie es für nötig hielt, das Haus, in dem Clara lebte, mit in die Behandlung einzubeziehen. Sie schickte mich nämlich in die Apotheke, um eine Flasche *Illuvia de oro*, Goldregen, eine Flasche *Illuvia de plata*, Silberregen, und eine Flasche *la mano ponderosa*, die mächtige Hand, zu holen. Diese Pflanzenextrakte, in Wasser gelöst, dienten dazu, verhexte Patienten und ihre Wohnungen zu reinigen. Die Reinigung mußte dabei von den Patienten selbst vorgenommen werden.

Das Tal und die sanft ansteigenden Hänge südlich der Stadt, wo sich früher Zuckerrohrfelder erstreckt hatten, waren nun mit Industrieanlagen und schachtelartigen Reihenhäusern verbaut. Mitten darunter, wie ein Relikt aus längst vergangener Zeit, stand das, was von der Hazienda El Rincón übrig war: ein großes rosafarbenes Gebäude mit einem Obstgarten.

Doña Mercedes und ich standen lange davor und betrachteten das Haus mit seiner abblätternden Farbe, den geschlossenen Türen und verdunkelten Fenstern. Kein Laut drang aus dem Inneren. In den Obstbäumen bewegte sich nicht ein Blatt. Wir gingen durch das vordere Tor. Der Verkehrslärm der nahen Hauptstraße wurde durch die hohe, halbverfallene Mauer gedämpft, die den Garten und das Haus umschloß. Die ausladenden Keulenkolbenbäume filterten das Sonnenlicht.

»Glaubst du, Emilia ist schon zurück?« Ich sprach im Flüsterton, eingeschüchtert durch die geisterhafte Stille und die Schatten des Nachmittags, die auf den breiten Gehweg fielen.

Ohne meine Frage zu beantworten, stieß Doña Mercedes die Tür auf. Ein Windstoß, der einen modrigen Geruch mit sich trug, wirbelte welke Blätter vor unsere Füße. Wir gingen durch den geräumigen Korridor in den feuchten, schattigen Patio. Wasser rieselte aus einer flachen Brunnenschale, die ein pausbäckiger Engel auf seinen emporgereckten Armen balancierte.

Wir bogen um eine Ecke und folgten einem zweiten Korridor, der an unzähligen Zimmern vorbeiführte. Die halbgeöffneten Türen gaben den Blick auf ein wahlloses Durcheinander von Möbeln frei. Ich sah Sofas und Armsessel, die mit Bettlaken verhängt waren, zusammengerollte Teppiche und Statuen. An den Wänden lehnten ovale Spiegel, Fotografien und Ölgemälde, die darauf zu warten schienen, wieder aufgehängt zu werden. Doña Mercedes, die von dem Chaos, das in diesem Haus herrschte, völlig unbeeindruckt schien, zuckte nur die Achseln, als ich sie darauf ansprach.

Sie schien mit den Räumlichkeiten vollkommen vertraut zu sein und ging in ein großes, abgedunkeltes Schlafzimmer. Mitten im Raum stand ein riesiges Mahagonibett, über dem sich ein hauchdünnes Moskitonetz spannte. Die schweren dunklen Vorhänge waren zugezogen, und über den Frisierspiegel hatte man ein schwarzes Tuch geworfen.

Der eigenartige Geruch von brennenden Talgkerzen und Weihrauch und das Weihwasser erweckten in mir den Eindruck einer Kapelle. Überall lagen Bücherstapel, auf dem Boden, dem Bett, den beiden Sesseln, dem Nachttisch und sogar auf einem umgestülpten Nachttopf.

Doña Mercedes knipste die Lampe auf dem Nachttisch an. »Clara«, sagte sie leise und zog das Moskitonetz beiseite.

Ich hatte eigentlich erwartet, ein Kind zu sehen, und so starrte ich mit offenem Mund auf die junge Frau, vielleicht Ende zwanzig, die im Bett lag. Ihre Glieder waren merkwürdig verdreht, so daß sie wie eine Stoffpuppe wirkte, die man achtlos weggeworfen hatte. Ein rotes Seidennachthemd, bestickt mit Drachenfiguren, bedeckte ihre üppigen Formen nur dürftig. Trotz ihres schlampigen Äußeren war sie wunderschön. Sie hatte hohe, schräge Wangenknochen, einen sinnlichen Mund und dunkle Haut, die wie poliertes Holz glänzte.

»Negrita, Clarita«, rief Doña Mercedes leise und schüttelte sie vorsichtig.

Die junge Frau schlug erschrocken die Augen auf – wie jemand, der aus einem Alptraum hochschreckt – und zuckte zusammen. Aus ihren Augen, in denen die Pupillen stark erweitert waren, liefen Tränen, aber ihr Gesichtsausdruck blieb starr.

Doña Mercedes räumte einige Bücher zur Seite und stellte ihren Korb ans Fußende des Bettes. Dann holte sie ein Taschentuch hervor, tränkte es in Rosenwasser und Ammoniak und hielt es der Frau unter die Nase.

Die spirituelle Spritze, wie Doña Mercedes ihr Allheilmittel nannte, schien keinerlei Wirkung zu zeigen, da sich die Frau nur leicht bewegte. »Warum kann ich nicht in Frieden sterben?« fragte sie mit vor Mattigkeit erstickter Stimme.

»Red keinen Unsinn, Clara«, erwiderte Doña Mercedes, in ihrem Korb herumwühlend. »Wenn jemand so weit ist, daß er sterben muß, helfe ich ihm gerne, sich auf den ewigen Schlaf vorzubereiten. Es gibt viele tödliche Krankheiten, aber deine Zeit ist noch nicht gekommen.« Als sie gefunden hatte, was sie suchte, erhob sie sich und winkte mich heran. »Bleib bei ihr. Ich bin bald zurück.«

Voller Unbehagen schaute ich ihr nach, als sie den Raum verließ, und wandte dann meine Aufmerksamkeit der Frau zu. Jetzt erst bemerkte ich die totenähnliche Starre in ihrem Gesicht. Sie schien nicht einmal mehr zu atmen, aber offenbar hatte sie meinen prüfenden Blick gespürt. Ihre Augenlider hoben sich langsam, flatterten träge, und sie blinzelte verwirrt in das schwache Licht. Dann nahm sie die Haarbürste vom Nachttisch. »Würdest du mein Haar flechten?« fragte sie.

Ich nickte lächelnd und nahm die Bürste. »Einen oder zwei Zöpfe?« fragte ich und fuhr ihr durch das lange gelockte Haar, um es auszubürsten. Genau wie bei Doña Mercedes und Candelaria duftete ihr Haar nach Rosmarin. »Wie wäre es mit einem schönen, dicken Zopf?«

Clara antwortete nicht. Ausdruckslos starrte sie an die gegenüberliegende Wand, an der Fotos in ovalen Rahmen hingen, die mit gekreuzten Palmzweigen verziert waren.

Mit schmerzverzerrtem Gesicht sah sie mich wieder an. Sie zitterte plötzlich am ganzen Leib, ihr Gesicht lief dunkel an, und sie schnappte verzweifelt nach Luft, als sie sich aufzusetzen versuchte.

Ich rannte zur Tür, aber da ich sie schlecht allein lassen konnte, wagte ich nicht, das Zimmer zu verlassen. Mehrmals rief ich nach Doña Mercedes, aber ich erhielt keine Antwort. In der Überzeugung, daß frische Luft Clara helfen würde, zog ich die Vorhänge zur Seite. Das Licht des frühen Abends ließ die Blätter der Obstbäume bunt erglänzen und jagte die Schatten aus dem Zimmer. Aber der warme Luftzug, der durch das Fenster hereindrang, schien Claras Zustand nur noch zu verschlimmern. Ihr Körper wand sich in Krämpfen, und sie keuchte, als kämpfte sie um ihr Leben.

Da ich befürchtete, sie könnte sich bei dem epileptischen Anfall die Zunge abbeißen, versuchte ich, ihr die Haarbürste zwischen ihre Zähne zu schieben. Das jagte ihr jedoch einen fürchterlichen Schreck ein. Ihre Pupillen weiteten sich noch mehr, ihre Fingernägel liefen blau an und der rasende Puls pochte an den geschwollenen Adern am Hals.

Völlig ratlos, was ich nun tun sollte, packte ich die Kette, die ich noch um den Hals trug, nahm sie ab und schwenkte sie vor ihren Augen hin und her. Ich tat es ohne bestimmte Absicht; es war nichts als eine spontane Reaktion. »Negrita, Clarita«, murmelte ich, so wie es Mercedes Peralta getan hatte.

Clara machte den Versuch, eine Hand zu heben. Ich hielt die Kette so, daß sie sie erreichen konnte. Leise stöhnend griff sie danach und preßte sie gegen die Brust. Eine unsichtbare Kraft schien sie plötzlich zu durchfluten, denn die Adern an ihrem Hals traten zurück und ihr Atem wurde ruhiger. Auch ihre Pupillen nahmen eine normale Größe an, und ich bemerkte, daß ihre Augen bernsteinfarben waren. Durch die vergrößerten Pupillen hatten sie zunächst dunkelbraun gewirkt. Ein sanftes Lächeln erschien auf ihren Lippen, dann ließ sie die Kette neben sich aufs Bett fallen.

Doña Mercedes war so schnell eingetreten, daß sie plötzlich am Fußende des Bettes Gestalt anzunehmen schien. In den Händen hielt sie einen Blechbecher, der mit einer intensiv riechenden Flüssigkeit gefüllt war. Unter ihrem Arm trug sie ein dickes Bündel Zeitungspapier. Die Lippen fest aufeinandergepreßt bedeutete sie mir zu schweigen, stellte den Becher auf den Nachttisch und legte die Zeitungen auf den Boden neben das Bett. Dann nahm sie die Goldkette und legte sie mir mit einem Lächeln um.

Sie murmelte ein Gebet, zündete eine Kerze an und begann dann erneut, ihren Korb zu durchwühlen, bis sie einen kleinen schwarzen Klumpen Teig gefunden hatte, der in Blätter eingewickelt war. Sie rollte ihn zwischen den Handflächen zu einer Kugel und warf ihn schließlich in den Becher. Er löste sich sprudelnd auf. Dann rührte sie mit dem Finger um und hob den Becher an Claras Lippen.

»Trink aus«, befahl sie. Schweigend und mit merkwürdig unbeweglicher Miene sah sie zu, wie Clara die Flüssigkeit hinunterschluckte.

Auf Claras Gesicht erschien ein kaum merkliches Lächeln. Es verstärkte sich schnell zu einem heiseren Lachen, das in ein ängstliches Geplapper überging, von dem ich kein Wort verstand. Einige Sekunden später lag sie flach ausgestreckt auf dem Bett, flüsterte stammelnde Entschuldigungen und bat um Vergebung.

Völlig unbeeindruckt durch diesen Ausbruch, beugte sich Doña Mercedes über sie und massierte mit kreisförmigen Bewegungen ihre Augenpartien, dann massierte sie die Schläfen und schließlich mit abwärts geführten Strichen das übrige Gesicht, als löste sie eine Maske. Geschickt rollte sie Clara an den Rand des Bettes, so daß sich ihr Kopf direkt über dem Zeitungspapier am Boden befand. Sie drückte fest auf Claras Rücken, bis diese sich übergab.

Zufrieden nickend untersuchte Doña Mercedes die dunkle Masse, wickelte sie in das Papier ein und verschnürte das Ganze. »Jetzt müssen wir das hier irgendwo vergraben«, sagte sie und hob Clara dann mit einem schnellen Ruck hoch. Sie wischte ihr sorgfältig das Gesicht ab und zog den Gürtel ihres Nachthemdes gerade.

»Musiúa«, sagte Doña Mercedes und drehte sich zu mir. »Nimm Claras Arm.« Mit der jungen Frau zwischen uns gingen wir langsam durch den Korridor in den Garten hinaus und die breiten Betonstufen hinab, die in den Obstgarten führten. Dort begrub Doña Mercedes das Bündel in einem tiefen Loch, das ich zuvor ausgehoben hatte. Clara saß auf den Stufen und sah uns teilnahmslos zu.

Während der nächsten sechs Tage fastete Clara. Jeden Nachmittag fuhr ich Doña Mercedes nach El Rincón hinaus, und sie behandelte Clara auf die gleiche Weise. Jede Sitzung endete unter dem Obstbaum, wo wir das Zeitungsbündel, das von Tag zu Tag kleiner wurde, begruben.

Am sechsten und letzten Tag übergab sich Clara nicht mehr. Dennoch bestand Doña Mercedes darauf, das leere Bündel Zeitungspapier zu vergraben.

»Ist sie jetzt wieder in Ordnung?« fragte ich sie auf dem Heimweg. »Sind die Sitzungen vorbei?«

»Noch nicht ganz – das gilt für beide Fragen«, antwortete sie. »Von morgen an wirst du Clara täglich besuchen. Das gehört zu ihrer Behandlung.« Sie tätschelte freundschaftlich meinen Arm. »Bring sie zum Reden. Das wird ihr guttun. Und«, fügte sie nachdenklich hinzu, »auch dir wird es nicht schaden.«

Claras Geschichte

Ihre Kleider und einen Schuhkarton unter dem Arm lief Clara den Korridor entlang und verschwand im Badezimmer. Sie warf die Sachen zu Boden, zog ihr Nachthemd aus und betrachtete sich in den verspiegelten Wänden. Sie trat näher heran, um zu überprüfen, ob ihre knospenden Brüste über Nacht gewachsen waren. Mit einem zufriedenen Lächeln beugte sie sich vor und zählte ihre wenigen Schamhaare. Eine fröhliche Melodie summend, drehte sie schließlich die Wasserhähne über der riesigen muschelförmigen Badewanne auf, ging dann zum Frisiertisch und betrachtete die aufgereihten Flaschen auf der Marmorplatte. Da sie sich für kein bestimmtes Badesalz oder Schaumbad entscheiden konnte, schüttete sie von allem etwas ins Wasser.

Einen Augenblick lang starrte sie in die Schaumblasen. Wie anders war alles in Pirití gewesen: Man mußte das Wasser in Blecheimern aus dem Fluß oder der städtischen Wasserleitung unten an der Straße den Hügel hinaufschaffen.

Seit ihrer Ankunft auf El Rincón war erst ein Jahr vergangen, aber Clara kam es vor, als hätte sie schon immer in dem riesigen alten Haus gelebt. Sie hatte nicht mit Absicht versucht, ihr Leben in Pirití zu vergessen. Die Erinnerung daran war einfach mit der Zeit verblaßt, wie die Bilder eines Traumes, den man nach dem Aufwachen schnell vergißt. Nur das Gesicht ihrer Großmutter und das Geräusch des quietschenden Schaukelstuhls auf dem Fußboden der schäbigen Hütte hatten sich tief eingeprägt. Und den letzten Tag dort konnte sie nicht vergessen.

»Du bist jetzt fast erwachsen, Negra«, hatte die Großmutter zu ihr gesagt. Ihr Gesicht wirkte älter und müder als je zuvor. In diesem Augenblick wußte das Kind, daß der einzige Mensch, den es auf der Welt hatte, bald sterben würde.

»Das ist das Alter«, hatte die Großmutter ihr erklärt, als hätte sie die Gedanken des Kindes gelesen. »Wenn der Körper bereit ist zu sterben, kann man sich nur noch hinlegen und die Augen schließen. Ich habe meinen Schaukelstuhl bereits gegen einen Sarg eingetauscht und diese Hütte verkauft, damit ich ein christliches Begräbnis bekomme.«

»Aber Großmutter...«

»Sag jetzt nichts, Kind«, unterbrach sie die Großmutter. Sie zog ein Taschentuch aus der Rocktasche, löste den Knoten und zählte die Münzen, die sie dort als Notreserve aufbewahrte. »Damit wirst du es bis El Rincón schaffen.«

Sie streichelte das Gesicht des Mädchens und begann ihr lockiges Haar zu flechten. »Niemand weiß, wer dein Vater ist, mein Kind, aber deine Mutter ist die uneheliche Tochter von Don Luis. Sie ging nach Caracas, nachdem du geboren wurdest. Sie wollte ihr Glück machen, aber das Glück muß man nicht suchen.« Ihre Stimme erstarb. Sie schien nicht mehr zu wissen, was sie eigentlich hatte sagen wollen. Nach langem Schweigen fuhr sie fort. »Ich weiß, daß Don Luis dich als seine Enkelin aufnehmen wird. Ihm gehört El Rincón. Er ist alt und einsam.« Sie nahm Claras Hände, preßte sie gegen ihre Wangen und küßte dann das blattförmige Muttermal in der rechten Handfläche des Kindes. »Zeig ihm das hier.«

Die Kerzenflamme, die vor einer schwarzen Christusfigur brannte, verschwamm vor Claras Augen. Sie ließ ihren Blick über das Bett in der Ecke wandern, den Korb mit der frisch gestärkten Wäsche, die an der Wand lehnende Schubkarre, in der sie die Großmutter herumgeschoben hatte. Zum letzten Mal blickte sie die alte Frau an. In ihrem Schaukelstuhl saß sie zurückgelehnt und starrte mit leeren Augen in die Ferne, das Gesicht schon vom Tod gezeichnet.

Bei Sonnenuntergang hielt der Bus direkt vor dem bogenförmigen Tor in einer Nische der Mauer, die El Rincón umgab. Clara stieg aus und ging den terrassenförmigen Abhang hinauf, der in regelmäßigen Abständen mit Obstbäumen bepflanzt war. Auf halbem Wege zum Haus blieb sie stehen, vom Anblick eines kleinen Baumes mit seiner weißen Blütenpracht überwältigt.

»Das ist ein Apfelbaum«, sagte eine Stimme. »Und wer bist du? Wo kommst du her?«

Einen Moment lang dachte sie, der Baum spreche zu ihr, aber dann bemerkte sie den alten Mann, der neben ihr aufgetaucht war. »Ich bin aus dem Apfelbaum gefallen«, antwortete sie und streckte ihm die Hand entgegen.

Der Mann war von dieser förmlichen Geste überrascht und starrte auf ihre Hand. Statt sie zu schütteln, hielt er sie fest und blickte verwirrt auf das Muttermal in der Handfläche. »Seltsam«, murmelte er und strich mit dem Daumen darüber. »Wer bist du?« fragte er noch einmal.

»Ich glaube, ich bin deine Enkelin«, sagte Clara hoffnungsvoll. Sie hatte ihn auf Anhieb ins Herz geschlossen. Er sah zerbrechlich aus, und sein silberweißes Haar bildete einen starken Kontrast zu der sonnengebräunten Haut. Von der Nase bis zu den Mundwinkeln verliefen zwei scharfe Linien. Clara fragte sich, ob sie von Sorgen und harter Arbeit oder vom häufigen Lachen herrührten.

»Wer hat dich hergeschickt?« fragte der alte Mann, während er mit seinem Daumen immer noch über das blattförmige Muttermal rieb.

»Meine Großmutter, Eliza Gomez aus Piritú. Sie hat früher hier gearbeitet. Gestern früh ist sie gestorben.«

»Und wie heißt du?« Er studierte ihr Gesicht mit den großen, bernsteinfarbenen Augen, der feingeschnittenen Nase, dem vollen Mund und dem energischen Kinn.

»Man nennt mich La Negra...« Unter seinem musternden Blick geriet sie ins Stocken.

»La Negra Clara«, sagte er. »Das war der Name meiner Großmutter. Sie war genauso dunkel wie du.« Er ging mit ihr um den Apfelbaum herum. »Als ich ihn von Europa hierher brachte, war er so groß wie ein Petersiliensteckling. Die Leute haben gelacht und mir prophezeit, er würde in diesen tropischen Breiten nicht wachsen. Jetzt ist er schon alt. Er ist nicht sehr groß geworden und hat auch nie Früchte getragen. Aber von Zeit zu Zeit zieht er sich ein schneeweißes Kleid an.« Nachdenklich betrachtete er die wunderschönen Blüten, dann ließ er seinen Blick erneut auf dem neugierigen Gesicht des Mädchens ruhen. »Das ist ein ebenso großes Wunder, als seist du aus dem Apfelbaum gefallen. So ein Geschenk darf man nicht als selbstverständlich hinnehmen.«

Emilias lautes Rufen riß Clara aus ihren Träumen. »Negraaaa!« Sie steckte den Kopf zur Tür herein. »Beeil dich, Kind. Ich habe den Wagen draußen gehört.«

Clara stieg hastig aus der Wanne, trocknete sich ab und schlüpfte noch halbnaß in ihr Lieblingskleid. Es war hellgelb und an Kragen, Ärmeln und Gürtel mit Gänseblümchen bestickt. Sie betrachtete sich im Spiegel und kicherte. Das Kleid ließ ihre Haut noch dunkler erscheinen, aber das gefiel ihr. Und sie war sicher, ihrem Cousin Luisito würde es ebenfalls gefallen. Den ganzen Sommer würde er hier auf El Rincón verbringen. Clara hatte ihn noch nie gesehen. Im letzten Sommer hatten seine Eltern ihn mit nach Europa genommen.

Sie hörte das Rattern eines Motors, lief eilig durch den Flur ins Wohnzimmer und kam gerade noch rechtzeitig, um die glänzende Limousine die Auffahrt hinaufrollen zu sehen. Erstaunt beobachtete sie, wie der uniformierte Chauffeur und eine korpulente Frau in einem weißen Kittel ausstiegen.

Mit finsterem Gesichtsausdruck luden sie zahllose Koffer, Kartons, Körbe und Vogelkäfige aus. Schweigend trugen sie alles ins Haus. Emilias Angebot, ihnen dabei zu helfen, hatten sie brüsk abgelehnt. Kurz bevor sie damit fertig waren, ertönte von der Straße her ein lautes Hupen. Sekunden später rollte eine zweite Limousine, ebenso groß, schwarz und chromblitzend, durchs Tor.

Ein untersetzter Mann in einem beigen Guayabera, einem Panamahut und dunklen Hosen, die er in nagelneue Lackstiefel gesteckt hatte, stieg aus. Clara erkannte ihn: Es war Raul, Don Luis' Schwiegersohn und ein wichtiges Mitglied der Regierung.

»Don Luis!« rief Raul. »Ich bringe dir deine Töchter, die drei Grazien!« Er verbeugte sich tief, wischte fast mit dem Hut über den Boden und öffnete dann die hintere Tür der Limousine, um den drei Frauen beim Aussteigen zu helfen. Es waren die Zwillinge Maria del Rosario und Maria del Carmen, sowie deren jüngere Schwester Maria Magdalena, Rauls Ehefrau.

»Luisito«, rief Raul und öffnete die Beifahrertür. »Komm, ich helfe dir mit diesen...«

Clara, die seine letzten Worte nicht mehr gehört hatte, kam ihnen entgegen. »Luisito! Ich freue mich...« Sie hielt erschrocken inne und starrte den kleinen Jungen an, der auf Krücken gestützt vor ihr stand. »Ich wußte nicht, daß du einen Unfall hattest.«

Luisito schaute sie betrübt an. »Ich hatte keinen Unfall«, sagte er lakonisch. Er war zart und zerbrechlich, hatte aber eine erstaunlich dröhnende Stimme. »Ich hatte Kinderlähmung«, erklärte er, und als er Claras verständnislosen Gesichtsausdruck sah, fügte er hinzu: »Ich bin ein Krüppel.«

»Ein Krüppel?« wiederholte Clara. »Das hat mir niemand gesagt.« Mit seinen schlanken weißen Händen und den dunklen Locken, die sein blasses, hübsches Gesicht umrahmten, wirkte er auf sie wie jemand, der nicht von dieser Welt ist. Er erinnerte sie an die Blüten des Apfelbaumes. Obwohl sie wußte, daß er dreizehn Jahre alt war, also ein Jahr älter als sie, sah er aus wie ein sieben- oder achtjähriger Knabe.

Seine Mundwinkel zuckten, als hätte er ihre Gedanken erraten und könnte ein Lachen kaum unterdrücken.

»Oh, Luisito.« Sie seufzte erleichtert auf und beugte sich vor, um ihn auf die Wange zu küssen. »Du siehst aus wie ein Engel.«

»Wer ist das?« fragte eine der Zwillinge Emilia. »Hast du endlich jemanden gefunden, der dir in der Küche hilft? Ist sie mit dir verwandt?«

»Ich bin Clara«, antwortete das Mädchen an Emilias Stelle und pflanzte sich zwischen der Tante und der Haushälterin auf. »La Negra Clara, deine Nichte!«

»Meine was?« kreischte die Frau, ergriff Claras Arm und schüttelte sie.

»Negrita, Clarita!« schrie der Junge aufgeregt. Auf eine Krücke gestützt humpelte er ihr entgegen. »Hast du's nicht gehört, Tante Maria del Rosario? Sie ist meine Cousine!« Er nahm Clara bei der Hand und zog sie von seinen verwirrten Eltern und den Tanten fort. »Laß uns nachsehen, wo Großvater steckt!«

Bevor Clara ihm erklären konnte, daß der Großvater in die Stadt gegangen war, befand sich Luisito schon auf dem Weg zum Obstgarten. Mit seinen Krücken bewegte er sich so schnell fort, daß Clara eher an einen Affen als an einen Krüppel denken mußte.

»Luisito!« schrie Maria del Rosario ihm nach. »Du mußt dich nach der langen Autofahrt ein wenig ausruhen! Draußen ist es jetzt viel zu heiß!«

»Ach, laß ihn doch.« Raul scheuchte die drei Frauen ins Haus. »Die frische Luft wird ihm guttun.«

»Wo ist Großvater?« fragte Luisito, nachdem er es sich im Schatten eines Mangobaumes bequem gemacht hatte, der dicht neben der Mauer wuchs.

»Er ist in die Stadt gegangen«, antwortete Clara und setzte sich neben ihn. Sie war froh, daß sie ihren Großvater nicht wie gewöhnlich auf seiner Runde begleitet hatte. Sonst ging sie gern mit ihm zum Friseur, zum Apotheker, wo sich Don Luis die neuesten Medikamente kaufte, um sie dann doch nicht einzunehmen, und in die Bar, wo er einen Brandy trank und Domino spielte. Aber heute hätte sie um keinen Preis Luisitos Ankunft versäumen wollen!

»Laß uns Großvater überraschen«, schlug Clara vor. »Er hat euch nicht vor dem frühen Abend erwartet. Wir gehen in die Stadt und erzählen niemandem etwas davon.«

»Ich kann nicht so weit laufen.« Luisito senkte betrübt den Kopf und stieß die Krücken von sich.

Clara biß sich auf die Unterlippe. »Das schaffen wir schon«, sagte sie entschlossen. »Ich werde dich in der Schubkarre fahren. Das kann ich gut.« Sie legte eine Hand auf seinen Mund, damit er sie nicht unterbrechen konnte.

»Du brauchst dich nur in die Schubkarre hineinzusetzen.« Sie deutete auf einen schmalen Durchgang in der Mauer. »Wir treffen uns dort.« Sie ließ ihm keine Gelegenheit zu protestieren und lief zum Geräteschuppen hinüber.

»Siehst du, es war ganz leicht.« Clara lachte und half ihm in die Schubkarre. »Niemand wird wissen, wo wir sind.« Sie legte die Krücken auf seinen Schoß und schob ihn über die breite, frisch geteerte Straße an Fabrikgebäuden und leeren Feldern vorbei.

Mit einem tiefen Seufzer brachte sie die Schubkarre abrupt zum Halt. Flirrende Hitze lag über dem Land. Das grelle Licht schmerzte in ihren Augen. Die Großmutter, obwohl ebenfalls klein und zierlich, war sicherlich schwerer gewesen als Luisito. Dennoch konnte sie sich nicht erinnern, daß sie damals solche Mühe gehabt hatte, die Schubkarre voranzuschieben.

»Es dauert ewig, bis wir auf dieser Straße in die Stadt kommen«, bemerkte sie und wischte sich Staub und Schweiß von der Stirn. »Halte dich gut fest, Luisito.« Sie steuerte die Karre aufs offene Feld hinaus, auf dem der letzte Regen grüne Halme hatte sprießen lassen.

»Du bist einfach genial!« Luisito lachte. »Das ist wunderbar. Du machst mich sehr glücklich. Und Glücklichsein macht die Leute gesund. Ich weiß es, denn ich bin ein Krüppel.«

Aufgeregt zeigte er mit einer Krücke in den Himmel. »Da, Clara! Siehst du die Geier über uns? Sie sind so kraftvoll, so frei!« Er packte ihren Arm. »Schau sie dir an. Ihre riesigen schwarzen Flügel! Und wie sie die Beine ausstrecken! Und ihre blutigen Schnäbel! Ich wette, sie sind ebenfalls glücklich.«

»Das Schlachthaus ist hier ganz in der Nähe«, erklärte Clara.

»Fahr zu den Geiern hinüber, die dort drüben auf dem Boden hocken«, bettelte er und zeigte auf die Wiesen neben dem Schlachthaus, wo sich ein Schwarm Geier wie riesige Schatten niedergelassen hatten.

»Schneller, Clara! Schneller!« schrie er.

Die Geier hüpften zur Seite, erhoben sich dann träge in die Luft und flogen tief in immer enger werdenden Kreisen, bis sie sich etwas weiter entfernt auf dem Boden niederließen.

Clara sah Luisitos gerötetes Gesicht, seine vor Aufregung glänzenden Augen und wußte, daß sie ihn glücklich machte. Einen Augenblick lang achtete sie nicht auf den unebenen Boden und konnte deshalb dem großen Stein nicht mehr ausweichen. Luisito fiel kopfüber ins hohe Gras. Bewegungslos blieb er am Boden liegen.

»Luisito!« Clara kniete neben ihm am Boden. Er gab keine Antwort. Sie drehte ihn vorsichtig auf den Rücken. Aus einer Wunde an der Stirn tropfte Blut, und die harten Gräser hatten ihm das Gesicht zerkratzt.

Seine Lider hoben sich zitternd. Seine Augen, rund und verstört, blickten sie an.

»Du bist verletzt.« Sie nahm seine Hand, preßte sie gegen seine Stirn und zeigte ihm dann die Blutflecken an den Fingern. Aber er sah so glücklich, so zufrieden aus, daß sie nicht anders konnte als lachen.

»Laß uns nachsehen, ob du noch irgendwo verletzt bist. Was ist mit dem Bein?«

Er setzte sich auf, zog ein Hosenbein hoch und sagte: »Die Schienen sind in Ordnung. Wenn sie verrutschen, weiß mein Vater, wie man sie richtet.«

»Aber was ist mit deinem Bein?« beharrte Clara. »Ist es in Ordnung?«

Luisito schüttelte traurig den Kopf. »Es wird nie in Ordnung kommen«, sagte er und rollte schnell das Hosenbein wieder herunter. Er erklärte ihr, was Kinderlähmung war. »Ich war bei vielen Ärzten. Vater hat mich sogar nach Amerika und nach Europa gebracht, aber ich werde immer ein Krüppel bleiben.« Seine letzten Worte schrie er so oft, bis er völlig außer Atem war und einen Hustenanfall bekam. Er sah sie aus schüchternen Augen an. »Ich gehe mit dir, wohin du willst.« Er drückte seinen Kopf gegen ihre Schulter. »Clara, bist du wirklich meine Cousine?«

»Was meinst du, bin ich zu dunkel, um deine Cousine zu sein?« konterte sie.

»Nein«, entgegnete er nachdenklich. »Du bist zu nett, um meine Cousine zu sein. Du bist die einzige, die sich nicht über mich lustig macht und mit Mitleid oder Verachtung auf mich herabschaut.« Er nahm ein großes weißes Taschentuch, faltete es zu einem Dreieck, rollte es auf und band es sich um die Stirn. »Das wird der schönste Sommer meines Lebens«, sagte er glücklich. »Nun aber los, Cousine, suchen wir Großvater!«

Clara ordnete ihr Haar, bevor sie das Eßzimmer betrat. Seitdem die Tanten aus Caracas im Haus waren, nahm sie das Frühstück nicht mehr zusammen mit dem Großvater in der Küche ein.

Maria del Rosario saß am Kopfende des Tisches und war damit beschäftigt, Blumen in einer Vase zu ordnen. Neben ihr saß schweigend Maria del Carmen, den Kopf über ein Gebetbuch gebeugt. Luisitos Eltern waren nur wenige Tage auf El Rincón geblieben und dann nach Europa abgereist.

»Guten Morgen«, murmelte Clara und nahm ihren Platz neben Luisito ein.

Don Luis schaute von seinem Teller auf und zwinkerte Clara schelmisch zu. Er versuchte, die Zwillinge zu ärgern und fuhr fort, genüßlich sein Brötchen in den Kaffee zu tunken und es dann nicht gerade geräuschlos zu verspeisen. Die Schwestern frühstückten nicht, wenn sie in die Messe gingen.

Über den Rand der goldverzierten Tasse mit heißer Schokolade sah Clara verstohlen auf die mißbilligenden Gesichter der beiden. Sie glichen in nichts mehr den beiden hübschen jungen Frauen, die auf dem Ölgemälde im Wohnzimmer zu sehen waren. Mit den blassen Gesichtern und eingefallenen Wangen erinnerten sie ein wenig an die verbitterten Nonnen im Katechismusunterricht.

Maria del Rosario war besonders schwierig. In ihrer Gegenwart fühlte Clara sich ängstlich und unbehaglich. Maria del Rosario besaß den nervösen Blick einer Frau, die an Schlafstörungen leidet. Sie hatte ungeduldige und wachsame Augen, die ununterbrochen alles beobachteten und verurteilten. Sie war nur dann zufrieden, wenn alles nach ihrem Willen geschah.

Im Gegensatz dazu war Maria del Carmen recht unscheinbar. Auf ihren schweren Augenlidern schien eine unendliche Müdigkeit zu lasten. Sie bewegte sich geräuschlos wie eine Katze, und ihre Stimme war so sanft wie ein Hauch.

Die scharfe Stimme von Maria del Rosario riß Clara aus ihren Gedanken.

»Willst du nicht Luisito überreden, mit uns in die Sonntagsmesse zu gehen, Clara?« wandte sie sich an das Kind, als kostete es sie eine Überwindung, Clara überhaupt anzusprechen.

»Nein. Das will sie nicht«, antwortete Luisito an ihrer Stelle. »Wir werden die Abendmesse besuchen, zusammen mit Emilia.«

Clara stopfte sich schnell eine Obstschnitte in den Mund, um ein Lächeln zu verbergen. Sie wußte, daß Maria del Rosario nachgeben würde, denn sie haßte Streitereien am Sonntag, und außerdem setzte Luisito immer seinen Kopf durch. Abgesehen von seinem Großvater ließ er sich von niemanden etwas vorschreiben. Wann immer seine Tanten seinem Willen nicht nachkommen wollten, verstand er es meisterhaft, seine Wutanfälle einzusetzen. Dann schlug er mit den Krücken um sich, machte obszöne Gebärden und fluchte wie ein Hafenarbeiter, so daß seine Tanten jedesmal fast in Ohnmacht fielen.

»Clara, beeil dich mit dem Frühstück!« befahl Maria del Rosario. »Das Mädchen will den Tisch noch abräumen, bevor wir gehen. Sie will mit uns in die Messe.«

Clara stürzte den Rest der heißen Schokolade hinunter und gab ihre Tasse der großen, ernst blickenden Frau, die ihre Tanten aus Caracas mitgebracht hatten. Sie stammte von den Kanarischen Inseln und hatte nun das Regiment im Haushalt übernommen. Emilia schien das nicht im geringsten zu stören. Alles, was sie noch zu tun hatte, bestand darin, für Don Luis zu kochen. Er weigerte sich nämlich strikt, die vegetarischen Gerichte auch nur anzurühren, für die die Tanten eine Vorliebe hatten. »Das würden nicht einmal die Hunde fressen«, pflegte er bei jeder Mahlzeit zu bemerken.

Auch Clara mochte die vegetarischen Gerichte nicht sonderlich, aber für sie war es der Gipfel der Eleganz, wenn Maria del Rosario dem Chauffeur jeden Morgen befahl, sie zu den portugiesischen Farmern hinauszubringen, um dort Obst und Gemüse einzukaufen, und das für die doppelte Summe, die Emilia auf dem Wochenmarkt bezahlte.

Sobald Clara das leise Klopfen von Luisitos Krücken auf dem Flur hörte, kletterte sie aus dem Fenster und lief den Abhang hinunter bis zu dem Mangobaum an der Gartenmauer.

Es kümmerte sie nicht, daß das gelbe Kleid schmutzig wurde, als sie sich lang auf dem Boden ausstreckte und ihre Schuhe auszog. Unruhig drehte sie sich hin und her, um eine bequeme Lage zu finden. Sie spürte, wie ihr Blut in den Schläfen, den Brüsten und den Schenkeln pulsierte. Es erfüllte sie mit einem merkwürdigen Verlangen, das sie nicht verstand. Als sie Luisito näher kommen hörte, setzte sie sich abrupt auf.

»Warum antwortest du nicht?« fragte er und ließ sich neben ihr nieder. Er legte die Krücken in Reichweite neben sich und fügte hinzu: »Sie sind alle in der Kirche, selbst Großvater.«

Lächelnd und mit zärtlicher Bewunderung betrachtete sie sein Gesicht. Luisitos Blick war sanft und träumerisch, zart und doch wagemutig. Sie hatte ihm so viel zu sagen, fand aber nicht die richtigen Worte. »Küß mich, wie sie es im Film tun«, forderte sie ihn auf.

»Ja«, hauchte er, und dieses eine Wort schien die Antwort auf all ihr Verlangen, ihre ganze Sehnsucht zu sein. »Oh, Negrita«, flüsterte er und legte seinen Kopf auf ihre Schulter. Sie duftete nach Erde und Sonne.

Ihre Lippen bewegten sich, doch sie brachte kein Wort hervor. Mit weit aufgerissenen Augen sah sie, wie er seine Hose öffnete. Sie konnte ihren Blick nicht abwenden.

Sein Gesicht strahlte, und seine Augen schienen zwischen den langen Wimpern zu glühen. Ganz behutsam, um sie nicht mit den Metallschienen zu verletzen, schob er sich über sie.

»Wir werden für immer zusammenbleiben«, sagte Luisito. »Ich habe meine Eltern davon überzeugt, daß ich hier auf El Rincón glücklich bin. Sie werden mir einen Hauslehrer schicken.«

Clara schloß die Augen. Ihre Liebe zu Luisito war in den letzten drei Monaten ins Unermeßliche gewachsen. Täglich trafen sie einander im Schatten des Mangobaumes. »Ja«, flüsterte sie, »wir werden für immer zusammenbleiben.« Sie legte ihre Arme um ihn.

Sie wußte nicht, was sie zuerst gehört hatte: Luisitos erstickten Schrei oder Maria del Rosarios entsetztes Rufen. Die Tante kreischte. Sie kam näher, senkte die Stimme und sagte: »Luisito, du bist eine Schande für die ganze Familie. Was du getan hast, ist unaussprechlich!« Sie wandte ihren Blick nicht eine Sekunde von den weißen Blüten des Baumes. »Und was dich angeht, Clara«, fuhr sie fort, »dein Verhalten überrascht mich nicht. Ohne Zweifel wirst du einmal dort enden, wo du hingehörst: in der Gosse!« Sie eilte die Stufen hinauf. Oben blieb sie stehen und drehte sich um. »Wir werden noch heute nach Caracas zurückfahren, Luisito. Und du kannst dir dein Geschrei und Gezeter sparen. Diesmal wird es dir nichts nützen. Was du getan hast, ist einfach unglaublich!«

Luisito brach in Tränen aus. Clara wischte sie ihm aus dem blassen Gesicht. »Wir werden einander immer lieben. Wir werden immer zusammen sein«, sagte sie und ließ ihn gehen.

Clara beobachtete, wie die abendlichen Schatten alles um sie herum verdunkelten. Sie blickte in die Baumkrone über ihr. Die Blätter und Zweige zeichneten sich vor dem Sternenhimmel deutlich ab und bildeten seltsame Formen, Gestalten, die sie nicht identifizieren konnte. Eine sanfte Brise zauberte immer neue Muster. Alles, was blieb, war das Rauschen des Windes, ein verzweifelter Schrei, der das Ende des Sommers ankündigte.

»Clara!« Der Großvater rief nach ihr.

Hin- und hergerissen zwischen Furcht und Scham, antwortete sie nicht. Aber das Licht, das zwischen den Obstbäumen schimmerte, verschwand nicht. Die Gewißheit, daß der Großvater dort oben auf sie warten würde, selbst wenn es die ganze Nacht dauerte, erfüllte sie mit Dankbarkeit.

Langsam stand sie auf und klopfte sich die Blätter vom Kleid. »Großvater!« rief sie leise und stieg die Stufen hinauf, dem Licht entgegen – der Liebe und dem Verständnis des Großvaters, der sie dort erwartete.

»Laß uns nach dem Apfelbaum sehen«, sagte Don Luis. »Vielleicht blüht er im nächsten Sommer wieder.«

28

Zwei Wochen später erklärte Doña Mercedes an einem Sonntagnachmittag, sie müsse noch einmal nach El Rincón hinaus.

»Ist Clara wieder krank?« fragte ich besorgt.

»Nein«, antwortete sie und erhob sich aus der Hängematte. »Ich will nur sichergehen, daß sie meinen Anweisungen folgt. Sie ist eine sehr eigenwillige Patientin.«

Doña Mercedes legte mir die Hände auf die Schultern. »Heute werden wir beide Clara helfen. Wir werden das Rad des Schicksals für sie drehen.« Sie ging zu dem blau-rosa gestrichenen Kleiderschrank, der die Tür zur Straße verstellte, hinüber und zog einen Schlüssel aus der Tasche. Bevor sie den Schrank aufschloß, drehte sie sich zu mir um und sagte: »Pack deinen Koffer und leg ihn in den Jeep. Wenn Clara sieht, daß du gepackt hast, wird sie glauben, du fährst ebenfalls nach Caracas. Vielleicht nimmt sie die Gelegenheit wahr und fährt mit. In ihrem tiefsten Inneren weiß sie, daß sie nur gesund wird, wenn sie El Rincón verläßt.«

Ich war überrascht, wie wenig ich besaß. Aber dann fiel mir ein, daß ich das meiste davon an Agustíns kleine Freunde verschenkt hatte.

»Claras Geschichte ist eine Art Belohnung für dich«, sagte Doña Mercedes, während sie mir half, meinen Koffer im Wagen zu verstauen. »Ich hatte diese Geschichte jedenfalls nicht eingeplant. Sie kam aus dem Nichts, aber sie paßt ganz gut. Ich habe dich ermuntert, zu Clara zu gehen und mit ihr zu reden. In ihrem Schatten, da bin ich sicher, konntest du fühlen, wie sich das Rad ihres Schicksals gedreht hat. Auch sie ist ein Mensch mit der natürlichen Gabe, den Hexenschatten einzusetzen.«

Clara war in der Tat eine starke Persönlichkeit. Ich hatte den Eindruck, daß nur ihre emotionalen Konflikte sie melancholisch gemacht hatten. Sie schien fortwährend in Gedanken verloren, immer über etwas nachsinnend, worüber sie nicht sprach.

Doña Mercedes dachte über Clara genauso wie ich, und sie fügte hinzu, daß sie jetzt unsere gemeinsame Hilfe benötigte. »Laß es mich so sagen«, erklärte sie mir. »Clara ist stark genug, meinen und deinen Hexenschatten zu benutzen.«

»Was hat das zu bedeuten, Doña Mercedes?«

»Das soll heißen, daß wir beide ihr helfen werden, El Rincón zu verlassen, und zwar nicht, weil wir barmherzige Samariterinnen wären, sondern weil sie uns dazu zwingt.«

Ich empfand einen starken inneren Drang, ihr zu widersprechen, oder besser, die Dinge klarzustellen.

»Niemand zwingt mich, irgend etwas zu tun«, sagte ich.

Doña Mercedes sah mich spöttisch an, mit einem halb mitleidigen, halb belustigten Blick. Dann hob sie meinen Koffer vom Boden und setzte ihn vorsichtig auf den Rücksitz.

»Willst du damit sagen, du würdest keinen Finger krümmen, um Clara zu helfen?« fragte sie mich flüsternd.

»Nein. Das meine ich nicht. Ich will nur sagen, daß Clara mich zu gar nichts zwingt. Allerdings helfe ich ihr gern, aber aus eigenem Antrieb.«

»Aber genau das ist es doch. Clara zwingt uns, aber ohne ein Wort zu sagen. Weder du noch ich können dem widerstehen. Auf die eine oder andere Weise waren wir beide zu lange in ihrem Schatten.«

Im Rückspiegel konnte ich noch immer Candelaria sehen, eine einsame Gestalt im Nebel, die uns zum Abschied nachwinkte. Sie hatte ein buntes Spielzeugwindrad an der Antenne meines Jeeps befestigt. Es drehte sich lebhaft im Fahrtwind.

»Meinst du, Candelaria wollte mit nach Caracas?« fragte ich Doña Mercedes.

»Nein«, antwortete sie. Sie hatte es sich bereits auf dem Rücksitz bequem gemacht, um ein wenig zu schlafen. »Candelaria haßt Caracas. Sie bekommt Kopfweh, sobald sie die Vororte der Hauptstadt erreicht hat.«

Sobald wir in El Rincón angekommen waren, sprang Doña Mercedes ohne meine Hilfe abzuwarten aus dem Jeep und stürzte ins Haus. Schnell holte ich sie ein und folgte ihr in die Richtung, aus der das Geräusch eines scharrenden Besens ertönte.

Es war Clara, die den Patio fegte. Sie blickte auf und lächelte, sagte aber nichts. Sie schien das Schweigen und die Schatten wegzufegen, denn auf dem Boden war kein Blatt zu sehen.

Doña Mercedes entzündete zwei Kerzen und stellte sie auf den steinernen Brunnenrand. Sie hielt die Augen geschlossen und wartete, bis Clara zu fegen aufhörte.

»Ich habe getan, was du verlangt hast«, sagte Clara und setzte sich zwischen die beiden Kerzen.

Doña Mercedes sah sie nicht an, sondern sog schnüffelnd die Luft ein, als wollte sie irgendeinen feinen Geruch identifizieren. »Hör mir gut zu, Clara«, sagte sie. »Du wirst nur wirklich gesund werden, wenn du dieses Haus verläßt.«

»Warum sollte ich von hier weggehen?« fragte Clara bestürzt. »Großvater hat mir dieses Haus hinterlassen. Er wollte, daß ich hierbleibe.«

»Er wollte, daß du das Haus behältst«, korrigierte sie Doña Mercedes. »Und nicht, daß du hierbleibst. Du wirst dich an seine letzten Worte doch noch erinnern?«

Von Claras zunehmender Erregung unbeeindruckt, zündete sie sich gemächlich eine Zigarre an. Sie rauchte sie mit langsamen Zügen und begann dann, Claras Kopf und Schultern zu massieren.

»Dieses Haus wird von Geistern und Erinnerungen bewohnt, die nicht dir gehören, Clara«, sagte sie. »Du warst nur Gast in diesem Haus. Von dem Moment an, als du hier ankamst, hast du dieses Haus beherrscht, weil du Glück und Kraft hattest. Beides war in dir versteckt als Zuneigung und als die Gabe, mit Menschen umzugehen. Aber hier ist niemand mehr. Es ist Zeit zu gehen. Hier gibt es nur noch Geister – Geister und Schatten, die nicht dir gehören.«

»Aber was soll ich tun?« fragte Clara, den Tränen nahe.

»Geh nach Caracas!« antwortete Doña Mercedes. »Leb mit Luisito zusammen.«

»Also wirklich, Doña Mercedes!« Clara schien beleidigt. »Wie kannst du so etwas Unanständiges vorschlagen!«

»Du redest schon wie deine Tanten.« Doña Mercedes sah sie vergnügt an, warf den Kopf zurück und lachte. »Stell dich nicht so blöd an! Das Unanständige ist nur eine Erfindung der Prüden. Hast du schon vergessen, was ihr beiden getan habt, als du zwölf warst?«

Clara blieb stumm, in Gedanken versunken. »Ich lasse mich zu keiner Entscheidung drängen.« Sie lächelte und fuhr mit den Zehen zwischen den Ritzen im Zementboden entlang. »Ich kann das alles nicht einfach verlassen.«

»Du kannst, wenn du all deinen Mut zusammennimmst«, sagte Doña Mercedes. »Die Musiúa verläßt uns heute ebenfalls. Wir werden dich gemeinsam zu Luisito bringen.«

»Und was wird aus Emilia?«

»Sie wird mit deinen Tanten glücklich sein. Sie wollten doch schon seit langem nach El Rincón zurück«, sagte Doña Mercedes. »Dieses Haus bewahrt all ihre Erinnerungen, ihre Gefühle. Hier können sie die Uhr zurückdrehen und so leben, als hätte es nie eine andere Zeit gegeben. Die

Schatten der Vergangenheit werden sich über die Gegenwart legen und sie ihre Enttäuschungen vergessen lassen.«

Doña Mercedes schwieg einen Augenblick und nahm dann Claras Hände, vielleicht, um die Dringlichkeit ihrer Worte zu bekräftigen. »Zieh dein gelbes Kleid an. Gelb steht dir, es verleiht dir Kraft. Du brauchst sonst nichts mitzunehmen. Als du nach El Rincón kamst, hattest du nichts als ein Kleid. Du solltest gehen, wie du gekommen bist.« Als sie sah, daß Clara immer noch zögerte, fuhr sie fort: »Das ist deine letzte Chance, Mädchen. Ich habe es schon zu der Musiúa gesagt: Die einzige Möglichkeit für dich, gesund zu werden, besteht darin, von hier fortzugehen und Luisito mit aller Hingabe und Leidenschaft zu lieben. So wie du es als Kind getan hast.«

Claras große Augen, hell von Tränen, schlossen sich in einem schmerzlichen Zwinkern. »Aber ich liebe ihn ja«, murmelte sie. »Du weißt, daß ich immer nur ihn geliebt habe.«

Doña Mercedes blickte sie nachdenklich an. »Das ist wahr«, gab sie zu und wandte sich an mich: »Sie hat Dutzende von steinreichen Verehrern. Es bereitet ihr noch immer eine diebische Freude, ihnen einen Korb zu geben. Sie hat sich von mehr Hochzeiten davongetanzt, als ich zählen kann.«

Clara lachte. Sie legte Doña Mercedes einen Arm um die Schultern und streifte mit den Lippen ihre Wange. »Du übertreibst wie immer«, sagte sie, aber ihre Stimme verriet, daß sie sich geschmeichelt fühlte. »Aber trotz aller Verehrer habe ich immer nur Luisito geliebt.«

Doña Mercedes nahm ihren Arm und führte sie in ihr Zimmer. »Du mußt Luisito draußen in der Welt genauso lieben, wie du ihn hier zwischen den verfallenen Mauern von El Rincón geliebt hast. Und nun beeil dich und zieh dein Kleid an. Wir werden im Wagen auf dich warten.«

Nach der Beschreibung, die mir Clara von Luisito gegeben hatte, war ich nicht darauf gefaßt, jenen erstaunlich hübschen jungen Mann zu treffen, der uns an der Tür seiner Wohnung empfing.

Ich wußte wohl, daß er Ende zwanzig sein mußte, aber er sah aus wie ein Teenager. Ein Lachen zauberte Grübchen auf seine Wangen. Bis auf ein ausgeprägtes Hinken war von seiner Behinderung nichts zu merken. Sein einnehmendes Wesen und seine Selbstsicherheit ließen keinerlei Mitleid zu.

Luisito war nicht im mindesten erstaunt, uns zu sehen. Als er uns ein üppiges Essen servierte, wußte ich, daß Doña Mercedes ihn auf alles vorbereitet hatte.

Es wurde sehr spät. Und es war ein unvergeßlicher Abend. Ich hatte Doña Mercedes noch nie in so strahlender Laune gesehen. Sie verstand es fabelhaft, unsere Bekannten aus Curmina nachzuahmen. Ihre Beschreibung von absurden Situationen, die sie meisterhaft in Szene setzte, und ihr Hang zu schamlosen Übertreibungen machten aus ihren kleinen Anekdoten denkwürdige Geschichten.

Es war kurz vor Mitternacht, als Doña Mercedes, die Luisitos Einladung, bei ihm zu übernachten, abgelehnt hatte, sich erhob und Clara und Luisito zum Abschied umarmte. Mit ausgebreiteten Armen kam sie auch auf mich zu.

»Mich brauchst du nicht zu umarmen. Für uns ist es kein Abschied. Ich fahre mit dir zurück.« Ich lachte und ließ mich dennoch umarmen.

Ich griff nach dem Zündschlüssel. Um den Schlüssel gewickelt war eine Kette. Mit zitternden Händen nahm ich sie ab. Es war eine lange Goldkette mit einer großen Münze daran.

»Du solltest sie besser umhängen«, sagte Doña Mercedes. »Es ist der heilige Christopherus, der Schutzheilige der Reisenden.« Sie seufzte zufrieden, als sie sich auf dem Rücksitz zurücklehnte. »Er wird dich beschützen. Denn bist du nicht eine Reisende, die nur für einen Augenblick hier haltgemacht hat?«

Wir fuhren nicht nach Curmina zurück. Doña Mercedes dirigierte mich durch zahllose Straßen, und wir fuhren quer durch die ganze Stadt. Als wir schließlich vor einem alten, grüngestrichenen Kolonialhaus hielten, war ich sicher, mehrmals im Kreis gefahren zu sein.

»Wer wohnt hier?« fragte ich sie.

»Meine Vorfahren haben hier gelebt«, antwortete sie. »Es ist ihr Haus. Und ich bin nur ein Blatt an einem riesigen Baum.« Sie sah mich so eindringlich an, als wollte sie sich mein Gesicht einprägen. Sie beugte sich zu mir und flüsterte: »Eine Hexe braucht Glück und Kraft, um das Rad des Schicksals in Bewegung zu setzen. Kraft läßt sich bewahren, aber das Glück ist flüchtig. Es läßt sich nicht zwingen. Das Glück trifft unabhängig von Hexerei und Menschenwerk seine eigene Wahl.« Sie strich mit den Fingern durch mein Haar und über mein Gesicht und fuhr dann fort: »Deshalb zieht es die Hexen so an.«

Ich hatte eine seltsame Vorahnung. Fragend blickte ich sie an, aber sie griff in ihren Korb und holte ein rotbraunes Blatt hervor, das die Form eines Schmetterlings hatte.

»Sieh es dir genau an«, sagte sie und gab es mir. »Die Geister meiner Ahnen haben mir gesagt, ich solle immer ein getrocknetes Blatt bei mir haben. Dieses Blatt bin ich selbst, und ich möchte, daß du es durch das Fenster in dieses Haus wirfst.« Sie deutete auf das Haus vor uns. »Wenn du es wirfst, sprich einen Beschwörungsgesang. Ich möchte, daß du siehst, welche Kraft deine Beschwörungsformeln haben.«

Ich betrachtete das Blatt von allen Seiten, drehte es hin und her. Ich betastete seine Oberfläche und versuchte, seine Tiefe zu spüren. »Es ist wunderschön«, sagte ich.

»Wirf es durch das Fenster«, wiederholte sie.

Ich zog mich an dem Gitter vor dem Fenster hinauf, schob die Vorhänge zur Seite und warf das Blatt hinein, einen Beschwörungsgesang murmelnd. Das Blatt fiel nicht zu Boden, sondern schwebte zur Decke, wo es wie ein Nachtfalter kleben blieb. Erschrocken sprang ich zu Boden.

Mercedes Peralta war nicht mehr im Jeep. Ich war sicher, daß sie ins Haus gegangen war, und so klopfte ich an der Tür. Sie war offen. »Doña Mercedes«, flüsterte ich und ging hinein. Das Haus mit seinem dunklen Patio und den düsteren Korridoren wirkte wie ein verlassenes Kloster.

Ich ging bis zur Mitte des Patio, wo eine Trauerweide, in Nebel gehüllt, stand. Silberne Tautropfen fielen wie Geisterperlen geräuschlos von den Blättern in einen Brunnen hinab. Ein Windstoß ließ die Weide erzittern und wirbelte trockene Blätter vom Boden auf. Von einer unbegreiflichen Angst gepackt, rannte ich hinaus.

Ich setzte mich in den Jeep, entschlossen, auf Mercedes Peralta zu warten. Ich griff nach einer Packung Papiertaschentücher, die unter dem Fahrersitz lag, und entdeckte meine Kamera und meinen Kassettenrecorder.

Verwirrt drehte ich mich um. Ich hatte doch nur meinen Koffer mit den Kleidern mitgenommen, doch zu meinem Erstaunen lag auch ein Karton mit meinen Kassetten und Notizbüchern auf dem Rücksitz. Dazwischen lag ein Zettel, auf dem ich Candelarias Handschrift erkannte: »Der Abschied einer Hexe ist wie der Staub der Straße; er zieht rein, wenn man versucht, ihn abzuschütteln.«

Epilog

Ich flog nach Los Angeles zurück und fuhr dann nach Mexiko, um Florinda zu sehen. Ich berichtete ihr ausführlich, was ich erlebt hatte, und sie fand es erstaunlich und rätselhaft, daß mein Leben in Doña Mercedes' Welt mit ihrer handgeschriebenen Notiz begonnen und mit Candelarias Zettel geendet hatte.

Obwohl Florinda sich über meinen Wahrheitstick, wie sie es nannte, lustig machte, ermunterte sie mich doch, das Material für meine Dissertation auszuwerten.

Ich beschäftigte mich eingehender mit meinen Aufzeichnungen und erkannte schnell, daß, obwohl ich kein theoretisches Modell zur Verfügung hatte, um das Material zu gliedern, die Ereignisse in Doña Mercedes' Haus offenbar bereits geordnet worden waren, um mich in die Welt der Spiritisten, Hexen, Heiler und ihrer Patienten einzuführen.

Nachdem ich Doña Mercedes' Heilmethoden genau studiert und mir ihre Art, die Dinge zu interpretieren, zu eigen gemacht hatte, war ich sicher, zumindest intellektuell verstanden zu haben, wie Heiler sich selbst begreifen, wie sie den anderen sehen und wie sie ihr Wissen einsetzen. Ich war überzeugt, meine eigenen Erfahrungen und das von mir zusammengetragene Material würden für eine akademische Arbeit ausreichen.

Doch nachdem ich die Bänder transkribiert und übersetzt und die Notizen ausgewertet hatte, kamen mir Zweifel, das Phänomen des Heilens wissenschaftlich erfassen zu können. Alle Versuche, das Datenmaterial in ein methodisch abgesichertes Modell zu integrieren, schlugen fehl. Es war voller Lücken und Widersprüche, und meine eigenen Kenntnisse über das Heilen reichten bei weitem nicht aus, die Lücken zu füllen. Florinda schlug schließlich ironisch vor, ich solle entweder die Daten so verändern, daß sie zu der Theorie paßten, oder aber den Plan, eine akademische Arbeit zu verfassen, fallenlassen. Ich habe mich für letzteres entschieden.

Florinda hatte mich immer dazu angehalten, hinter die Oberfläche der Dinge vorzudringen. Sie forderte mich auf, bei meinen Erfahrungen mit Doña Mercedes tiefer zu blicken und meine akademischen Vorurteile aufzugeben. Diese würden mich blind machen für die eigentlich wichtigen Aspekte. Immer und immer wieder las ich die Geschichten, die Doña Mercedes für mich ausgesucht hatte, und verstand schließlich, worauf Florinda hinauswollte. Ich erkannte, daß ich ein einzigartiges Zeugnis menschlicher Werte zurückbehalten würde, wenn ich den akademischen Aspekt zurückstellte. Es sind Werte, die uns sicherlich fremd sind, die wir aber sehr wohl verstehen können, wenn wir unsere gewohnte Sichtweise und den alltäglichen Bezugsrahmen einmal verlassen haben.

Mit jenen Geschichten wollte Doña Mercedes mir zeigen, wie Hexen, aber auch einfache Menschen, übersinnliche Kräfte, die im Universum existieren, nutzen können, um den Lauf der Dinge, das eigene Leben oder das Leben anderer Menschen zu verändern. Den Lauf der Dinge nannte sie »das Rad des Schicksals« und den Prozeß des Veränderns einen »Hexenschatten«.

Sie behauptete, daß wir vieles verändern können, ohne direkt einzugreifen – manchmal sogar ohne es zu wissen.

Für uns moderne Menschen ist das undenkbar. Wir würden alles dem Zufall zuschreiben, denn wir halten die direkte Einflußnahme für den einzigen Weg, etwas zu verändern.

Doña Mercedes' Geschichten vermitteln uns jedoch etwas Unbekanntes. Sie weisen auf die unerklärliche Möglichkeit hin, daß wir, ohne direkt einzugreifen, den Lauf der Dinge nachhaltiger beeinflussen können, als wir glauben.

Alles in allem war Florinda zufrieden mit dem Ergebnis meiner Venezuelareise. Sie erklärte mir, daß sie mich dorthin geschickt hatte, damit ich meine verborgenen Kräfte unmittelbar erfahren konnte. Ich sollte mich in einer völlig fremden Umgebung bewähren und lernen, mich in Situationen rasch zurechtzufinden, die jenseits all dessen lagen, was ich wußte, akzeptierte und voraussagen konnte. Nichts sei geeigneter, so behauptete sie, solche verborgenen Kräfte ans Licht zu bringen, als die Konfrontation mit dem Unbekannten, das sich in gesellschaftlicher Hinsicht in Form einer fremden Kultur manifestieren kann. Der Alltag in Doña Mercedes' Haus und der Umgang mit ihren Patienten und Freunden waren eine solche Konfrontation mit dem Unbekannten, die Begegnung mit einer fremden Kultur gewesen.

Ich gab zu, daß die Philosophie des Kriegers – die sie mir anfangs erläutert hatte und die ich zunächst sehr unverständlich fand – zur Grundlage meines Lebens in Doña Mercedes' Welt geworden war.

»In einer vertrauten Umgebung gibt es Hunderte von Verhaltensweisen«, erklärte Florinda, »aber wenn man allein ist, in Gefahr und Dunkelheit, gibt es nur einen Weg: den Weg des Kriegers.«

Florinda sagte, daß ich nun den Wert vom Weg des Kriegers erkannt und die Bedeutung all seiner Prämissen verstanden hätte. In einer mir nicht vertrauten Situation hatte ich herausgefunden, daß Freiheit bedeutet, nicht aufzugeben, daß man, wenn man sich selbst nicht zu wichtig nimmt, eine unbeugsame Stärke erlangt, und daß man schließlich durch die Überwindung von moralischen Vorurteilen eine Demut erlangt, die keine Unterwürfigkeit ist.

Carlos Castaneda war jahrzehntelang vor allem dafür bekannt, unbekannt zu sein. Niemand wußte, ob der Autor, geschweige denn sein indianischer Lehrer Don Juan Matus wirklich existierten.

In den letzten Jahren sind er und seine Gefährtinnen Florinda Donner-Grau, Taisha Abelar und Carol Tiggs verstärkt an die Öffentlichkeit getreten, um das Vermächtnis ihres Lehrers, des mexikanischen Zauberers Don Juan Matus, allen Interessierten zugänglich zu machen. Norbert Claßen faßt in diesem Buch zusammen, welche Ereignisse zu dieser erstaunlichen Öffnung führten, und zeigt, wie jedermann von den Offenbarungen der neuen Zauberer profitieren kann.

Norbert Claßen, seit vielen Jahren selbst Praktiker auf dem Weg der Tolteken, beschreibt in diesem Buch, was zu jener erstaunlichen Entwicklung der letzten Jahre geführt hat und welchen Stellenwert diese in unserer heutigen Zeit besitzt. Detailliert führt er in die Weltsicht der neuen Zauberer um Carlos Castaneda ein und erklärt, wie diese praktische Philosophie von jedem Interessierten in das alltägliche Leben integriert werden kann.

Norbert Claßen

Carlos Castaneda und das Vermächtnis des Don Juan

Das Wissen der Tolteken in einer neuen Epoche

280 Seiten, gebunden mit Schutzumschlag
DM 38,–, SFr 35,–, ÖS 278,–

ISBN 3-929475-40-5